지도로 보아야
보인다

장-크리스토프 빅토르를 추억하며.
그리고 우리의 아이들, 아드리앙, 뤼카, 마리에게.
– 에밀리 오브리

카트린과 우리의 세 아이들에게.
그리고 세계를 설명하고자 하는 나의 의지에 영감을 준 모든 학생들에게.
– 프랭크 테타르

LE DESSOUS DES CARTES. LE RETOUR DE LA GUERRE by Émilie Aubry & Frank Tétart
© Éditions Tallandier / Arte éditions, 2022

Korean Translation Copyright © 2024 by Sa-I Publishing

This edition is published by arrangement with Éditions Tallandier in conjunction with its duly appointed
agents Books And More Agency #BAM, Paris, France and Duran Kim Agency, Seoul, Korea.

지도로 보아야 보인다

지도를 펼치지 않고는 지금의 세상을, 다가올 세계를 제대로 볼 수 없다

에밀리 오브리, 프랭크 테타르
이수진 옮김

사이

● 차례

그 누구도 나머지 세계를 무시할 수 없다

2022년 2월 24일, 블라디미르 푸틴 러시아 대통령은 젤렌스키 대통령이 집권하는 민주주의 주권 국가인 우크라이나의 국경을 침범하라는 명령을 러시아군에 내렸다.

유럽 대륙의 중심부에서 전쟁이 재발했다는 사실은 모두에게 커다란 충격이었다. 이후 세계는 폭격, 시가전, 폐허로 변한 도시, 난민들의 처참한 이미지를 보는 것과 동시에 강간과 전쟁범죄에 대한 증언 등을 들어야 했다. 이는 푸틴이 공공연히 떠들던 핵위협의 회귀와는 전혀 관련이 없는 '옛날 방식의 전쟁'인 셈이다.

이로 인해 러시아군에 저항하고 있는 우크라이나의 수도 키이우를 비롯해, 당초 과소평가됐던 우크라이나군의 거센 저항에 직면한 러시아군이 후퇴해 머물고 있는 돈바스로 이어지는 우크라이나 해안지대(푸틴은 2014년에 합병한 크림 반도와 이 지역의 연결을 계획했다)의 지도가 연일 전 세계 언론의 헤드라인을 장식했다.

러시아와 우크라이나 간 전쟁은 '전쟁 수행' 방식에 있어 전략적 전환점이 되었다. 러시아의 탱크는 우크라이나군의 드론, 로켓, 대공 및 대전차용 미사일, 키이우 지지 세력이 제공한 전략적 첩보들로 인해 난항을 겪고 있다. 우크라이나에서 벌어진 이 전쟁은 단 몇 주 만에 전 세계에 다음과 같은 엄청난 지정학적 격변을 야기했다.

■ 나토(NATO, 북대서양조약기구)는 러시아-우크라이나 전쟁으로 스웨덴과 핀란드가 새로 가입을 신청하면서(두 나라의 역사적 중립주의의 종말과 함께) 냉전이 종식되면서 잃어버렸던 자신의 존재 이유를 되찾았다.

■ 미국이 유럽 대륙으로 당당히 복귀했다.

■ 유럽연합은 모든 의미에서 재무장했고, 독일 역시 평화주의적인 정체성을 포기하고 국가 안보 전략을 강화할 수밖에 없게 됐다.

■ 러시아산 탄화수소에 대한 금수조치를 비롯해 천연자원 교역에 문제가 발생했으며, 이로 인해 많은 국가들은 에너지 수급 문제를 재검토하고 러시아에 대한 의존도를 줄이면서 전보다 더 주권은 물론 에너지 절약까지 신경 쓰게 되었다.

세계는 코로나19로 인한 팬데믹을 겪으며 초기 몇 주 동안 바이러스에 대한 유일한 방어 수단이었던 중국산 마스크에서 시작해 인도산 해열진통제인 파라세타몰에 이르기까지 이전과는 전혀 다른 방식으로 국가 간의 상호의존성을 그 어느 때보다도 절실히 체감하게 되었다.

팬데믹과 러시아-우크라이나 전쟁 그리고 가속화되는 이상기후 현상까지, 지정학은 그야말로 우리의 일상 깊숙이 스며들었으며 꼬리에 꼬리를 물고 발생하는 작금의 위기는 21세기에는 세계의 그 누구도 나머지 세계를 무시할 수 없다는 사실을 일깨워주었다.

이는 시대적 흐름이다. 오늘날 프랑스 고등학생과 대학생 그리고 일반 성인들 사이에서는 지정학의 인기가 치솟고 있으며 국제 현상을 분석하는 시청각 및 디지털 콘텐츠 또한 커다란 성공을 거두고 있다.

이 책에서는 유럽에서부터 세계 일주를 시작하고자 한다. 장 모네(Jean Monnet, 프랑스의 경제학자)가 꿰뚫어 보았던 것처럼 유럽은 그 어느 때보다 위기에 봉착했을 때 비로소 구축되고 발전했다. 우크라이나를 침략하면서 유럽을 완전히 분열시키려 했지만 오히려 정반대의 결과를 얻어낸 블라디미르 푸틴에게는 안된 일이다. 유럽연합은 다시 단결했고 종래의 매력을 되찾았다. 하지만 미국의 강력한 주도권뿐만 아니라 자유주의 세계와 독재주의 세계 사이의 분열 또한 되살아났다. 그러나 그와 같은 분열은 역설적이게도 현실적인 제약에서 기인한 것들로 인해 빠르게 사라졌다. 이를테면 미국이 러시아산 원유 수입을 피해가기 위해 베네수엘라나 사우디아라비아 정부와 다시 관계를 맺은 것처럼 말이다.

동시에 '내러티브 전쟁'이라고도 불리는 또 다른 전쟁도 한창이다. 한쪽은 중국과 러시아, 다른 한쪽은 서방으로 나뉜 각각의 진영은 나머지 세계로 자신들의 모델과 가치들을 전파하는 것을 목표로 삼는다. 이 새로운 전쟁의 치명적 무기는 바로 소셜네트워크(SNS)다. 소셜네트워크의 정치적 영향력은 역사상 그 어느 때보다도 강력하다. 예를 들면 젤렌스키 대통령이 게재한 영상들은 서방 여론을 결속시키는 한편, 러시아의 아프리카에서의 새로운 영향력과 그에 동반되는 인터넷 행동주의는 중앙아프리카공화국에서 말리에 이르기까지 아프리카 지역에서 과거 서방 열강들과 그들이 대표하는 모든 것에 대한 거부감을 확산시키고 있다.

러시아-우크라이나 전쟁은 또한 '비동맹의 세계'를 강조한다. 아프리카, 남미, 인도 아대륙의 비동맹주의 국가들은 유엔의 결의안 투표에서 우크라이나 침공에 대해 러시아를 제재하는 것도, 지지하는 것도 원하지 않는다는 의사를 표명했다. 인구통계학적 측면에서 핵심 국가로 거듭난 이들 나라는 열강들의 사안에 자신들이 징집되기를 더는 원하지 않는 것이다.

그리고 무엇보다도 독자 여러분은 이 책을 읽으면서 전 세계적인 기온 상승, 기후이변, 그리고 그로 인해 야기되는 모든 것이 우리가 같은 지구촌에 속해 있다는 인식을 더욱 심화시킨다는 사실을 알게 될 것이다.

우리가 공동으로 누리는 이 지구에 대해 새로운 세대는 이전 세대보다 더 큰 걱정을 하고 있으며, 이들이 국경에 상관없이 생각할 수밖에 없는 두 주제인 지정학과 환경 문제에 커다란 관심을 갖는다는 사실은 매우 뜻깊다.

마지막으로 나는 모두에게 '열린 지리학'이라는 학문의 대중화에 앞장섰던 지리학자 이브 라코스테(Yves Lacoste)가 금세기 초에 언급한 이 문장을 결코 잊을 수 없다.

"지정학이란 전쟁을 막을 또 하나의 방법이다."

에밀리 오브리

28개 나라로 이해하는 세계

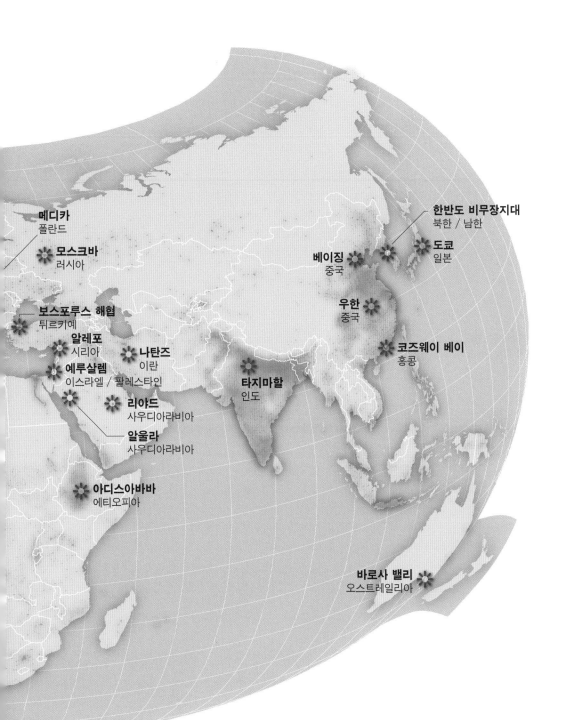

메디카
폴란드

✿ **모스크바**
러시아

✿ **보스포루스 해협**
튀르키예

✿ **알레포**
시리아

✿ **나탄즈**
이란

✿ **예루살렘**
이스라엘 / 팔레스타인

✿ **리야드**
사우디아라비아

알울라
사우디아라비아

✿ **아디스아바바**
에티오피아

✿ **타지마할**
인도

✿ **베이징**
중국

✿ **우한**
중국

✿ **코즈웨이 베이**
홍콩

✿ **한반도 비무장지대**
북한 / 남한

✿ **도쿄**
일본

✿ **바로사 밸리**
오스트레일리아

I. 유럽

코로나19 팬데믹은 2020년에 백신 공동 구매와 포스트 코로나 경제 활성화 대책을 통해 오히려 유럽의 연대정신을 강화하는 계기가 되었다. 여기에 2022년 2월에 발생한 러시아-우크라이나 전쟁은 지난 세기 "유럽은 위기 속에서 만들어지고 위기에 대한 해결책의 총합이 될 것"이라고 예견한 프랑스 경제학자 장 모네의 말이 옳았음을 또 한 번 입증하는 계기가 됐다.

유럽의 여러 기관들과 유럽연합 회원국들은 경제적, 인도주의적, 군사적 원조 등 젤렌스키 우크라이나 대통령의 요청에 화답했다. 유럽연합의 국경지대에서 또 다시 전쟁이 발발하고 우크라이나의 대의에 여론이 동조하면서 유럽연합은 하나로 뭉쳤고 유럽 대륙을 분열시키려는 블라디미르 푸틴의 기대 또한 꺾었다. 하지만 만약 전쟁이 장기화될 경우 앞으로의 세력 균형은 또 어떻게 변하게 될까?

모스크바

이곳 크렘린궁에 오신 걸 환영한다. 15세기 초에 지어진 28헥타르 면적의 크렘린궁에는 대궁전을 비롯해 러시아 행정부와 푸틴의 집무실이 그 안에 있다. 황제 차르와 이후에는 러시아 대통령들의 요새였던 크렘린궁에서도 러시아군이 우크라이나를 침공하기 직전인 2022년 2월 유럽의 지도자들이 푸틴을 만난 일명 '거대한 탁자의 방'이 유독 눈에 띈다. 위의 사진 속 장면을 목격한 많은 사람들은 그 거대한 탁자를 통해 코로나19로 인한 거리두기 방침을 뛰어넘어 푸틴의 세력 균형과 서방과의 거리두기에 대한 심중을 엿볼 수 있었다.

블라디미르 푸틴은 우크라이나 침공이 나토를 물리치기 위한 것이라며 정당화한다. 러시아 측의 주장에 따르면, 소비에트연방이 붕괴하고 중부 유럽과 동유럽에 출현한 신흥국들이 나토에 가입하게 되면서 나토가 러시아 국경지대에 위험할 정도로 가까이 다가왔고 이것이 러시아의 안보를 위협했다는 것이다(이런 구실은 2008년 조지아 침공 때도 사용되었다). 하지만 우크라이나 침공으로 푸틴은 오히려 '나토의 확장'이라는 정반대의 결과를 초래했다.

2014년 크림 반도 합병 이후 현재 블라디미르 푸틴이 우크라이나 영토를 침략한 것이 그의 마지막 전쟁이 될지는 아무도 모른다. 푸틴은 러시아 제국을 건설하려는 계획을 과연 어디까지 밀고 나갈까? 그는 러시아의 군사적 힘을 과대평가했던 걸까? 우크라이나의 저항과 유럽과 미국의 대응을 과소평가했던 것처럼? 아니면 시간이 자신의 편일 거라고 생각한 걸까? 이 전쟁(그리고 이 전쟁에서 자신의 편을 고르길 거부한 일부 국가에 의해 유발된 새로운 분열)은 또한 궁극적으로 독재주의 러시아와 마주한 자유주의 서방이라는 양극 사이의 결정적인 단절도 확인시켜 주고 있다.

이에 더해 러시아와 중국의 '잠재적 공모'라는 위협 또한 존재하는데 이로 인해 세계는 향후 새로운 정치적, 경제적, 군사적 세력 균형 속으로 빠져들 수도 있다.

러시아:
우크라이나에 대한 집착,
과연 푸틴의 마지막 전쟁일까

언젠가 블라디미르 푸틴 러시아 대통령은 소련의 붕괴를 일컬어 "지난 세기의 가장 커다란 지정학적 재앙"이라고 표현했다. 그리고 이 재앙은 1999년 이후 크렘린의 최고권력자인 푸틴이 러시아를 다시 강대국의 자리로 올려놓기 위해 극복하고자 했던 것이다. 미국과 함께 냉전시대 초강대국 중 한 곳이었던 소련의 계승자인 러시아는 오늘날 핵을 보유하고 있으며 유엔안전보장이사회의 상임이사국 지위를 차지하고 있다. 러시아가 힘을 되찾고 더욱 공격적인 대외정책을 펼치면서 다시금 세계의 강대국을 자처하게 된 것은 2000년대 푸틴이 집권하면서부터였다. 하지만 푸틴의 대외정책은 정치적 다원주의의 부재, 야권에 대한 입막음, 커져가는 러시아 국민의 경제적 곤란 등을 가리려는 국내 정치용 수단으로 이용된다는 평가도 받고 있다.

무척이나 넓은 영토를 지닌 러시아는 15개 국가와 국경을 맞대고 있는데 그중에는 베링 해협과 북극해 너머의 미국, 중국 그리고 유럽연합이라는 강대국들도 포함되어 있다. 이러한 지리적 상황이 러시아가 세계를 바라보는 방식뿐 아니라 대외정책에도 영향을 미치고 있다.

가까운 이웃들

러시아의 대외정책 논리를 이해하기 위해서는 먼저 자신들을 1991년에 해체된 소련의 계승자로서 스스로 강대국이라 여기고 있다는 사실부터 반드시 상기해야 한다. 러시아는 구소련 공화국들을 여전히 자신들의 직접적이고 불가침적인 세력권으로 여기고 있으며 이들을 '가까운 이웃'이라고 부른다. 그 한 예로 러시아는 카자흐스탄의 바이코누르 우주선 발사기지와 같은 경제적이며 전략적인 대상을 기꺼이 보호하고 있다. 또한 그 세력권 안에 거주하는 러시아인 또는 러시아어를 사용하는 사람들과 관계를 이어나가고 있는데 카자흐스탄에서 이 인구는 국민의 3분의 1에 해당한다.

러시아는 구소련 공화국 세력권 안에서 일어나는 친러 세력의 분리 독립 요구를 해

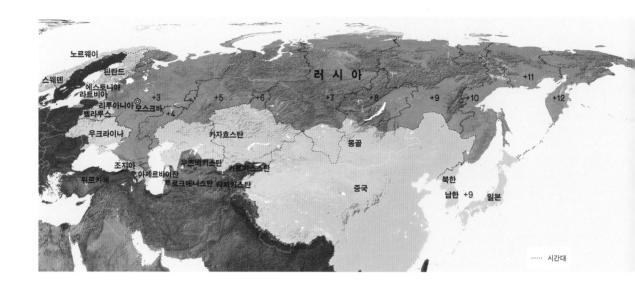

노르웨이
스웨덴
핀란드
에스토니아
라트비아
리투아니아 ◎ 모스크바 +3
벨라루스 +4
우크라이나 +5 +6 +7 +8 +9 +10
러 시 아 +11
+12
카자흐스탄 몽골
조지아 우즈베키스탄 키르기스스탄
튀르키예 아제르바이잔
투르크메니스탄 타지키스탄
중국
북한
남한 +9 일본

····· 시간대

거대하지만 약한 나라

러시아는 그야말로 거대한 영토를 자랑한다. 발트해 연안에 위치한 역외 영토인 칼리닌그라드에서 태평양까지 1만 킬로미터 이상 뻗어 있으며 면적은 프랑스의 35배에 달하는 1,700만 제곱킬로미터로, 세계에서 가장 넓은 영토를 가지고 있다. 하지만 인구는 프랑스의 두 배를 조금 넘는 1억 4,500만 명에 불과해 크기에 비해 '적은 인구수'라는 약점이 러시아의 힘을 제약하고 있다.

당 지역에서 자신들의 지배력을 유지시킬 수 있는 수단으로 삼고 있다. 러시아어를 사용하는 사람들이 주로 거주하는 몰도바의 트란스니스트리아와 조지아 영토인 압하지야와 남오세티야가 이 경우에 속한다.

2004년에 서구 진영은 친유럽 성향의 미하일 사카슈빌리를 권좌에 오르게 하는 등 민주화 혁명을 이끈 조지아의 '장미 혁명'을 환영했다. 이에 조지아 전 영토에서 주권을 회복하기 위해 사카슈빌리 대통령은 2008년 여름 조지아에서 분리 독립하려는 친러시아 성향의 압하지야와 남오세티야를 습격했다. 그러자 러시아는 즉시 조지아의 수도 트빌리시 문턱까지 진군하면서 강경하게 맞대응했다. 이처럼 푸틴은 러시아의 무력을 과시하면서 남오세티야와 압하지야의 러시아군 기지를 지켜냈을 뿐만 아니라 조지아가 나토에 가입할 가능성은 희박하다는 분명한 메시지를 보내게 된다. 이러한 사건들은 결국 유럽연합이 남코카서스 지역에서 펼치려던 '이웃 국가 정책'을 방해하는 결과를 낳았다.

우크라이나에 대한 집착

러시아의 가까운 이웃 중에서 우크라이나는 특별한 위치를 차지하고 있다. 우크라이나는 러시아가 자국 영토를 수호하는 데 있어 완충지대의 역할을 할 뿐만 아니라 러시아의 역사적 발상지로도 여겨지고 있다.

이 두 가지 측면을 고려하면 2004년에 일어난 사건을 더 잘 이해할 수 있다. 우크라이나에서는 2004년 대선 당시 친러시아 성향의 여당 후보자가 승리하면서 친유럽 성향의 야당 후보자가 패배하자 부정선거에 분노한 시민들이 전국적으로 시위를 일으켰다. 일명 '오렌지 혁명'이라고 불린 이 사건은 러시아의 심기를 상하게 했고 러시아는 서방 국가들이 내정간섭을 한다고 비난하기에 이른다. 이에 우크라이나를 자신의 품 안으로 되돌려 놓기 위해 푸틴은 2006년 1월 러시아의 국영 천연가스 회사인 가스프롬(Gazprom)을 이용해 에너지를 무기로 휘둘렀다. 가스프롬이 미납요금을 핑계로 우크라이나에 러시아산 천연가스 공급을 중

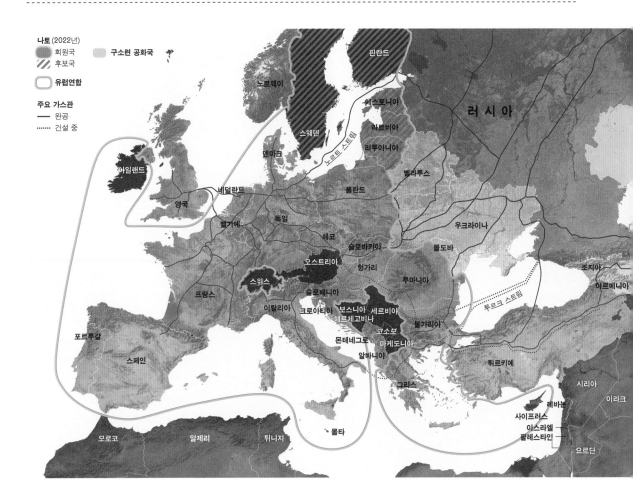

단한 것이다. 반면 우크라이나 동부에 거주하는 러시아인 거주자들에 대해서는 지원 정책을 펼쳤다.

크림 반도 합병

러시아의 공격적인 대외정책의 첫 번째 행보는 2014년에 시작된다. 우크라이나에서 친유럽 성향의 반정부 시위가 일어나면서 친러시아 성향의 빅토르 야누코비치 대통령이 탄핵되자 푸틴은 러시아 사람들이 대다수를 차지하고 있고 러시아 해군기지가 있는 세바스토폴이 위치한 우크라이나의 크림 반도를 합병한다. 이후 친러 분리주의

운동을 지원하기 위해 러시아인들이 많이 거주하고 있는 돈바스로 군대를 파병한다.

2014년부터 시작된 양측 간의 이 첫 번째 분쟁은 6년 동안 무려 1만 4천 명 이상의 사망자를 냈다. 이에 2014년 9월에 우크라이나 정부군과 러시아의 지원을 받는 친러 반군 세력 간의 종전을 위한 평화협상으로 민스크 협정을 체결했다. 이 협정은 친러 분리주의자들이 장악하고 있는 우크라이나 일부 지역에 임시 자치권을 부여하는 것을 골자로 하고 있으나 실제로 시행되지는 못했다. 왜냐하면 우크라이나는 국경지대의 통제권을 되찾아오길 원했고 젤렌스키 대통령은 이를 어떤 합의에서도 교섭이 불가능한 전

가스 전쟁

우크라이나와의 전쟁 초반부터 유럽의 최대 가스 공급국인 러시아에게 가스는 하나의 무기였다. 2000년대 가스 분쟁 이후 러시아는 우크라이나를 우회해서 가스를 수출하기 위해 발트해 연안을 지나는 가스관 노르트 스트림과 흑해를 지나는 투르크 스트림을 건설했다. 또한 유럽연합을 우회해서 수출하기 위해 독일과 프랑스와는 양자협상을 우선시했다.

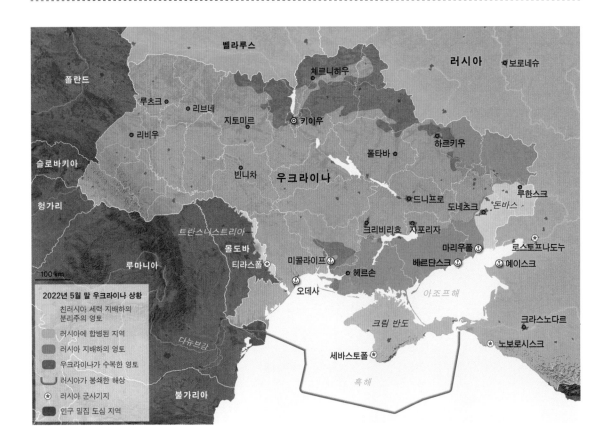

2022년 5월 말 우크라이나 상황
친러시아 세력 지배하의 분리주의 영토
러시아에 합병된 지역
러시아 지배하의 영토
우크라이나가 수복한 영토
러시아가 봉쇄한 해상
⊛ 러시아 군사기지
■ 인구 밀집 도심 지역

제조건으로 삼았기 때문이다.

EU는 제재를 가하고, NATO는 코 앞까지 몰려오고

크림 반도 합병으로 러시아에서 푸틴의 인기가 높아진 이유는 이 합병이 소련의 붕괴와 1990년대의 혼란스러운 격동기가 러시아 국민들에게 안겨주었던 '모욕감'을 잊을 수 있게 해주었기 때문이다. 러시아의 크림 반도 합병은 2000년대 이후 러시아가 서방의 이웃 국가들과 새로운 세력 균형을 이루면서 서구 사회에서 마지못해 인정하는 양상이다.

유럽연합의 동구권으로의 확장 그리고 무엇보다 나토가 러시아 국경지대 코앞까지 다가온 것은 나토를 미국의 군대처럼 여기던 러시아 권력층에게는 매우 적대적인 행위로 인식되었다. 따라서 2004년 구소련 공화국의 일부였던 발트 3국(에스토니아, 라트비아, 리투아니아)의 나토 가입은 러시아로서는 받아들이기 힘든 사건이었다. 그로 인해 나토가 러시아 국경지대까지 불쑥 다가오게 됐고 이에 러시아는 자신들이 서방에 포위되었다는 기분을 느끼게 되었기 때문이다.

이러한 맥락 속에서 크림 반도 합병을 불러온 2014년의 우크라이나 사태는 2008년 조지아 전쟁 이후 또 한 번 러시아가 구소련 지역에서 자신들의 영향력을 잃지 않고 모든 수단과 방법을 동원해 민주주의 및 서구적 가치와 팽팽히 맞서왔다는 사실을 일

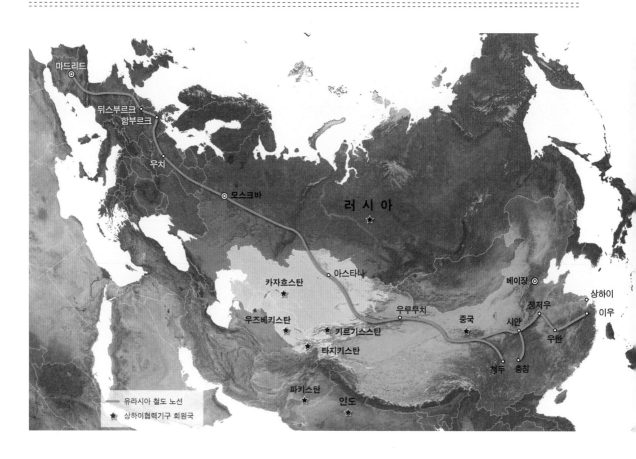

마드리드
뒤스부르크
함부르크
우치
모스크바
러 시 아
아스타나
카자흐스탄
베이징
상하이
정저우
이우
우루무치
중국
시안
우즈베키스탄
우한
키르기스스탄
타지키스탄
청두 충칭
파키스탄
인도

── 유라시아 철도 노선
★ 상하이협력기구 회원국

깨워주었다. 하지만 크림 반도 합병으로 러시아와 유럽연합 및 미국과의 관계가 극도로 악화되었고 이는 서방의 대러시아 경제 제재로 이어지면서 러시아의 반발을 초래했다. 소련 붕괴 이후 러시아는 최대 규모의 교역 파트너이자 투자자인 유럽연합에 의존해 왔다. 그런데 그마저도 2014년부터는 모든 경제적 협정이 중단된 것이다.

따라서 푸틴 정권하에서 서구와의 대립은 대외정책뿐만 아니라 서구의 영향력에 맞서 싸우는 러시아 국내 무대에서도 구조화된 문제가 되었다. 군사적 영역에서 러시아는 당시 미국이 중거리핵전력조약(INF, 미국과 소련이 맺은 핵무기 감축 조약)을 위반하고 폴란드와 루마니아에 미사일 방어기지를 설치했다며 비난했다. 이처럼 서구와

의 어려워진 관계는 러시아가 중국과의 관계에 더욱 정성을 쏟도록 부추겼다.

러시아와 중국, 새로운 축의 등장?

냉전이 종식된 이후 러시아와 중국은 국경 문제 해결을 시작으로 우호적인 관계를 구축하려고 노력해 왔다. 두 나라는 2001년 상하이협력기구(SCO)를 설립했는데 인도와 파키스탄이 2017년에 가입하면서 이제는 전 세계 인구의 절반 이상이 모인 세계적인 기구가 되었다.

러시아와 중국과의 관계는 러시아의 크림 반도 합병 직후 중국이 내정불간섭 원칙을 내세우며 대응을 자제하면서 더욱 가까워졌다. 무기 판매와 합동 군사 훈련은 두

러시아의 야심, 대(大)유라시아

과거 국기 속에 그려진 머리가 두 개 달린 독수리처럼 러시아의 시선은 항상 아시아와 태평양을 향해 있었다. 유럽 국가들과의 고조되는 갈등으로 인해 러시아는 아시아 국가, 그중에서도 특히 2000년대에 세계 2위의 경제대국으로 부상하면서 미국의 라이벌이 된 중국과의 관계를 강화할 수밖에 없었다. 러시아의 대유라시아 구상은 일대일로 프로젝트를 통해 중국과의 경제적 관계를 강화하는 것을 목표로 삼고 있다.

나라 사이를 더욱 가깝게 하는 데 일조했다. 하지만 이러한 공조에도 불구하고 둘은 균형을 이루는 동맹관계를 형성하지도 못했고 중국이 러시아의 동맹국이 될 수도 없었다. 양국의 관계는 철저히 '비대칭적'이었다. 중국은 세계 2위의 경제대국이었고 러시아는 중국보다 GDP가 열 배나 적은 12위 국가에 불과했기 때문이다.

중국과 어깨를 나란히 하기 위해 2016년에 푸틴은 중국의 일대일로 프로젝트와 연결되는 대(大)유라시아 구상을 제시했다. 이처럼 러시아는 중국과의 협력을 통해 자국의 국제적 지위가 올라가기를 내심 기대하고 있다.

중동에서의 고군분투

중동, 그중에서도 특히 시리아에 대한 러시아의 개입은 무엇보다도 그 지역에서 자국의 권위를 회복하기 위해서였다. 2015년 러시아는 바샤르 알 아사드 정권을 지지하기 위해 시리아 내전에 개입했는데 이는 아프가니스탄 전쟁 이후 처음으로 러시아가 중동 지역으로 복귀했음을 상징한다. 러시아의 군사 개입은 미국과 유럽의 분열 그리고 그 둘의 망설임을 틈타 이루어졌다. 이로써 러시아는 대내외적으로 '중재하는 강대국'으로서의 모습을 보여주었지만 현지에서는 이란, 튀르키예, 이스라엘 등 모든 면에서 서로 다른 중동 국가들을 견제하기 위해 고군분투해야 했다.

북극, 러시아의 전략적 거점

러시아는 북극해에서 가장 긴 해안선을 가지고 있으며 동시에 이곳을 최우선 관심 지역으로 여기고 있다. 이 해안 지역은 러시아가 북극 항로를 통제할 수 있게 해준다. 특히 시베리아 야말 반도의 가스를 북극 항로를 통해 아시아로 운송하면 수에즈 운하를 이용할 때보다 두 배는 더 빠르다. 러시아는 점점 더 전략적으로 부상하고 있는 이 항로를 감시하기 위해 북극에 군사기지를 새로 건설하거나 폐쇄된 기지를 다시 열었다. 그곳의 기지들은 나토에 맞서는 러시아의 군사기지(세바스토폴, 무르만스크, 칼리닌그라드 등에 있는 기지)들을 보완해 주는 역할을 한다.

또한 러시아는 이 드넓은 해저에 막대한 양의 천연가스와 원유 매장량을 보유하고 있다. 북극에는 전 세계 원유 매장량의 13%와 아직 개발되지 않은 가스의 30%가 매장되어 있는데 이웃 국가들과 이를 공유해야 한다. 하지만 러시아는 유엔해양법협약에 따라 자국의 배타적 경제수역(자국 연안에서 200해리까지의 자원에 대해 독점적 권리를 행사할 수 있는 수역)을 거대한 해저 산맥인 로모노소프 해령까지 확장해야 한다고 주장하고 있다. 로모노소프 해령이 러시아와 동일한 대륙붕 위에 있다는 사실을 내세우면서 말이다. 그러나 이에 대해서는 이 지역의 영유권을 주장하고 있는 또 다른 국가인 캐나다와 덴마크령 그린란드와 갈등을 빚고 있는 상황이다.

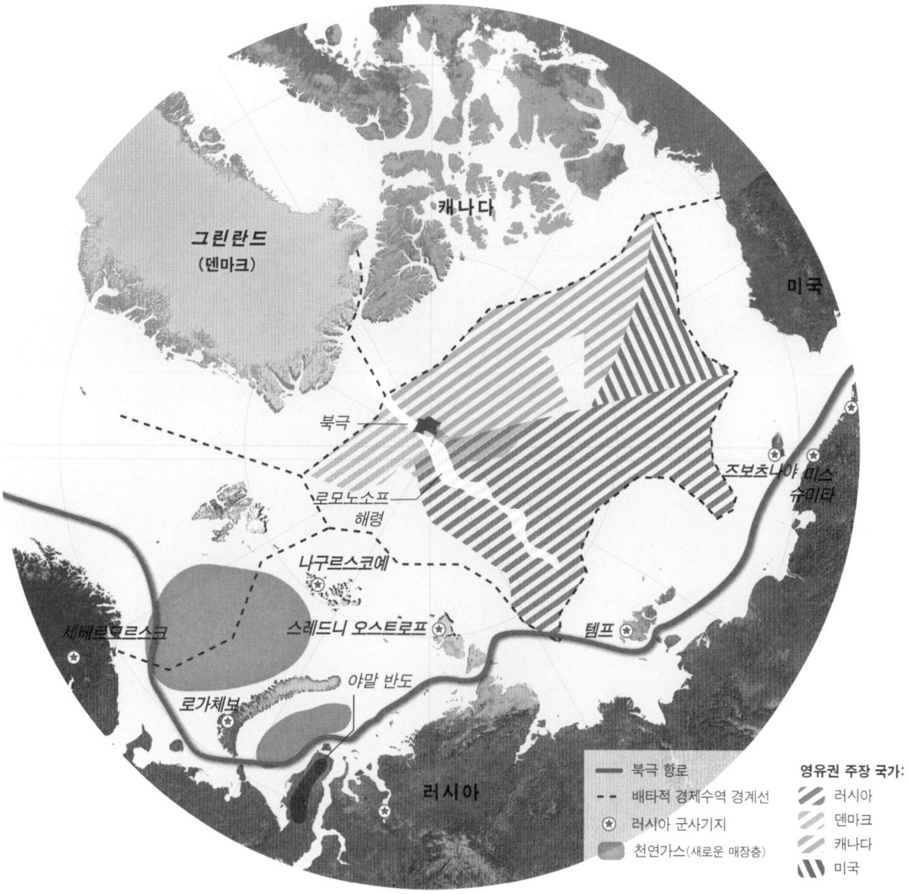

그린란드
(덴마크)

캐나다

미국

북극

로모노소프
해령

나구르스코예

즈보초나야 미스
슈미타

세베로모르스크

스레드니 오스트로프

템프

야말 반도

로가체보

러시아

—— 북극 항로	
--- 배타적 경제수역 경계선	
✦ 러시아 군사기지	
천연가스(새로운 매장층)	

영유권 주장 국가:
⫽ 러시아
⫽ 덴마크
⫽ 캐나다
⫽ 미국

집권 세력의
정권 교체에 대한 두려움

러시아는 서구의 약점과 흠을 활용하는 기회주의적인 면모를 보이며 외교를 펼치고 있다. 시리아에서뿐만 아니라 2016년 미국 대선이나 2017년 프랑스 대선 당시 펼친 그들의 행보가 이를 잘 보여준다. 당시 러시아는 정보 전쟁과 사이버 선전을 포함한 디지털 전략을 통해 각 나라의 대선 정국을 흔들려고 했던 것으로 보인다.

최근 러시아는 국영 텔레비전 방송국인 러시아투데이나 뉴스 통신사 스푸트니크에 막대한 자금을 투입해 자국의 영향력을 전세계에 전파하는 수단으로 활용했다. 두 매체는 러시아 당국의 눈으로 바라본 세계의 모습을 전하고 국제무대에서 서구의 이미지를 약화시키는 것을 목표로 한다.

국내에서는 러시아의 야권이 끊이지 않는 위협 속에 살고 있다. 2015년 2월 야당의 대표적인 정치인인 보리스 넴초프가 괴한의 총격으로 사망하고, 변호사이자 야당 정치인인 알렉세이 나발니가 2020년 여름 독살 미수 사건을 겪고, 또 2021년 1월에는 교도소에 수감된 일이 그 증거다. (결국 그는 2024년 2월 시베리아 감옥에서 돌연 사망했다.) 러시아 야당과 독일 당국의 조사에 따르면, 나발니의 2020년 독살 시도에는 러시아연

북극 지역 국경 갈등

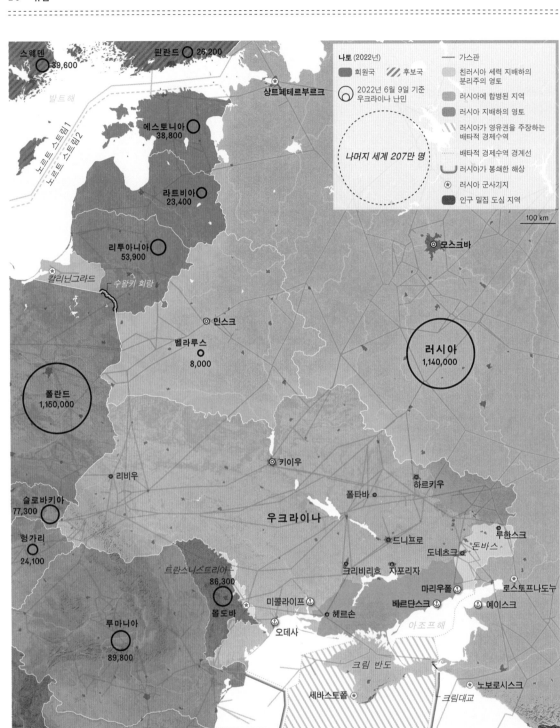

나토 (2022년)
회원국 후보국
2022년 6월 9일 기준 우크라이나 난민

나머지 세계 207만 명

가스관
친러시아 세력 지배하의 분리주의 영토
러시아에 합병된 지역
러시아 지배하의 영토
러시아가 영유권을 주장하는 배타적 경제수역
배타적 경제수역 경계선
러시아가 봉쇄한 해상
러시아 군사기지
인구 밀집 도심 지역

100 km

스웨덴
39,600
핀란드 26,200
상트페테르부르크

발트 해

노르트 스트림1
노르트 스트림2

에스토니아
38,800

라트비아
23,400

리투아니아
53,900

칼리닌그라드
수왈키 회랑

민스크
벨라루스
8,000

모스크바

러시아
1,140,000

폴란드
1,150,000

리비우
키이우
하르키우
폴타바
우크라이나
루한스크
돈바스
슬로바키아
77,300
드니프로
도네츠크
헝가리
24,100
크리비리흐
자포리자
트란스니스트리아
86,300
마리우폴
로스토프나도누
몰도바
미콜라이프
베르댠스크
예이스크
루마니아
89,800
헤르손
오데사
아조프 해
크림 반도
노보로시스크
세바스토폴
크림대교
불가리아
78,300
흑 해

방보안국(FSB)이 개입한 흔적이 있는데 이는 2018년 영국에서 벌어진 전직 러시아 이중스파이 세르게이 스크리팔 독살 미수 사건을 떠올리게 한다.

나발니의 수감은 유럽연합과의 갈등에 다시 불을 지폈다. 유럽연합은 러시아 재판부의 결정을 비난했고 러시아에 대한 새로운 제재를 선포했다. 야권에 대해 이런 식으로 재갈을 물리는 푸틴의 처사는 러시아가 가진 주된 약점을 그대로 드러내고 있다. 바로 민주주의의 결여와 현 집권 세력이 가진 정권 교체에 대한 두려움이다.

한편 러시아는 경제적인 측면에서는 이탈리아나 한국보다 GDP가 낮다. 정치적으로는 중국을 제외하면 구소련 지역에서의 영향력은 갈수록 줄어들고 있으며 아시아-태평양 지역에서는 거의 아무런 영향을 미치지 못하고 있다.

과연
푸틴의 마지막 전쟁일까?

20세기 말부터 우크라이나는 러시아어를 사용하고 친러시아 성향을 가진 우크라이나와, 유럽연합의 민주주의 모델과 자유주의적 가치에 기운 '또 다른 우크라이나' 사이에서 갈팡질팡하고 있었다. 2014년 이후 국제 사회는 러시아가 주도한 크림 반도 합병과 돈바스 일부 지역의 분리 독립을 사실상 체념하며 받아들인 것처럼 보였다.

하지만 2022년 2월 24일, 이번에는 우크라이나 전 영토를 노린 블라디미르 푸틴은 우크라이나 국민뿐만 아니라 전 유럽인들을 일깨웠으며 우크라이나 국민들이 보인 저항 의지는 전 세계를 놀라게 했다. 이에 미국과 나토를 시작으로 세계의 수많은 국가들이 우크라이나에 도움의 손길을 보내고 있다. 우크라이나 국민들은 결집을 통해 러시아와 공유한 오랜 역사에도 불구하고 자국이 러시아에 종속되지 않은 주권 국가로서의 고유한 정체성을 지니고 있음을 보여주었다.

그럼에도 전쟁이 발발한 지 단 4개월 만에 우크라이나 영토의 20%가 러시아 지배하에 놓이게 되었고 교통 인프라 또한 20-30퍼센트가 파괴되었다. 유엔난민고등판무관에 따르면 2022년 6월 22일 기준 우크라이나 민간인 4,634명이 사망했고 5,769명이 부상당했다. 또한 이 전쟁으로 세계에서 가장 큰 규모의 인구 이동이 벌어졌다. 2022년 6월 말 우크라이나 국민 550만 명이 유럽의 난민이 되었고 실향민 수는 1,400만 명에 달했다.

유럽인들에게 이번 전쟁은 전쟁범죄와 반인류적 범죄들로 얼룩진 영토 전쟁, 즉 실로 '더러운 전쟁'의 귀환이었다. 러시아-우크라이나 전쟁은 교전 중인 두 국가뿐 아니라 나머지 세계 역시 언제 끝이 날지, 어떤 결과를 불러올지 알 수 없는 다면적이고, 군사적이며, 이데올로기적인 전쟁이 되어버렸다.

베를린

이제 더는 독일 의회 연단에서 볼 수 없는 한 인물이 있다. 16년 동안 독일의 명운을 쥐고 있었던 앙겔라 메르켈이다. 2021년 12월 8일부터 독일의 총리는 올라프 숄츠가 되었다. 1958년생으로 신중한 변호사 출신인 그는 1975년에 사회민주당에 입당했다. 1998년 함부르크 연방의회의 사회민주당 의원으로 당선되면서 정치인으로서 첫발을 내디뎠고 전 독일 총리 게르하르트 슈뢰더의 발자취를 따랐다. 여러 차례 장관(특히 재무부 장관)과 함부르크 시장을 지낸 노련한 숄츠는 총리가 되자마자 국가의 '전략적 전환'을 고려해야 할 상황에 놓이게 되었다. 바로 독일 사회주의자들이 러시아와 긴밀한 관계를 맺고 있다는 혹독한 비판 이후 러시아와 관계를 단절하는 것이다. 숄츠는 러시아산 천연가스에 의존하는 자국의 에너지 정책을 확실하게 재검토해야 했다.

또 다른 전략적 전환은 바로 독일의 '재무장'이다. 2022년 2월 24일 독일연방 방위군 참모총장은 이렇게 주장했다. "영광스럽게도 제가 통솔하고 있는 독일연방 방위군은 다소 빈손으로 여기에 서 있습니다. 나

토를 지원하기 위해 우리가 정부에 제안할 수 있는 선택지는 매우 제한되어 있습니다." 이에 독일은 1945년부터 지켜온 "다시는 전쟁이 일어나서는 안 된다(Nie wieder Krieg)"라는 평화주의를 포기하면서 국방 예산을 늘리기 시작했고 유럽의 국방력을 강화한다는 구상에도 동조하기에 이르렀다.

신임 총리에게 닥친 또 하나의 어려움은 러시아산 천연가스 금수조치로 인해 발생할 수 있는 경기 침체다. 이는 최소 20년 동안 유럽연합에서 핵심 역할을 해온 독일에게는 한 시대의 변화와도 같을 것이다. 실업률을 감소시켰고, 이민자 통합 정책과 연금제도 개혁에 성공했으며, 지정학적으로는 프랑스와 독일의 관계 및 유럽의 야심을 훌륭하게 관리해 왔다는 앙겔라 메르켈에 대한 평가는 대체로 일치한다. 따라서 유럽에 전쟁이 다시 시작된 이 역사적인 상황 속에서 그녀의 뒤를 잇는다는 것은 결코 쉬운 일이 아닐 것이다.

독일:
자신의 의지와 상관없이
유럽의 중심이 되어버렸다

통일 이후
더욱 커진 무게감

1990년에 통일이 되면서 독일은 완전히 새로운 지리적 위치에 놓이게 되었다. 동쪽의 공산주의 국가(동독)와 서쪽의 자본주의 국가(서독)라는 서로에게 적대적인 두 국가를 가르던 철의 장막은 더는 존재하지 않게 되었고 주변의 상황 역시 예전과는 달라졌다.

독일은 16개 주로 구성된 연방국가로, 각각의 주는 자체 헌법을 가지고 있으며 내부 조직에 있어서도 커다란 자치권을 누리고 있다. 재통일과 함께 유럽에서 독일의 '무게감' 역시 커졌다. 35만 7천 제곱킬로미터의 면적과 8,300만 명의 인구를 가진 독일은 유럽연합에서 가장 많은 인구를 가진 나라다. 또한 2019년 독일의 GDP는 유럽연합 28개국 GDP의 20%에 해당하는 3조 4,360억 유로를 기록하면서 독일을 유럽 대륙 최고의 경제대국이자 세계 4위의 경제대국 자리에 올려놓았다.

독일 경제의 기적은 제2차 세계대전 직후로 거슬러 올라간다. 나치즘의 유산은 독일이 지정학적 야심을 갖지 못하도록 만들었고 따라서 독일은 오로지 경제적인 힘만을 추구할 수 있었다. 통일 이후 게르하르트 슈뢰더 정부의 개혁은 경제 발전을 가속화했고 임금 비용의 감소는 수출을 용이하게 했다. 독일의 경제적 성공은 자국의 주요 산업 그룹과 역동적인 중소기업, 그중에서도 특히 자동차, 기계, 화학, 제약 제품 분야에서 보인 기록적인 무역수지 흑자(2019년 기준 2,240억 유로)를 바탕으로 이루어졌다. 하지만 아시아, 그중에서도 특히 전자, IT, 섬유 제품의 주요 공급 국가인 중국과의 교역에서는 여전히 적자를 기록하고 있다.

이와 같은 경제적 역동성은 낮은 실업률(2019년 기준 6%)에도 반영되어 있다. 하지만 16개 주 가운데 구서독(5.6%)보다 구동독(7.3%) 지역의 실업률이 여전히 더 높은 상태다.

독일의 국경

1990년 이후 독일은 라인강, 오데르-나이세강, 알프스에서 발트해 사이에 속하는 더욱 좁아진 영토를 갖게 되었다. 오스트리아와 이탈리아까지 아우르던 신성로마제국의 영토도, 러시아 국경지대까지 확장되었던 1871년 독일제국의 영토도, 제2차 세계대전의 발발 원인이기도 했던 폴란드회랑에 의해 둘로 나뉘어 있던 영토도 지금은 더는 독일 영토가 아니다.

이웃 국가들의
기대를 한몸에 받다

1990년 9월 12일, 독일의 통일을 비준하는 모스크바 조약이 체결되면서 이전에는 명확하지 않았던 국경선이 확정되면서 독일은 그 안에서 완전한 주권을 되찾았다. 이로써 지리적으로나 정치적으로나 유럽의 중심이 되었다.

유럽, 특히 유럽연합은 독일의 대외정책에서 최우선 순위에 속한다. 독일은 유럽연합의 여러 기관이 설립된 이래로 그 중심에서 서쪽의 이웃 국가들과 협력하고 있다. 또한 유럽연합의 최대 공헌국으로 유럽연합의 여러 제도(유럽중앙은행, 도이치 마르크화를 본뜬 유로화 등)를 만들었다. 그런

가 하면 동쪽의 이웃 나라들과는 2004년부터 2013년 사이 그들이 유럽연합과 나토에 가입할 수 있도록 중개자의 역할을 맡았다. 이처럼 독일은 40년간 냉전으로 타격을 입은 유럽을 안정화하는 데 기여했다.

유럽연합은 독일의 주요 시장이기도 하다. 독일 수출의 59%와 수입의 66%가 유럽연합을 상대로 이루어진다. 하지만 여기서 한 가지 알아둘 점은 1990년 유럽연합이 12개국으로 이루어졌을 때보다 27개국으로 이루어진 현재 독일이 유럽연합에서 차지하는 무게감이 훨씬 줄어들었다는 것이다. GDP, 인구, 유럽연합 이사회 투표권 등으로 볼 때 이는 사실이다.

스위스를 제외한 독일의 모든 이웃 국가들이 유럽연합의 일원이라는 사실은 유

럽연합의 중심에 독일이 있다는 사실을 한층 더 부각시킨다. 전 독일 국방부 장관이자 2019년 이후 유럽연합 집행위원회 위원장을 맡고 있는 우르줄라 폰 데어 라이엔에 따르면, 이러한 사실이 냉전이 종식된 이래로 독일을 "자신의 의지와는 상관없이 유럽의 중심에 있는 강대국"으로 만들었다. 유럽의 중심에 자리 잡고 있는 지리적 위치와 경제적 힘이 더해지면서 독일은 이웃 유럽 국가들의 기대를 한몸에 받고 있다. 이에 반해 프랑스와 이탈리아는 보다 뒤처져 있으며 영국은 끝내 2020년에 유럽연합을 탈퇴했다.

독단적 일방주의?

과거 독일은 위기에 대응하는 과정에서 일방적인 태도를 보여 상대국들을 종종 분노케 만들었다. 한 예로 2008-2011년 그리스의 국가 부도 위기 당시 독일이 보인 태도는 지나치게 가혹하다는 평가를 받았다. 또한 후쿠시마 원전사고 이후 독일이 홀로 예상했던 것보다 더 빨리 원전을 포기하기로 결정했을 때는 지나치게 독단적으로 보였다. 이 결정은 오염 물질을 배출하는 석탄 산업을 부활시키는 부작용을 초래할 것이다.

2015-2016년의 난민 위기 당시, 90만 명의 난민들에게 독일 국경을 개방해 이웃한 동유럽 국가들을 당혹스럽게 한 사람은 앙겔라 메르켈 전 총리였다. 독일로 유입된 난민들은 부족한 인구를 일부 충당해주고 나름 성공적으로 통합되었지만 이웃 동유럽 국가들은 여전히 자신들에게 할당된 난민 수용을 거부하고 있다. 이후 이들

은 2016년에 에르도안 튀르키예 대통령과 유럽연합이 난민 문제에 대한 조약을 체결할 당시 실질적으로 혼자 협상에 임했던 메르켈 총리를 비난했다. 물론 유럽연합으로부터 60억 유로를 지급받는 대가로 튀르키예는 자국으로 들어온 시리아 난민이 유럽으로 향하는 것을 차단했지만 점점 더 권위주의적으로 변해가는 에르도안 대통령과의 관계는 여전히 어렵기만 하다. 에르도안은 주기적으로 독일에 거주하고 있는 5백만 명의 튀르키예 출신 혹은 튀르키예 국적의 인구를 정치적 도구로 이용하려 한다.

이런 종류의 난관을 피하기 위해 독일은 통일 이후 프랑스와 리더십을 공유할 수 있게 해주는 유럽연합 정책을 우선시해 왔다. 에마뉘엘 마크롱 프랑스 대통령과 독일 총

동부와 서부의 격차

독일 경제의 역동성은 바이에른주와 바덴뷔르템베르크주가 주도하고 있다. 덕분에 국가 차원에서는 실업률이 낮아졌지만 구동독 지역에서는 여전히 높은 실업률을 기록하고 있다. 대도시를 제외하고는 서부에 비해 동부 지역의 임금이 여전히 더 낮고 동부 지역에는 대기업도 거의 찾아볼 수 없다. 이러한 차이가 1990년 이후 독일 동부 인구 520만 명, 그중에서도 특히 청년, 여성, 고학력자들을 서부로 이주하게 만들었다.

리가 7,500억 유로의 기금을 들여 유럽 경기 부양을 위한 지원금을 기획한 것도 이런 맥락에서였다. 코로나19가 불러온 위기를 극복하기 위해 2020년 5월 18일 발표된 이 경제회복지원금은 독일에게는 전통적으로 검소한 북유럽 국가들과는 동맹을 맺고 채무를 진 남유럽 국가들과는 종종 등을 져왔던 예전의 자신과의 단절을 의미한다. 독일은 지원금과 함께 처음으로 유럽의 채무를 공평하게 분담하기로 받아들임으로써 종래의 원칙을 포기했다. 이는 '작은 혁명'이라 할 수 있다.

기회주의적 강국

그러나 유럽을 제외한 국제무대에서 독일은 자국의 경제적 힘에 상응하는 인정을 받지 못하고 있다. 나치 정권이 자행한 범죄로 얼룩진 과거가 여전히 독일을 무겁게 짓누르고 있으며 이것이 '정상적인 강대국'으로서 온전히 존재하는 것을 막고 있기 때문이다.

사실상 독일은 여전히 무력 과시보다 법과 다자주의를 선호하고 있으며, 1995년 이후부터는 유엔과 나토가 펼치는 전략의 일환으로 독일 군대가 해외 군사작전에 참여할 수 있게 되었음에도 불구하고 독일 국민들은 압도적으로 평화주의를 고수하고 있다. 독일의 첫 번째 해외 군사 임무는 1995년 보스니아에서 행해졌지만 1945년 이후 전투 작전에 독일 군사들이 참가한 것은 1999년 봄 나토의 세르비아 공격 때가 최초였다. 오늘날에는 독일 병력 4천 명이 전 세계의 13개 임무에 참여하고 있다.

또한 독일은 미국, 중국, 일본에 이어 유엔의 네 번째 공헌 국가다. 프랑스와는 국제적 협력관계를 재정비하기 위한 다자주의 연대를 출범시켰다. 그러나 러시아-우크라이나 전쟁이 일어나기 전까지 독일은 근본적으로 유럽이나 다자주의 틀을 벗어난 책임은 지려고 하지 않는 '기회주의적 강국'으로 머물러 있었다.

미국·러시아·중국과의 관계

독일과 미국과의 관계는 2016년 도널드 트럼프 대통령의 당선과 함께 악화되었다. 트럼프 대통령은 임기 동안 독일을 방문하는 것을 거부했고, 심지어는 2017년에 워싱턴을 방문한 메르켈 총리와 악수하는 것도 거부했다. 1955년부터 나토의 회원국으로 적극적으로 활동해온 독일 입장에서는 충격이 아닐 수 없었다. 2003년 이라크 전쟁으로 이미 불안정해진 미국과 나토와의 협력관계가 트럼프와의 악화된 관계로 인해 더욱 위태롭게 되었다.

트럼프 행정부의 미국은 독일이 맡고 있는 유럽연합의 '경제적 리더'라는 위치와 독일의 무역흑자를 비난하면서 독일산 자동차와 알루미늄의 관세를 인상하기까지 했다. 또 군사적으로는 독일이 방위비를 인상하지 않고 미국의 보호에 기대고 있다며 비난했다. 그 결과 트럼프는 독일에 주둔하고 있는 미군 약 3만 5천 명 중 4분의 1을 철수하겠다고 협박했다. 이후 조 바이든 대통령은 2021년 6월 유럽을 방문했을 당시 이 협박을 철회했고 독일과는 전통적인 유럽-미국 관계를 다시 이어가기로 약속했다.

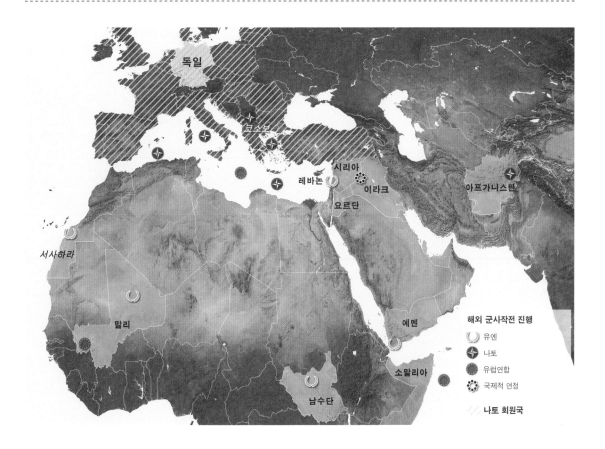

한편 독일과 러시아의 관계는 점점 더 복잡해져 가고 있다. 러시아와 긴밀한 관계를 유지했던 슈뢰더 전 독일 총리는 러시아 국영 천연가스 회사인 가스프롬과 국영 석유 기업인 로스네프트 그룹(이곳에서는 이사장직을 맡았다)에 합류했지만 앙겔라 메르켈 전 총리는 젊은 시절 동독에서 KGB 요원으로 활동했던 푸틴을 매우 불신했다.

물론 여전히 독일은 천연가스의 40%와 석유의 30%를 러시아로부터 수입하고 있었다. 하지만 2014년 크림 반도 합병에 따른 제재 직후 러시아와의 교역은 절반으로 감소했다. 그리고 2020년 8월 독일은 푸틴의 주요 정적이자 암살 시도의 피해자이기도 한 알렉세이 나발니를 베를린의 한 병원에서 치료해 주었다. 여기에 2022년 2월에 발발한 러시아-우크라이나 전쟁은 독일과 러시아의 단절을 더욱 가속화시켰다. 러시아와 독일을 잇는 천연가스 파이프라인인 노르트 스트림2의 승인 절차 중단과 슈뢰더 전 총리의 로스네프트 이사장직 사퇴, 가스프롬의 이사직 지명 거부가 대표적인 사례다.

2016년 이후 독일의 최대 교역국이 된 중국과의 긴장 역시 점점 고조되고 있다. 중국은 독일의 기술을 대량 수입해 오는 대가로 독일 내 5G 설치 또는 일대일로의 일환으로 고속철도 구축에 투자하고 있다. 중국의 이 거대한 철도 프로젝트의 종착역 중 하나가 유럽 최대 규모의 하항(하천 연안에 발달된 항구)인 독일의 뒤스부르크인데 미국은 이를 매우 언짢게 여기고 있다.

독일군의 개입

1995년부터 독일은 유엔과 나토 전략의 일환으로 해외에서 군사적 개입이 가능해졌다. 특히 1995년의 보스니아와 1999년 코소보에서의 경우가 이에 속한다. 2021년 기준 4천 명의 독일 병력이 세 대륙에 걸쳐 총 13개 임무에 투입되고 있다. 아프가니스탄에 1,100명, 말리에 1,000명, 지중해에 400명, 시리아-이라크, 레바논, 소말리아, 예멘, 수단, 남수단, 서사하라에 수백 명의 독일 병력이 활동하고 있다.

극우 세력의 부상

2013년에 탄생한 독일 대안당(AfD)은 민족주의 및 유럽회의주의 정당이며 독일 정치 세력 중에서는 극우 성향에 속한다. 이들은 특히 2019년 유럽의회 선거 당시 독일 동부 지역에서 커다란 승리를 거머쥐었다. 이에 더해 독일에서는 극우 세력의 범죄행위가 증가하면서 우려를 자아내고 있다. 2019년 6월 난민의 권리를 옹호하던 지역 의원 발터 뤼브케의 암살 사건이 이를 상징한다.

2019년 유럽의회 선거에서 독일대안당의 득표율(단위 %)

4 8 10 14 22 33

이러한 교류에도 불구하고 독일은 중국의 홍콩 민주화 시위대와 위구르족에 대한 탄압, 대만에 대한 위협을 비난하는 데에 주저하지 않는다. 중국에 대한 의존도를 줄이기 위해 독일은 이제 일본, 인도, 인도네시아와 같은 아시아 민주주의 국가 그리고 오스트레일리아와의 관계를 강화하고자 한다.

메르켈!

냉전 이후 독일의 성공 신화는 앙겔라 메르켈 전 총리를 빼놓고는 이야기할 수 없다. 1990년에 처음으로 기독민주연합당 의원으로 선출된 메르켈은 1994년에는 환경부 장관, 2005년 11월부터는 연방총리가 되어 이후 4선을 연임했다. 메르켈은 자유민주당(FDP)과의 연정, 이후 2013년에는 사회민주당(SPD)과의 대연정을 통해 집권했다. 코

로나19 바이러스의 첫 유행 당시 메르켈의
대처는 독일 국민들의 칭찬을 받았다. 실제
로 2020년 말 독일은 인구가 더 많음에도
불구하고 프랑스에 비해 네 배나 더 적은
사망자를 기록했고 경제 불황 역시 이웃 국
가들보다 덜했다. 그러나 코로나19의 두 번
째 유행은 독일에도 큰 피해를 입혔다.

연속된 임기 동안 메르켈 총리에게 지지
자들만 있었던 것은 아니다. 2015년 시리
아 난민 수용은 많은 비판을 받았으며 이로
인해 메르켈은 정계 은퇴를 결심하게 된다.
이후에는 극우 성향의 독일대안당이 득세
하게 된다.

다면적 변화에 직면

2021년 가을 총선은 독일에게는 하나의 전
환점이 되었다. 무엇보다도 러시아-우크라
이나 전쟁과 관련된 새로운 도전과제들이
이제 막 당선된 올라프 숄츠 총리에게 부과
되었기 때문이다. 특히 러시아산 에너지 수
입을 전면 중단하고 경제적인 전망 또한 어
두워진 상황 속에서 독일군을 재무장시켜
야 했다.

독일은 군의 현대화를 위해 1천억 유로를
투입하고 방위비를 점진적으로 늘려 GDP
의 2%까지 올리기로 결정했다. 또한 우크
라이나에 무기를 제공하려는 유럽연합 집
행위원회의 계획을 막지 않기로 했다. 아
프가니스탄 전쟁 당시 독일은 이미 내정불
간섭 원칙을 저버린 적이 있긴 하지만 그것
을 제외하면 이와 같은 결정은 독일에게는
1945년 이래 가히 혁명적인 것이라 할 수
있다.

고틀란드

이곳은 알록달록한 예쁜 집들과 녹음이 우거진 고요한 섬, 스웨덴의 고틀란드다. 하지만 이제 시대가 변했다. 발트해에 홀로 떠 있는 '스웨덴의 코르시카'인 이곳은 러시아의 역외 영토인 칼리닌그라드와 핵탄두를 장착한 이스칸데르 미사일이 있는 곳에서 불과 몇백 킬로미터 떨어지지 않은 곳에 있게 됐다. 따라서 2014년 러시아의 크림 반도 합병 이후 이 섬에 주둔하고 있던 350명의 병력 외에 추가로 2022년 1월 중순부터 이곳 항구도시 비스뷔 거리에는 장갑차와 지원군들이 속속 도착했다.

스웨덴에게 이웃 러시아에 대한 두려움은 새로운 일이 아니다. 한 예로 냉전시대에 스톡홀름에 건설된, 2만 명을 수용할 수 있는 핵 방공호의 존재가 이를 증명한다. 방공호는 평화시에는 주차장으로 사용되고 있다. 역사적으로 중립주의를 유지해 오고 있음에도 불구하고 스웨덴은 2017년 군 복무제도를 재도입했으며 2022년 봄에는 핀란드와 함께 나토 가입 의사를 밝혔다. 스웨덴과 핀란드는 협력 프로젝트인 '평화를 위한 동반자 관계(PfP)'를 통해 이미 나토와 인연을 맺고 있었지만

러시아의 우크라이나 침공 이후 양국은 역사적인 한 발을 더 내딛기로 결정을 내렸고 국민 여론은 그 결정을 지지했다. 2022년 5월 16일 마그달레나 안데르손 스웨덴 총리는 이렇게 선언했다. "스웨덴의 안보와 국민의 안전을 위한 최선의 선택은 나토에 가입하는 것이며 이는 핀란드와 반드시 함께해야 하는 일입니다." 같은 시기에 전 국민을 대상으로 실시한 여론조사에 의하면 스웨덴 국민의 절반이 나토 가입에 찬성했으며 핀란드와의 동시 가입을 찬성한 수는 3분의 2에 달했다. 이는 진정한 혁명이라 할 수 있다.

핀란드와 스웨덴이 자국의 쿠르드족을 지원하고 있다는 이유로 두 나라의 나토 가입을 반대해온 튀르키예가 긴 협상 끝에 2022년 6월 말 두 나라의 가입을 찬성하는 쪽으로 돌아섰다. 나토 가입을 위해선 회원국 전체의 동의가 필요한데 튀르키예가 끝까지 반대하면 가입이 불가능한 상황이었다. 이에 대해 블라디미르 푸틴은 "우리(러시아 대 핀란드와 스웨덴) 사이는 지금까지 모든 것이 순조로웠지만 이제부터는 약간의 갈등이 분명히 생길 것"이라고 대응했다.

스웨덴:
러시아에 대한 두려움,
다음엔 우리가 당할 수도 있다

발트해를 향하고 있는 나라

스웨덴은 면적으로는 유럽연합에서 세 번째로 큰 나라다. 하지만 약 45만 2백 제곱킬로미터의 면적에 인구는 1천만 명이 조금 넘는다. 북에서 남까지 이르는 거리가 1,500킬로미터가 넘는 스웨덴은 발트해 연안 국가 중에서 가장 긴 해안선을 갖고 있다. 바로 이 해안지대에 대부분의 대도시와 주요 교통 및 운송로들이 집중되어 있고 인구 또한 몰려 있다.

스웨덴 해안지대의 발달은 특히 상인들의 동맹인 한자동맹(Hanseatic League)을 통해 이루어졌는데 이곳 발트해 지역의 오랜 해상 무역 전통이 이를 증명한다. 스웨덴 왕국은 역사상 오랫동안 '북유럽의 지중해'인 발트해를 지배하려 해왔지만 별안간 모든 종류의 군사적 간섭을 거부하게 된다.

중립주의 선언,
소련의 심기를 거스르지 않는다

발트해를 둘러싼 여러 세기에 걸친 전쟁 이후 칼 14세 요한이라는 이름으로 스웨덴 국왕에 오른 장-바티스트 베르나도트는 1815년 '중립주의'를 채택했다. 바로 이때부터 스웨덴은 공식적으로 유럽에서 일어나는 모든 갈등과는 거리를 둔 입장을 유지하게 되었다.

그러나 제2차 세계대전 동안에 스웨덴은 핀란드 전선으로 나치 무리가 향하는 것을 몰래 내버려 두었고, 독일 공장에 계속해서 철광석을 수출했으며, 나치 독일에서 시행되던 몇몇 인종차별적인 법안을 자국에 적용하기도 했다.

1949년 소련의 위협으로부터 유럽을 보호하기 위해 나토가 창설되었을 때 스웨덴은 이웃 핀란드와 함께 중립을 유지하기로 결정했다. 1955년 서방의 나토에 대항하기 위해 구소련과 동유럽 공산주의 국가 간의 군사적 협약체인 바르샤바조약기구가 탄생

(3구분에 따라 나뉜 3개 지역의) 수도
한자동맹 상관
· 유력 도시
── 교역로

베르겐
노르웨이
스웨덴
노브고로드
북해
리가
튜튼 기사단
발트 해
리투아니아
잉글랜드
런던
뤼베크
폴란드
브뤼헤
신성로마제국
도르트문트
프랑스
500 km

북유럽의 상인들

12세기에 고틀란드의 항구도시 비스뷔에서 한자동맹의 시초인 최초의 상인연합이 형성되었다. 이 경제 공동체는 발트해와 북해의 129개 연안 도시를 포함했고 1241년에는 뤼베크에 본부를 설립했다. 한자동맹은 해외 교역소 네트워크를 통해 발트해 전역과 멀리 러시아의 노브고로드에 이르기까지 북유럽 해상 무역 발전에 기여했다.

한 이후에도 스웨덴과 핀란드는 강력한 이웃인 소련의 심기를 거스르지 않기 위해 노력했고 나토의 확장으로부터도 여전히 거리를 두었다.

하지만 나토에 가입하지 않았어도 스웨덴은 경제적으로는 서구와 가까운 관계를 유지했고 중립주의 입장을 고수하면서도 강력한 방위산업을 발전시켰다. 이 나라의 거대 산업체들은 스웨덴을 세계의 주요 무기 판매 국가 중 하나로 만들었다. 스웨덴의 강력한 군사력은 수세기 동안 지속되어 온 두려움, 즉 '러시아에 대한 공포'의 대비책이었다. 하지만 오랫동안 잠들어 있던 이 군사력이 최근 다시금 깨어나고 있다.

이웃 러시아에 대한 두려움

동유럽 공산주의의 몰락 그리고 이후 구소련의 종식은 시간이 지나며 '유럽의 호수'가 된 발트해 지역의 세력 균형을 변화시켰다. 1995년 스웨덴은 핀란드와 같은 시기에 유럽연합에 가입했고 2004년에는 폴란드와 발트 3국이 합류했다. 이로 인해 유럽연합은 북쪽 국경지대에서 확실한 정치적, 경

제적 안정을 누리게 됐다. 그리고 스웨덴은 더는 러시아를 두려워하지 않게 되었다. 적어도 2014년 발트해를 또다시 공포로 몰아넣은 러시아의 우크라이나 분쟁 개입과 뒤이은 크림 반도 합병이 있기 전까지는 말이다. 러시아의 국제무대로의 복귀와 블라디미르 푸틴의 권력 야심은 냉전시대의 오래된 악령을 발트해에서 되살려냈다.

2014년 10월 우크라이나에서 분쟁이 일어난 직후 스톡홀름 앞바다에서 정체불명의 소형 잠수함이 발견되자 별안간 1981년의 트라우마가 되살아났다. 당시 스웨덴 칼스크로나 해군기지에서 불과 몇 킬로미터 떨어진 곳에서 소련 잠수함이 좌초되면서 긴장이 조성된 적이 있었다. 이 밖에도 러시아는 역외 영토인 발트해의 칼리닌그라드의 군사기지를 현대화하고 2016년에는 스웨덴 영토까지 도달이 가능한 이스칸데르 미사일 포대를 배치하면서 이 지역에 공포를 불러일으켰다.

이처럼 군사적 긴장이 고조되자 스웨덴은 모든 군사기지를 재정비하는 거대한 프로젝트를 착수하면서 대응했다. 2017년에는 2010년에 폐지한 군 복무제도를 부활시켰고 그렇게 10년 만에 처음으로 고틀란드에 군대가 주둔하게 되었다. 2018년에는 미국의 패트리어트 포대 네 대를 구입하고 '해외 강대국'의 스웨덴 침공 시뮬레이션을 활용해 대대적인 군사 훈련을 실시했다. 러시아를 명시적으로 언급하지는 않았지만 공포와 위협은 이미 푸틴의 얼굴을 하고 있었다.

발트해에 퍼지는 긴장

2021년부터 2025년까지 스웨덴 국방 예산의 50% 증가라는 유례없는 사실이 증명하듯 러시아와 스웨덴 두 국가 사이의 긴장은 줄어들지 않고 있다. 늘어난 국방 예산은 3만 명을 징병하고 2000년대 초 폐쇄되었던 여러 곳의 병영을 재건하는 데 사용될 것으로 보인다. 러시아의 위협은 이웃 국가인 핀란드와 노르웨이를 포함한 발트해 전역으로까지 확대되었다.

이와 동시에 수년 전부터 발트해 연안 국가에서는 에너지 문제가 중대 사안으로 떠올랐다. 스웨덴 정부는 러시아의 영향력이 커지는 것을 우려하고 있는 국가들과 함께 가스관 노르트 스트림2를 발트해에 건설하는 것에 반대하는 캠페인을 벌이고 있다. 노르트 스트림2는 러시아 항구 비보르크와 독일의 그라이프스발트를 잇는 해저 가스관 노르트 스트림1에 더해 가스 수송량을 두 배로 늘리는 것을 목표로 한다. 노르트 스트림1의 경우 이미 2011년에 공식적으로는 환경적인 이유로 북유럽에서 거센 반발을 불러일으켰다.

발트 3국은 전력 공급을 포함해 에너지 부문에서 지나치게 높은 러시아 의존도를 우려하고 있었다. 이에 라트비아는 필요량의 대부분을 자체 충당하며, 리투아니아와 에스토니아는 구소련 시대부터 에너지를 공급받았던 러시아와 벨라루스에서 벗어나고자 노력하고 있다. 그래서 2006년에 전력망 에스트링크1은 에스토니아를 핀란드 전력망에 연결시켰고, 2014년에는 에스트링크2가 건설되면서 전력망의 전체 용량

이 1천 메가와트로 증가했다. 같은 방식으로 리투아니아는 먼저 2015년에 리트폴링크를 통해 폴란드와, 이후 2016년에는 노르트발트를 통해 스웨덴과 전력망 교류를 시작했다. 리투아니아와 에스토니아는 구소련 시대의 전력망과 확실하게 단절하기 위해 유럽의 파트너 국가들과 관계를 강화하고 있다.

북유럽의 방어막

스웨덴에서 러시아에 대한 공포가 매우 실제적인 것이라면 발트 3국에서는 그 공포가 훨씬 더 강력하다. 그리고 스웨덴은 이를 발트해에서 자국의 세력권을 강화하는 데 이용하고 있다.

고틀란드에 재배치된 300명에 불과한 파견부대는 핀란드만(발트해 동쪽, 핀란드와 에스토니아 사이에 있는 작은 만)이나 칼리닌그라드를 통한 러시아의 잠재적인 공격으로부터 스웨덴을 효과적으로 보호하기에는 턱없이 부족해 보인다. 결국 그들은 무엇보다도 예방적 차원에서, 즉 러시아가 고틀란드를 점령한 후 그곳을 발트 3국을 겨냥한 발사대처럼 이용하는 것을 차단하겠다는 목적을 갖고 있다.

따라서 러시아의 우크라이나 침공 이전부터 스웨덴 전략가들이 걱정해온 것은 자국 영토로의 직접적인 침공보다는 '동생들'과도 같은 발트 3국이 러시아로 합병되는 것이다. 따라서 스웨덴은 러시아가 발트 3국 중 하나를 합병하고자 할 경우 고틀란드가 유럽 국가로 향하는 길목으로 사용될 수 있는 만큼 자국이 북유럽의 핵심 전략적

긴 해안선을 가진 나라

북에서 남으로 1,500킬로미터 이상 뻗어 있는 스웨덴은 스칸디나비아 반도의 중심부에 위치해 있다. 오늘날 스웨덴은 인구와 경제활동이 긴 해안선을 따라 집중되어 있다. 수도인 스톡홀름은 인구 백만 명이 거주하는 스웨덴 최대 도시로 예테보리, 말뫼, 웁살라가 그 뒤를 따른다. 스웨덴의 북부는 북극권이 관통한다.

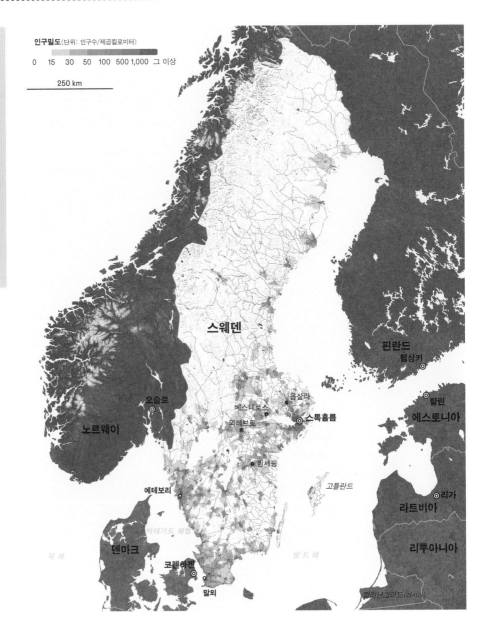

인구밀도(단위: 인구수/제곱킬로미터)

0 15 30 50 100 500 1,000 그 이상

250 km

방어막처럼 보이고자 했다.

우크라이나
다음 타깃이 될 수도 있다

2022년 5월 16일 러시아가 우크라이나를 침공한 지 3개월이 채 지나지 않은 시점에 스웨덴과 핀란드는 마침내 중립주의에 종지부를 찍고 나토 가입을 신청했다. 두 나라 모두 러시아가 우크라이나에 이어 자국을 공격할 수도 있다는 위기의식을 느꼈기 때문이다.

스웨덴과 핀란드는 이미 나토의 보호막 아래 있는 발트 3국, 폴란드, 노르웨이와 동일한 자격으로 나토 회원국들 사이의 방위 연대를 가능케 하는 나토 헌장 제5조(회원국 일방에 대한 무력 공격을 전체 회원국에 대한 공격으로 간주한다는 집단 방위 원칙)의 혜택을 회원국에 가입함으로써 받고자 했다. 나토 회원국인 튀르키예의 에르도안 대통령은 초반에는 이 두 나라의 가입을 반대했지만 2022년 6월 결국 찬성으로 돌아섰다.

블라디미르 푸틴은 나토를 러시아 국경에서 격퇴한다는 논리로 러시아-우크라이나 전쟁을 감행했지만 결국 얻은 것은 그가 원했던 것과는 정반대의 결과였다. 나토는 30개 회원국에서 32개 회원국으로 확장되었고 새로운 존재 이유도 획득했다. 바로 러시아라는 새로운 제국주의로부터 유럽 대륙을 수호하는 것이다.

칼리닌그라드, 발트해의 러시아 역외 영토

오랫동안 발트해는 교전과 분쟁 지역이었다. 1990년대 초반 동유럽 공산주의 국가의 붕괴로 세력 균형이 러시아에 불리한 쪽으로 진행되면서 이제 러시아가 발트해로 진출할 수 있는 곳은 상트페테르부르크와 칼리닌그라드 단 두 곳뿐이다. 따라서 냉전시기에는 '소련의 바다'였던 발트해가 2014년 크림 반도 합병 이전까지는 '유럽의 호수'다운 평화로운 모습을 띠게 되었다.

러시아의 역외 영토인 칼리닌그라드는 1만 5,100제곱킬로미터 면적에 100만여 명의 주민이 거주하고 있는데 이들 중 약 80%가 러시아 출신이다. 이는 제2차 세계대전과 냉전의 종식에 따른 결과다. 쾨니히스베르크로 불렸던 칼리닌그라드와 그 주변 지역은 1945년 이전까지는 동프로이센에 속했다. 그곳은 독일의 위대한 철학자 임마누엘 칸트가 태어난 도시이자 1255년 튜턴 기사단이 세운 프로이센의 요람이기도 하다. 제2차 세계대전 후 얄타 협정(1945년 2월)과 포츠담 협정(1945년 7-8월)에 따라 동프로이센의 북동부와 쾨니히스베르크는 소련에게, 동프로이센 남부는 폴란드에게 양도되었다. 소련에 합병된 쾨니히스베르크는 스탈린에게는 소련이 입은 인명 피해(약 2천만 명 사망)에 대한 보상, 즉 일종의 '전쟁 공물'처럼 여겨졌다. 또한 그곳은 전략적 이점도 갖고 있었다. 필라우(오늘날의 발티스크)와 쾨니히스베르크의 항구는 일 년 내내 얼지 않는 부동항이라는 점이다.

이러한 전략적 입지 덕분에 칼리닌그라드는 발트해 지역에서 소련 해군의 본거지가 되었고 냉전 기간에는 소련의 전략적 전초 기지가 되었다. 하지만 외국인은 물론 심지어 대다수 소련 주민에게도 폐쇄적이었던 칼리닌그라드는 1991년 구소련이 붕괴되고 발트 3국이 독립하면서 러시아의 본토와 단절되었다. 그렇게 비무장화되고 있던 칼리닌그라드는 러시아에게 군사적 자산으로 다시금 떠올랐고 나토는 폴란드와 발트 3국의 가입으로 러시아 국경지대까지 진출하게 된다. 하지만 2014년 크림 반도 합병 이후 발트해 지역에서 갈등이 고조되자 핵탄두를 탑재한 미사일(이스칸데르)이 칼리닌그라드에 배치되면서 긴장이 조성되었다. 이스칸데르의 배치는 칼리닌그라드에 대한 러시아의 통제력을 강화하는 동시에 나토에 대항해 이곳을 성역화하는 역할을 했다.

한편 러시아와 리투아니아의 갈등은 2022년 2월 러시아-우크라이나 전쟁이 발발하면서 한층 더 고조되었다. 2022년 6월 리투아니아 영토를 경유하여 칼리닌그라드로 이동하려는 일부 러시아산 물품에 리투아니아가 유럽연합의 제재를 적용하기로 하면서 러시아의 노여움을 사게 된다. 러시아는 리투아니아가 칼리닌그라드를 '봉쇄'했다고 비난하며 보복을 예고했다.

북해

영국

런던 ◎

벨기

프랑스

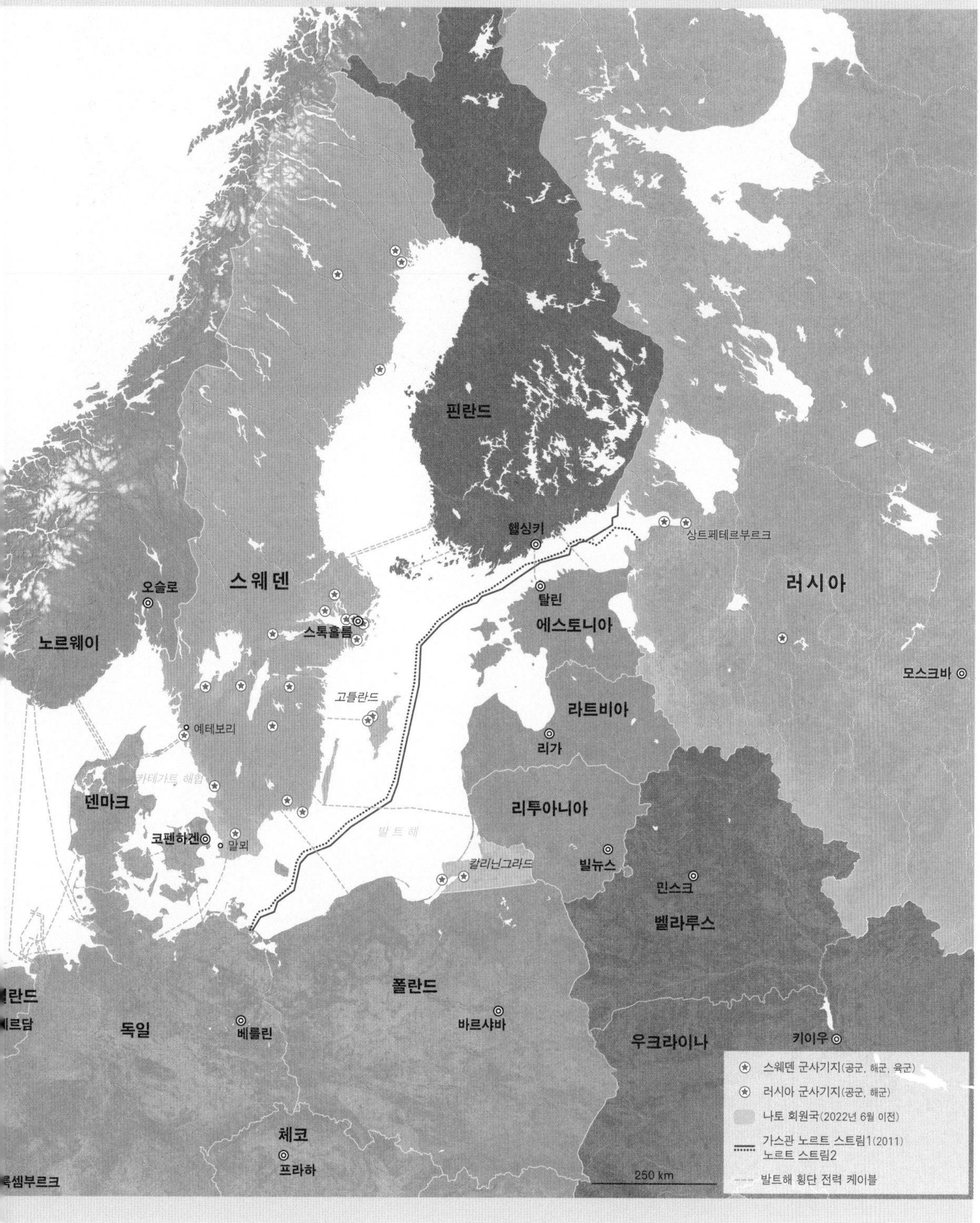

노르웨이
오슬로

스웨덴

핀란드

헬싱키

상트페테르부르크

러시아

스톡홀름

탈린
에스토니아

고틀란드

라트비아

리가

에테보리

리투아니아

카테가트 해협

빌뉴스

덴마크

코펜하겐

말뫼

발트 해

칼리닌그라드

민스크

벨라루스

란드

에르담

독일

베를린

폴란드

바르샤바

우크라이나

키이우

체코

프라하

룩셈부르크

250 km

★ 스웨덴 군사기지(공군, 해군, 육군)

★ 러시아 군사기지(공군, 해군)

나토 회원국(2022년 6월 이전)

가스관 노르트 스트림1(2011)
노르트 스트림2

발트해 횡단 전력 케이블

모스크바

메디카

우크라이나와 폴란드는 526킬로미터의 국경을 맞대고 있다. 러시아의 우크라이나 침공 이후 며칠 동안 두 나라의 여러 국경 검문소에서는 기나긴 인파 행렬을 볼 수 있었다. 2022년 4월 9일 이곳 메디카에서도 그랬다. 폴란드 정부와 국민은 집권당이자 보수 성향의 민족주의 정당인 법과정의당(PIS)이 지금껏 설파해온 반이민자 정책에도 불구하고 이웃 우크라이나인들을 돕는 데 매우 호의적이었다.

과거 법치주의를 위반했다는 이유로 유럽연합의 제재를 받았던 폴란드는 러시아-우크라이나 전쟁이 발발하면서 유럽의 '귀중한 동반자'로 거듭났다. 나토 회원국인 폴란드는 비셰그라드 그룹(체코, 슬로바키아, 폴란드, 헝가리 4개국 간의 지역 협력기구)의 예전 동맹국인 빅토르 오르반(그리고 폴란드가 한 번도 공유한 적 없던 그의 친러시아 성향) 총리가 이끄는 헝가리와는 확실하게 차별점을 보여주고 있다. 사실 폴란드와 헝가리는 지금까지 유럽연합에 대해 비슷한 양가감정을 가지고 있었다. 유럽연합이 베푸는 지원 혜택을 누리기 위해 최소한의 해야 할 일은 하면서도 유럽연합의 일부 가치들은 외면하곤 했던 것이다.

이제 폴란드는 우크라이나로 향하는 나토의 무기들이 통과하는 관문이 되었다. 그 결과 2022년 3월 전쟁 중인 이웃 국가에 군사적 및 인도적 지원 물품을 제공하기 위해 폴란드 활주로 중 한 곳에 매일 18대의 대형 수송기들이 도착했다. 한편 2022년 3월 13일 러시아 군대는 폴란드 국경에서 겨우 20킬로미터 떨어진 우크라이나 서부 야보리우 군사기지를 폭격했다.

폴란드는 사실상 러시아를 상대로 최전선에 놓이게 되었다. 폴란드는 자국 역사를 통해 지도에서 지워진다는 것이 어떤 의미인지 잘 알고 있다. 또한 공산주의 모델에서 자유주의 경제 모델로 전환한 이후에도 여전히 자신들만의 정체성을 확실히 찾지 못하는 등 국민들의 일상은 혼란스럽다. 여기에 더해 인플레이션과 러시아산 탄화수소 및 독일 산업에 대한 높은 의존도와 함께 폴란드에 동화되는 데에 진통을 겪는 우크라이나 난민 유입 문제까지 더해지면서 이미 악화될 대로 악화된 폴란드 경제를 더욱더 무겁게 짓누르고 있다.

폴란드:
스스로 이룬 성공인가,
유럽연합이 만든 성공 신화인가

유럽 지도에서
두 번이나 지워진 나라

31만 3천 제곱킬로미터의 영토에 3,800만 명의 인구를 가진 폴란드는 북유럽 대평원의 중심부에 위치해 있다. 이러한 지리적 특성 때문에 외세의 침략에 더욱 쉽게 노출되었고 두 번이나 유럽 지도에서 사라지는 운명을 겪어야 했다.

첫 번째 소멸은 18세기 말에 일어났다. 이웃 강대국인 러시아, 프로이센, 오스트리아는 폴란드를 분할통치했고 1795년에는 이 나라를 완전히 지도에서 지워버렸다.

폴란드가 주권을 되찾게 된 것은 이들 거대 제국이 몰락한 1918년 이후였다. 독일, 러시아, 오스트리아-헝가리 제국에 속해 있던 세 구역의 영토를 아우르게 된 새로운 폴란드공화국에는 70%만이 폴란드인이었고 나머지는 다양한 소수민족이 차지했다. 우크라이나인과 루테니아인(고대와 중세에 키이우 루시 지역에 살던 동슬라브계 민족) 15%, 당시 소수민족에 속했던 유대인 8%, 벨라루스인 4%, 독일, 리투아니아, 러시아 및 체코인이 3%를 차지했다.

1918년 이후 폴란드의 재건은 동맹국(프랑스, 영국, 미국)의 지원을 받아 진행되었다. 폴란드가 중부 유럽의 안정화를 보장하는 '완충국가'로서의 역할을 수행하는 동시에 볼셰비즘의 확장에 대항하는 방어막처럼 여겨졌기 때문이다. 새로운 폴란드는 두 강대국 이웃인 독일과 소련 사이에서 불안을 느끼긴 했지만 그래도 주권을 회복했다. 하지만 다음과 같은 말이 드러내는 분명한 우려를 여전히 가지고 있었다. "더 나은 전략적이고 지정학적인 상황과 웅장한 역사를 바꿀 것인가?"

폴란드의 두 번째 소멸은 1939년 9월에 일어났다. 독일이 폴란드를 침공하고 폴란드 군대가 퇴각한 지 며칠이 지난 뒤 소련군은 독일-소련 불가침조약에 따라 폴란드의 동부를 점령했다. 이 재빠르고 노골적인 점령과 프랑스와 영국의 불간섭은 많은 폴란드인들에게는 고통스러운 기억으로 남아 있다. 그 후 폴란드는 나치와 소련에 의

지리적 입지

그 입지로 인해 폴란드는 역외 영토인 칼리닌그라드를 통해 접근할 수 있는 러시아를 포함해 총 일곱 개의 이웃 국가와 국경을 접하고 있으며, 북유럽의 대평원이 영토 대부분을 가로지르고 있다. 북부는 발트해와 스칸디나비아 국가와 접해 있다. 자연적 경계선으로는 남쪽의 수데티 산맥과 카르파티아 산맥이 유일하다.

해 분할되었다. 독일군이 점령한 지역에서 나치는 유대인들을 게토에 모여 살게 한 뒤 강제수용소로 이주시켰다. 소련이 점령한 지역은 1941년 6월 독일의 침공을 받았고 독일의 특수 작전 부대인 아인자츠그루펜은 그곳 유대인들을 집단으로 총살했다. 이 기간에만 총 3백만 명 이상의 폴란드 유대인이 살해되는 대참사가 벌어진 것이다.

공산주의에서 민주주의 국가로

1945년 얄타 회담과 포츠담 회담 직후 폴란드는 새로운 국경선이 서쪽으로 이동하면서 현재 독일과 폴란드의 국경선이 된 오데르-나이세선을 따라 일부 독일 영토를 흡수하게 되었다. 하지만 동쪽에서는 소련이

1939년에 점령했던 폴란드 영토 일부를 여전히 차지하고 있었다. 이로 인해 폴란드가 잃은 영토의 면적은 총 7만 5천 제곱킬로미터 이상에 달했다. 결국 새로운 국경선으로 인해 독일, 폴란드, 소련의 대규모 인구 이동이 야기되었다.

폴란드는 중부와 동유럽의 다른 국가들(체코슬로바키아, 루마니아, 동독 등)에서 이루어졌던 것과 꽤나 비슷한 양상으로 향후 40년 동안 소련의 세력권에 속하게 된다. 또한 1948년에 설립된 공산당은 1989년에 해체되기까지 폴란드의 실제적인 권력기관으로 존재했다. 그러면서 순식간에 경제의 국유화, 산업의 국영화, 공유화된 막대한 농지에 대한 급진적인 토지개혁, 러시아와의 군사 동맹 등이 진행되었다.

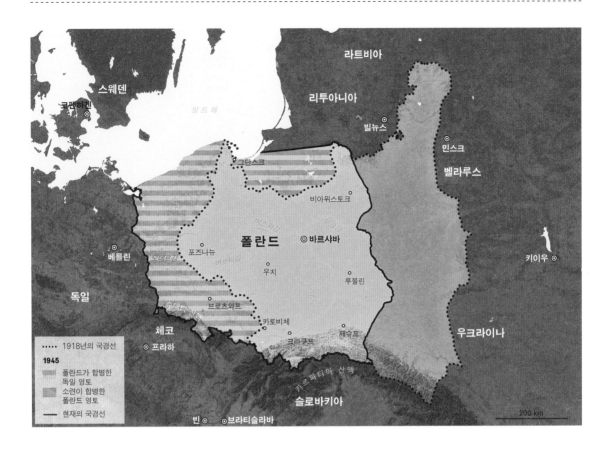

1980년 8월 14일 경제적, 사회적 위기 속에서 그단스크 조선소의 노동자 1만 7천 명이 파업에 돌입했다. 그로부터 얼마 후인 9월 22일, 공산주의 진영에서는 처음으로 전기공 출신인 레흐 바웬사를 필두로 한 독립 노동조합 연대인 '자유노조(Solidarnosc)'가 결성되었다. 자유노조의 커져가는 영향력을 억누르기 위해 당시 야루젤스키 총리는 1981년 12월 13일 계엄령을 선포했고 자유노조의 활동은 중단되었다. 레흐 바웬사는 1천여 명의 활동가들과 함께 수감되었다. 하지만 1989년 4월 17일 마침내 자유노조의 활동이 합법화되었고 창립자 바웬사는 1990년 공산주의의 몰락과 함께 민주주의 국가가 된 폴란드의 새로운 대통령이 되었다. 폴란드 출신인 요한 바오로 2세 교황은 동유럽을 지배했던 공산주의에 맞서 싸운 자유노조에 지지를 보냈다.

경제는 유럽연합에, 안보는 나토에 의지

1990년대 초반 수립된 폴란드 제3공화국은 폴란드의 민주주의로의 회귀를 상징한다. 역사상 처음으로 국경지대에서 위협이 사라졌지만 과거의 트라우마로 인해 폴란드는 여전히 이웃 국가인 러시아를 믿지 못하고 있었다. 결국 1999년 폴란드는 나토에 가입했고 뒤이어 들어선 정부는 미국의 대외정책에 동조했다. 또한 미국으로부터 군수품을 사들였고 미국의 미사일 방어체제(MD)의 일부를 자국 영토에 배치하는 것을

동서의 밀고 당기기

제1, 2차 세계대전, 영토 분쟁, 1918년 이후 세력 균형의 변화 등으로 인해 폴란드는 점차 서쪽으로 이동해야 했고 그로 인해 변화된 국경선은 폴란드를 유럽의 중심부에 위치시켰다.

두 개의 폴란드

2010년 대선 당시 폴란드 서부에서는 대대수 대도시와 마찬가지로 자유주의 정당인 시민연단(PO)이 승리를 거머쥐었고, 동부에서는 보수주의 정당인 법과정의당이 과반수를 차지했다. 양측의 정치적 차이는 역사적 간극으로도 설명된다. 1918년까지 독일의 통치하에 있던 폴란드 서부(A)는 동부보다 더 많이 발전하고, 도시화되고, 산업화된 반면, 러시아의 지배하에 있었던 폴란드 동부(B)는 서부에 비해 발전과 도시화가 덜했다.

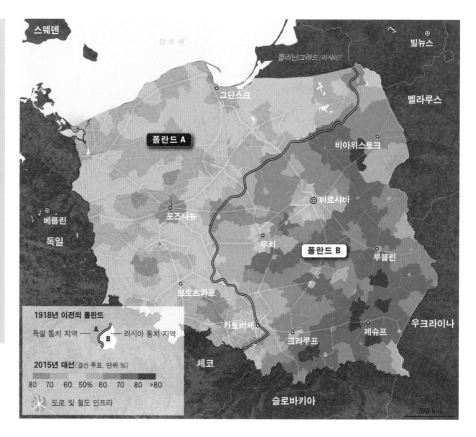

수용했다.

2004년에는 77% 이상의 찬성률을 기록한 국민투표의 결과로 폴란드는 유럽연합 회원국이 되었다. 하지만 당시 투표 참여율은 52%에 그쳤다. 어쨌든 이제 유럽연합은 폴란드의 경제 발전에, 나토는 폴란드의 안보에 기여하게 되었다.

둘로 나누어진 나라

연속적으로 타국의 지배를 받아온 폴란드의 역사는 오늘날까지도 경제적, 사회적, 정치적 분열에 상당한 영향을 미치고 있다. 1945년까지 독일의 통치하에 있었던 서부는 동부에 비해 훨씬 더 발전되었고, 도시화되었고, 인프라 또한 갖추었으며, 산업화되어 있다. 반면 오랫동안 러시아와 소련의 통치하에 놓여 있던 동부는 서부에 비해 덜 도시화되었으며 덜 발전했다. 이러한 '두 폴란드' 사이의 간극은 이제 정치적 차원에서도 나타나고 있다. 서부는 자유주의에 투표하는 반면, 동부는 보수주의 정당인 법과정의당에 표를 던지고 있다.

그러나 2015년 대선 당시 주권주의자 안제이 두다가 승리하면서 이러한 간극은 사라졌다. 서부에서는 자유주의가 눈에 띄게 후퇴하면서 법과정의당이 득세했고 이러한 경향은 몇 개월 뒤 치러진 총선에서 더욱 두드러졌다.

카친스키 형제가 창당한 법과정의당은 동부와 서부 모두에서 승리를 거두었는데 이는 혼란스러웠던 역사 이후 이들 형제

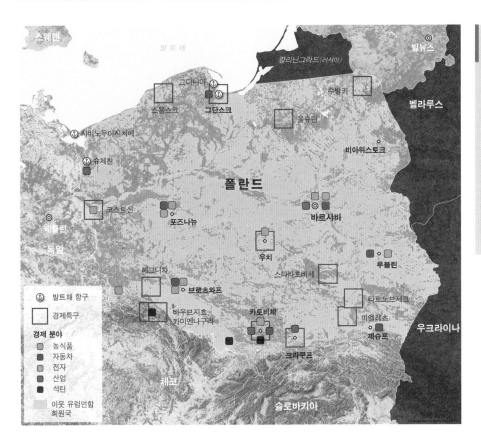

유럽연합의 저개발 회원 국가에 지급되는 유럽연합 구조기금은 2014-2020년 동안 폴란드 공공 분야 투자액의 60%에 달했다. 이 기금은 자동차, 제철, 조선, 석탄, 전자, 농식품 등 폴란드 산업의 다각화에도 큰 도움이 되었다. 또한 소규모 경작지의 현대화에도 기여했다.

가 주권 국가로서 폴란드의 가치와 자부심을 강조했기 때문이다. 법과정의당은 폴란드 민중에 대한 수호와 유럽의 전통에 단단히 뿌리내린 강력한 국가를 주장했다. 거기다 집권당이 되면서는 자유주의 경제 체제로 전환하는 20년 동안 '패배자'라 낙인찍힌 소외계층을 위한 사회적 대책을 마련하기도 했다.

폴란드의 성공 신화인가, 유럽연합의 성공 신화인가?

현재 폴란드가 누리는 경제적 호황은 다양한 요인으로 설명된다. 먼저 폴란드는 GDP의 15%를 창출하는 수도 바르샤바와 함께 11개의 대도시가 자국 영토에 '고루' 분포되어 있다. 또한 발트해에 위치한 거대한 항구들, 독일과 서유럽을 향해 있는 산업지구, 여기에 거대한 광산까지 보유하고 있다. 또한 1994년부터 2015년 사이에는 외국인 투자를 용이하게 하기 위해 일자리 창출을 대가로 기업들에게 세금 감면을 해주는 14개의 경제특구를 만들었다. 그 결과 폴란드는 상대적으로 낮은 인건비와 뛰어난 노동력으로 중부 유럽에서 가장 매력적인 국가 중 하나로 떠올랐다.

폴란드의 경제적 성공을 설명하는 또 다른 요인으로는 1인당 GDP가 유럽연합 평균치의 75% 미만인 국가에 지급되는 유럽연합의 구조기금을 꼽을 수 있다. 폴란드는 2014-2020년 동안 이 기금의 혜택을 가장 많이 본 국가 중 하나다. 폴란드가 2004년 유럽연합에 가입했을 당시 GDP는 유럽연합 평균의 49%에 불과했지만 오늘날에는 70%로 증가했고 2030년에는 95%에 도달할 것이라 전망하고 있다.

2015년부터 2020년까지 폴란드 집권당은 매년 3%를 상회하는 임금 상승률을 기록한 경제 호황의 덕을 보았으며 2018년에는 임금 상승률이 8%에나 달했다. GDP 상승률은 5%를 기록했으며 2004년에 거의 20%에 육박했던 실업률은 단 3.5%에 그쳤다. 또한 정부는 저임금 근로자와 중소기업에 대한 세금도 감면했다.

2020년 이후에는 코로나19로 위축된 경제와 높아진 실업률에도 불구하고 기업을 지원하고 일자리를 보존하기 위해 투입된 720억 유로의 일명 '위기 방어 시스템'을 가동한 결과 유럽연합 회원국 가운데 가장 적은 피해를 입었다. 게다가 2021년 1월에는 코로나19 2차 대유행으로 타격을 입은 기업들에게 유동자금을 지원하기 위한 ('파이낸셜 방어 시스템 2.0') 프로젝트를 시행했다.

또한 폴란드는 유럽연합의 경기 부양 계획을 기대하고 있다. 법치주의 위반에 관한 유럽연합의 조건을 받아들일 경우 폴란드는 573억 유로의 보조금을 받는 네 번째 수혜국가가 될 수 있다.

유럽의 가치를 준수하지 않는 나라

정치적으로 보수주의 정부에 해당하는 폴란드는 사법기관의 독립성을 훼손하는 사법 개혁을 추진하고 있다. 이에 2018년 9월 유럽의회에서는 법치주의와 유럽연합의 가치를 훼손한 회원국에 대한 제재 절차를 규정하고 있는 리스본 조약 제7조의 발동을 표결에 부쳤다. 이 밖에도 폴란드는 낙태를 제한(산모의 생명이 위험하거나 강간에 의한 임신일 경우에만 허용)하면서 2020년 가을 대규모 시위를 불러일으켰고 국내 언론에 대한 통제도 강화했다.

친미 국가!

중부 유럽에서 가장 큰 국가인 폴란드는 계속해서 친미 성향을 보이고 있다. 2018년 9월 미국 방문 당시 안제이 두다 폴란드 대통령은 도널드 트럼프 미국 대통령에게 폴란드에 영구적인 미군 기지의 설립과 함께 그에 대한 자금 지원을 제안했다. 하지만 조 바이든 대통령은 해당 기지의 건립을 승인하지 않았고 1천여 명의 추가적인 미군 파병만을 언급하는 것에 그쳤다.

폴란드의 이러한 친미적 성향은 특히 미국으로부터 무기를 구매하면서 유럽의 안보 체계를 잠정적으로 해치게 되었는데 이는 결과적으로 유럽연합의 심기를 매우 불편하게 만들었다.

유럽연합의 보조금을 받으려면

하지만 러시아-우크라이나 전쟁이 이러한 판도를 바꾸었다. 우크라이나와 국경을 맞대고 있는 폴란드는 전쟁의 최전선에 위치하게 되었고, 따라서 미국과 유럽의 무기와 지원물자를 우크라이나로 보내는 데 핵심 역할을 맡게 된 것이다.

하지만 유럽은 유럽연합의 근본적 가치

를 준수하는 문제에 있어서는 조금도 물러
서지 않고 있다. 2022년 6월 유럽연합 집행
위원회는 폴란드에 논란의 사법 개혁안을
재고할 것을 촉구했다. 그렇지 않으면 폴란
드는 러시아-우크라이나 전쟁으로 인해 안
그래도 악화된 경제 상황 속에서 그 어느
때보다도 절실한 300억 유로의 보조금 혜
택을 받을 수 없다. 이 보조금은 포스트 코
로나 경기 부양 계획에 따라 조성된 금액으
로 현재는 유럽연합에 의해 지급이 가로막
혀 있다.

Destination #5

브뤼셀

반원형의 회의장 속 유례없는 분위기가 감돌고 있는 이곳은 세계에서 가장 큰 규모의 초국가적 의회가 열리고 있는 브뤼셀이다. 위의 사진은 러시아가 우크라이나를 침공한 지 일주일 뒤인 2022년 3월 1일에 열렸던 유럽의회 임시 회기 때 촬영된 것으로, 당시의 긴박한 상황과 분위기를 담고 있다. 젤렌스키 우크라이나 대통령은 화상 연설을 통해 일부 통역사들이 흐느낄 정도의 감정을 드러내며 다음과 같이 말했다.

"우크라이나가 속해 있는 유럽은 훨씬 강할 것입니다. …… 여러분이 없다면 우크라이나는 혼자가 될 것입니다. …… 우리는 우리의 생존을 위해서 싸우고 있지만 …… 이는 유럽의 동등한 구성원이 되기 위해 싸우고 있는 것이기도 합니다. …… 그러니 여러분이 우리와 함께한다는 것, 여러분이 우리를 포기하지 않는다는 것, 그리고 여러분이 진정한 유럽인이라는 것을 증명해 주세요!"

전쟁 발발로부터 4개월이 지난 2022년 6월 유럽연합 27개국은 우크라이나에(그리고 몰도바에도) 유럽연합 가입 후보국의 지위를 부여한 한편, 핀란드와 스웨덴은 나토 가입을 신청했다. (2024년 2월 말, 두 나라 모두 나토 가입이 최종 승인되었다.)

사실상 모든 유럽인들이 러시아-우크라이나 전쟁의 여파를 온몸으로 체감하고 있다. 즉 우크라이나 난민 수용, 유럽 대륙의 강력한 재무장, 러시아산 탄화수소에 대한 의존도를 줄이기 위한 새로운 에너지 교역 정책, 흑해 항구에 봉쇄된 채 수출되지 못하고 있는 곡물로 인한 식량 가격 상승, 악화된 경제의 영향(인플레이션, 구매력 감소) 등이 바로 그것이다.

유럽통합주의자들과 범대서양주의자들 간의 관계는 블라디미르 푸틴의 러시아라는 '공동의 위협' 앞에서 공고해졌다. 이는 빅토르 오르반 헝가리 총리와 그의 친러시아 성향에는 안된 일이다.

코로나19부터 이번 전쟁에 이르기까지 유럽연합은 그 어느 때보다도 '위기 속에서 발전한다'는 사실을 계속해서 증명해 보이고 있다.

유럽연합:
자신들이 사는 곳 한복판에서
전쟁이 재발했다

EU의 탄생

유럽연합(EU)의 탄생은 1951년 독일(당시 서독), 프랑스, 이탈리아, 벨기에, 네덜란드, 룩셈부르크로 이루어진 유럽석탄철강공동체(ECSC)에서 시작되었다. 프랑스와 독일은 이를 통해 새로운 전쟁을 피하고 동유럽에서 공산주의 세력이 확장되는 것에 맞서 함께 힘을 합치고자 했다.

하지만 유럽연합의 진정한 시작은 1957년에 체결된 로마 조약에서 비롯되었다. 이 조약으로 유럽연합의 모태가 되는 '유럽경제공동체(EEC)'가 설립되었고 유럽의 식량 수요를 해결하기 위한 공동농업정책(CAP)과 함께 공동 시장 정책이 시행되었다.

1971년에 달러 위기, 이후 1973년과 1979년에는 석유 파동을 겪으면서 유럽인들은 유럽통화제도(EMS, 1979년 유럽 공동체가 통화 통합을 목표로 공식 발족시킨 통화제도)를 실행해 통화 안정을 모색하게 되었다. 또한 공동 시장이라는 대의를 위해서 1986년에 단일유럽의정서(SEA)를 체결했는데 이 의정서는 12개 회원국 간의 재화, 서비스, 인구 및 자본의 자유로운 이동을 허용했다.

유럽 통합 프로젝트

6개국으로 시작된 유럽 공동체는 점차 확대되어 갔다. 1960년에 포르투갈, 스위스, 오스트리아, 덴마크, 노르웨이, 스웨덴과 함께 라이벌 격인 유럽자유무역연합(EFTA)을 설립했던 영국은 1960년대에 유럽경제공동체에 가입 신청을 결정한 후 1973년 1월 1일 덴마크, 아일랜드와 함께 가입했다. 노르웨이는 국민투표가 부결되면서 최종적으로 가입이 무산되었다.

1981년에는 그리스가 열 번째 회원국이 되었으며 1986년에는 스페인과 포르투갈이 합류했다. 이들 세 국가의 가입은 매우 상징적인 의미를 지니는데, 무엇보다도 이들 국가는 극우 군부 독재(그리스의 군사 정권, 스페인의 프랑코 정권, 포르투갈의 살라자르 정권)에서 벗어나 민주주의를 공고히 하는 것

1950
1952
(창립 국가)

1960

1970

1973 (+4)

1981 (+1)

1986 (+2)

1990 (구동독의 가입)

1995 (+3)

2000

2004 (+10)

2007 (+2)

2010

2013 (+1)

가입 후보국 또는
잠재적 가입 후보국

브렉시트 발효
(2021년 1월 1일부터)

6, 28, 27:
그 이후는?

핵심 창립 멤버인 6개국으로 시작한 유럽의 공동체는 60년 만에 28개국으로 확대되었다. 하지만 2016년 역사상 최초로 한 국가가 탈퇴하기로 결정한다. 바로 영국이다. 2022년 6월 말 유럽연합은 우크라이나와 몰도바의 가입 신청을 인가했고 북마케도니아와 알바니아는 7월 19일 가입을 목적으로 협상을 개시했다.

을 최우선 목표로 삼았기 때문이다.

한편 유럽 역사의 새로운 단계는 제2차 세계대전 이후부터 확립되어온 세계 질서를 단번에 뒤흔든 1989년 베를린 장벽의 붕괴와 함께 시작되었다. 1990년 독일이 통일되면서 동독 역시 자동으로 유럽경제공동체에 가입되었고 이는 독일이 '유럽의 통합'이라는 프로젝트 속에 단단히 뿌리를 내리는 계기가 되었다.

독일 통일 이후 프랑스와 독일의 추진으로 유럽 통합 프로젝트의 정치적 측면이 더욱 강화되었다. 1992년 마스트리히트 조약(정식 명칭은 유럽연합조약)은 유럽경제공동체를 유럽연합(EU)으로 탈바꿈시켰다. 이 조약은 특히 각국의 사람들이 자신의 나라가 아니어도 거주하고 있는 곳이 유럽연합

회원국이라면 그 나라의 지방선거와 유럽의회 선거에서 투표할 수 있는 권리를 갖는 '유럽연합 시민권'을 도입하면서 '시민의 유럽'이라는 기반을 다지는 역할을 했다. 또한 2002년 1월 1일부터 통용되기 시작한 유로화, 공동외교안보정책(CFSP), 형사문제의 경찰및사법협력정책(PJCC) 등도 탄생시켰다. '공동의 결정'이라는 절차를 통해 유럽의회의 권한도 강화되었다.

모두가 통합에
찬성한 것은 아니다

하지만 역설적이게도, 유럽이 커다란 진보를 보인 이때 유럽회의주의(euroscepticism, 유럽의 통합에 반대하는 이념이나 사상)를 키

유럽연합 가입 현황

선결 단계:
- 잠재적 가입 후보국 지위 인정
- 잠재적 가입 후보 국가의 가입 신청서 제출
- 가입 후보국의 공식 지위 인정
- 가입 후보국과 유럽연합 사이의 협상 개시

알바니아
- 잠재적 가입 후보국 : 2003
- 가입 신청 : 2009
- 공식 후보국 : 2014
- 협상 개시 : 2020

보스니아 헤르체고비나
- 잠재적 가입 후보국 : 2003
- 가입 신청 : 2016

코소보
- 잠재적 가입 후보국 : 2008

북마케도니아
- 잠재적 가입 후보국 : 2003
- 가입 신청 : 2004
- 공식 후보국 : 2005
- 협상 개시 : 2020

몬테네그로
- 가입 신청 : 2008
- 공식 후보국 : 2010
- 협상 개시 : 2012

세르비아
- 잠재적 가입 후보국 : 2003
- 가입 신청 : 2009
- 공식 후보국 : 2012
- 협상 개시 : 2014

유럽연합
가입 후보국
잠재적 가입 후보국
구유고슬라비아연방
★ 군사기지

200 km

운 사건들 또한 발생했다. 먼저 나토 없이는 유럽연합이 아무것도 해결할 수 없다는 사실이 고스란히 드러난 유고슬라비아 사태와 1992년 마스트리히트 조약 비준 문제를 들 수 있다. 유럽연합 창립 멤버 중 한 곳인 프랑스의 경우 조약 비준에 대한 국민투표에서 찬성표가 겨우 51%를 차지했으며 덴마크에서는 반대표가 50.7%에 달했다. 재교섭 과정을 거쳐 결국 재투표가 실시되었는데 이번에는 57%의 찬성표로 가까스로 통과되었다.

이러한 우여곡절에도 불구하고 유럽은 계속해서 확장되었다. 1995년 유럽연합은 스웨덴, 핀란드, 오스트리아를 받아들였고 이후 2004년에는 에스토니아, 라트비아, 리투아니아, 폴란드, 체코, 슬로바키아, 헝가리, 슬로베니아 등 동유럽 8개국과 지중해의 섬국가인 몰타와 사이프러스까지 회원국이 되었다. 이는 40년 동안 냉전으로 분열되었던 유럽 대륙을 통합한 역사상 가장 거대한 확장이었다. 또한 2007년에는 불가리아와 루마니아가, 2013년에는 크로아티아가 가입하면서 유럽연합은 대서양에서 러시아 문턱까지, 발트해에서 지중해에 이르기까지 28개 회원국을 보유하게 되었다.

그러나 이러한 확장이 유럽연합의 모든 사람들에게 소속감을 안겨준 것은 아니다. 2001년부터 시작된 유럽헌법을 도입하려는 움직임은 2005년 시행된 국민투표에서 프랑스에서는 54.5%, 네덜란드에서는 61.5%의 반대가 나오며 부결되었다. 이와 같은 부정적인 여론은 대개 유럽 대륙의 현황보

발칸 반도 국가들의 합류

2000년 유럽연합은 발칸 반도 국가들의 유럽연합 가입 자격을 인정했다. 2004년 슬로베니아, 2013년 크로아티아의 가입을 승인했고 이후 몬테네그로와 세르비아는 가입 협상을 개시했으며, 2022년에는 북마케도니아와 알바니아와의 협상 또한 시작되었다. 반면 보스니아 헤르체고비나와 코소보의 운명은 세르비아 민족주의 세력이 활동을 재개하면서 불확실해졌다.

다는 자국의 국내 정치에 대한 반응을 반영한 것이라 볼 수 있다.

그렇게 시작된 유럽연합의 제도적 위기는 2007년 리스본 조약으로 절정에 달했다. 리스본 조약은 유럽헌법의 조항들을 담고 있으며 당시 27개국(2013년에 가입한 크로아티아는 제외)으로 확장된 유럽연합의 역할을 정하는 것이었는데, 이번에는 프랑스와 네덜란드에서 국민투표를 거치지 않고 곧바로 의회를 통해 비준했다. 시민의 의사 표현을 피한 이런 비준 방식은 유럽에 민주주의가 결여되었다는 유럽회의론자들의 비판을 더욱더 부채질하는 결과를 낳았다.

가치관의 위기를 맞다

2008년의 글로벌 금융 위기는 유럽의 연대를 가차 없이 시험대 위에 올려놓았다. 서브프라임 모기지 사태와 함께 미국에서 시작된 금융 위기는 2009년 그리스 국가부채 위기와 이탈리아, 스페인, 아일랜드의 극심한 경제 위기로 치닫게 되었다. 북유럽과 함께 특히 독일은 남유럽 국가들이 국가부채라는 어려운 문제를 현명하게 다루지 못했다며 비난했고, 이들을 위해 밑 빠진 독에 물 붓기처럼 끝없이 돈을 퍼주어야 한다는 사실에 단호한 거부의사를 드러냈다.

유럽의 또 다른 거대한 시련은 2013년에 시작되었다. 시리아 내전을 비롯한 중동 지역의 분쟁과 아프리카에서 내전을 피해온 수십만 명의 난민들이 유럽으로 유입된 것이다. 이번에도 유럽 국가들은 통일된 의견을 내지 못했고 난민 수용 문제나 국경 통제에 제대로 된 공동의 정책을 수립하지도

못했다. 난민 위기로 유럽 안에서 자유로운 이동을 보장하는 셰겐 조약(유럽연합 회원국 간 무비자 통행을 규정한 국경 개방 조약)이 다시금 도마 위에 올랐고 헝가리, 슬로바키아, 폴란드, 체코는 아예 국경을 폐쇄하기도 했다. 이들 국가에서는 난민, 집시, 노숙자와 같은 특정 범주의 인구에 낙인을 찍기도 했다. 그렇게 유럽은 가치관의 위기를 맞게 되었다.

유럽회의주의의 부상

유럽의회 선거는 원래도 참여율이 저조했는데 2014년의 선거는 유권자의 42.6%만이 참여하는 등 역사상 가장 저조한 투표율을 기록했다. 1979년 보통선거로 치러진 유럽의회 최초 선거 당시의 투표율은 62%에 달했다.

2014년의 선거는 유럽회의주의의 부상을 여실히 보여준다. 2009년 10%에 불과했던 유럽회의주의자들은 이제 751명의 유럽의회 의원에서 23%를 차지하고 있다. 프랑스의 국민전선(FN), 영국의 영국독립당(UKIP), 덴마크의 덴마크인민당(DFP)과 같이 자국에서 다수당을 차지한 극우 및 유럽혐오주의 정당이 약 4분의 1의 득표율을 획득했다.

점점 커져가는 균열

전반적으로 유럽회의주의 정당은 2015년부터 오스트리아, 핀란드, 프랑스, 이탈리아, 독일, 네덜란드, 영국, 스웨덴, 벨기에를 포함한 유럽 내 10여 개 국가의 선거에

서 10%를 상회하는 득표율을 얻었다. 이들 중 일부는 헝가리에서는 2010년부터, 폴란드에서는 2015년부터, 체코와 이탈리아에서는 2018년부터 집권당이 되기도 했다. 그들 모두가 자국의 주권 수호를 내세우고 있다.

하지만 안제이 두다 폴란드 대통령과 빅토르 오르반 헝가리 총리는 언론 및 출판, 집회, 사법적 권리와 같은 기본적인 자유와 법치주의마저 위협하고 있다. 권위주의적으로 변한 이들의 행보는 오늘날 폴란드와 헝가리를 '비자유주의 민주국가'로 만들었다. 이는 이들 국가의 수장은 민주적으로 선출되었지만 국민들은 점점 더 기본적인 권리마저 박탈당하고 있다는 점에서 만들어진 용어다.

이들 나라의 국민들이 박탈당하고 있는 자유는 1997년에 체결된 암스테르담 조약(제7항)이 보장하는 것이며 조약은 이를 위반한 국가에 제재를 가할 것을 규정하고 있다. 그에 따라 유럽의회는 폴란드와 헝가리에 대한 제재 절차를 각각 2017년 12월과 2018년 9월에 시행했다.

2019년 유럽의회 선거는 '유럽 공공의 이익'을 지지하는 세력과 '민족주의'를 옹호하는 세력 사이에 점점 커져가는 균열을 확인시켜 주었다. 새로이 구성된 유럽의회 면면을 보면 민족주의 정당의 부상과 함께 유럽의회의 역사적인 두 거대 집단인 유럽국민당(우파)과 유럽사회당(좌파)의 후퇴가 두드러진 것을 알 수 있다.

2019-2024년 유럽의회 구성도

Verts/ALE 74
Renew Europe 108
PPE 182
S&D 154
ECR 62
ID 73
GUE/NGL 41
NI 57

751

ECR : 유럽 보수와 개혁
GUE/NGL : 유럽통합좌파/북유럽녹색좌파
ID : 정체성과 민주주의
PPE : 유럽국민당
S&D : 사회민주진보동맹
Verts/ALE : 녹색당/유럽자유동맹
NI : 무소속

유럽 경기 부양 계획
유럽연합 회원국 보조금 현황 (2021-2023년)
(단위 : 10억 유로)

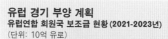

스페인	69,5
이탈리아	68,9
프랑스	39,4
독일	25,6
폴란드	23,9
그리스	17,8
루마니아	14,2
포르투갈	13,9
헝가리	7,2
체코	7,1
불가리아	6,3
크로아티아	6,3
슬로바키아	6,3
네덜란드	6,0
벨기에	5,9
오스트리아	3,5
스웨덴	3,3
리투아니아	2,2
핀란드	2,1
라트비아	2,0
슬로베니아	1,8
덴마크	1,6
에스토니아	1,0
아일랜드	1,0
사이프러스	1,0
몰타	0,3
룩셈부르크	0,1

유럽연합: 새로운 정치적 판도

새롭게 구성된 유럽의회는 민족주의 정당의 득세와 유럽국민당과 유럽사회당의 후퇴가 두드러졌다. 유럽사회당은 2009년 사회민주진보동맹(S&D)으로 바뀌었다. 그럼에도 유럽국민당은 751개 의석 중 182개 의석을 차지해 여전히 선두를 유지하고 있다. 극우파, 민족주의 정당, 자국 주권주의자들은 177개 의석을 차지했다.

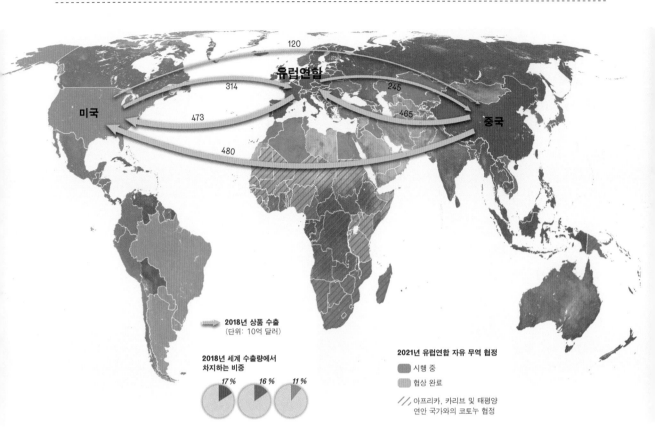

2018년 상품 수출
(단위: 10억 달러)

**2018년 세계 수출량에서
차지하는 비중**

17 % *16 %* *11 %*

2021년 유럽연합 자유 무역 협정

■ 시행 중

■ 협상 완료

/// 아프리카, 카리브 및 태평양
　　연안 국가와의 코토누 협정

전쟁이 만든 변화

세계 최대의 경제 및 교역 집단인 유럽연합은 국제적으로 아주 중대한 당사자다. 그럼에도 러시아-우크라이나 전쟁이 발발하기 전까지는 유럽연합의 정치적, 전략적 약점이 주로 강조되어 왔다. 하지만 이번 전쟁은 유럽인들에게 안보와 방위의 측면에서 공동의 정체성을 확립하게 해주었다.

브렉시트의 충격을 버텨내다

유럽연합이 직면해야 했던 가장 커다란 위기(러시아-우크라이나 전쟁 이전)는 분명 2016년 6월 23일 브렉시트에 대한 영국인 51.9%의 찬성일 것이다. 회원국 내 특정 국가의 국민 과반 이상이 유럽연합을 탈퇴하겠다는 의사를 공식적으로 표출한 것은 창설 이후 처음 있는 일이었다. 길었던 협상을 거친 끝에 시행된 투표는 결국 2020년 말 영국의 공식적인 유럽연합 탈퇴를 이끌어냈다.

하지만 협상이 불러온 영국 내 갈등과 영국 경제에 부과된 위험은 현재로서는 다른 회원국들이 영국의 전철을 밟지 않도록 해주고 있다. 한편 아일랜드 문제는 여전히 갈등의 원인으로 남아 있다. 아일랜드와 북아일랜드는 두 나라 사이의 국경이 또다시 폐쇄되는 것을 원치 않고 있다.

하나로 단결하여 전쟁에 맞서고 있다

2020년 봄부터 코로나19 감염병과 맞서 싸우면서 유럽연합은 경제 활성화, 백신 구매와 분배 같은 문제에 공동으로 대응하기 위해 단결이라는 창립 가치를 다시금 회복한 것처럼 보였다. 물론 장애물이 없었던 것은 아니지만 한 세기 전에는 거의 존재하지 않았던 결연한 의지가 있었다.

2022년 유럽 대륙에서 전쟁의 귀환은 또다시 변화를 불러일으켰다. 러시아와 국경을 접하고 있는 국가들이 느낀 커다란 공포가 유럽인들에게 하나의 통일된 전선을 형성하게 만들었다. 그 결과 2022년 6월 우크라이나와 몰도바는 유럽연합의 새로운 가입 후보국으로 받아들여졌고 스웨덴과 핀란드는 나토에 가입할 준비를 했다.

유럽연합 27개국은 난민 수용, 러시아산 탄화수소에 대한 의존에서 탈피, 우크라이나 및 러시아산 곡물 수급 불안정에서 기인한 식량난 해결 등을 위해 러시아에 대한 제재를 시행하는 데 서로 협조했다. 이로써 유럽인들은 하나로 단결하여 전쟁의 귀환에 맞서고 있다. 하지만 만약 전쟁이 장기화된다면 이들의 연합은 어떻게 될까?

러시아산 탄화수소 끊기

경제의 동력을 높이기 위해 유럽연합 27개국은 2021년에 화석에너지(석유 약 34%, 가스 23%, 석탄 10%), 원자력(12%), 재생에너지(17%) 등에 기반한 에너지믹스를 발표했다. 그러나 탄화수소의 경우 유럽연합 자체의 매장량이 매우 적었기 때문에 수입을 해야 했다. 가스의 경우는 러시아가 유럽연합의 최대 공급 국가다. 2020년에 유럽연합이 수입한 가스의 45%를 러시아산 가스가 차지했다. 러시아산 가스에 대한 의존도는 국가마다 달랐다. 핀란드, 라트비아, 헝가리는 국내 소비의 거의 전부를, 독일은 거의 절반을, 프랑스와 스페인은 수요의 4분의 1 미만을 러시아로부터 수입해 왔다.

하지만 이번 전쟁으로 유럽인들은 러시아산 에너지에서 벗어나는 선택을 해야만 했다. 왜냐하면 그것으로 벌어들인 돈이 러시아가 전쟁을 지속할 수 있는 자양분이 되고 있기 때문이다. 러시아산 석유, 석탄, 가스를 수입하면서 유럽연합은 매일 6억 5천만 유로를 러시아에 지급하고 있었다. 석탄과 석유는 점차 러시아에 의존하지 않아도 되게끔 만들었는데 가스는 문제가 훨씬 복잡했다. 그럼에도 2022년 4월 초발트 3국은 러시아산 가스 수입을 전면 중단했다. 2015년에 리투아니아의 클라이페다에 건설한 '인디펜던스(독립)'라고 이름 붙인 액화천연가스(LNG) 터미널 덕분에 노르웨이와 미국산 가스를 수입할 수 있었기 때문이다.

다른 유럽연합 국가들의 경우 가스관 연결망에 의존하지 않고 액화천연가스를 수입해 현지에서 재가스화할 수 있는 특수한 인프라를 보유하고 있긴 하지만 러시아에서 수입하던 물량을 빠르게 대체할 만큼 충분하지는 않다. 독일은 2022년 3월 함부르크 북부 엘베강 하구에 LNG 터미널을 재건하겠다고 발표했는데 이는 매우 전략적인 결정이었다. 왜냐하면 러시아와 독일을 잇는 천연가스 파이프라인인 노르트 스트림2의 승인 절차를 러시아에 대한 제재의 일환으로 중단했기 때문이다. 그때까지 독일은 러시아로부터 국내 소비량의 65%를 수입해 오고 있었다.

러시아가 빠진 새로운 상황에서 27개 유럽연합 국가는 가스의 전량을 특히 알제리, 미국, 카타르 혹은 아제르바이잔 등에서 공동으로 수입해올 수도 있다.

**2020년 국가별
에너지믹스 속
러시아산 가스 수입량의 비중**

단위 %

0 25 45 70 90 100

액화천연가스 터미널
◆ 가동 중
⬡ 건설 중
⬭ 건설 예정

아이슬란드

노르웨이

핀란드

스웨덴

에스토니아

라트비아

러시아

덴마크

리투아니아

벨라루스

아일랜드

영국

네덜란드

독일

폴란드

우크라이나

벨기에

룩셈부르크

체코

슬로바키아

몰도바

프랑스

스위스

오스트리아

헝가리

루마니아

슬로베니아

크로아티아

이탈리아

보스니아
헤르체고비나

세르비아

불가리아

코소보

스페인

몬테네그로 북마케도니아

알바니아

튀르키예

그리스

몰타

II. 아메리카

트럼프의 집권은 전 세계에 영향력을 끼치는 강대국 '미국의 쇠퇴를 가속화'했다. 트럼프의 뒤를 이어 대통령이 된 조 바이든은 트럼프의 슬로건 '아메리카 퍼스트(America first, 미국 우선주의)'를 대체하는 '아메리카 이즈 백(America is back, 미국이 돌아왔다)'을 내세우며 '탈트럼프화'를 위해 노력했다.

바이든 행정부는 중국에 대해서는 강경 노선을 유지하는 동시에 다자주의와 함께 미국의 강력한 리더십을 회복하고자 했다. 하지만 2022년 2월부터 유럽 대륙에서 다시 시작된 전쟁은 아시아-태평양 지역에 새롭게 떠오른 전략적 쟁점 사항과 미중 경쟁관계에서 비롯된 당면 과제를 해결하는 데 미국이 집중하지 못하게 했다.

러시아의 우크라이나 침공 이후 미국은 대대적으로 우크라이나 진영을 지원했고 나토는 자신의 존재 이유를 되찾았다. 하지만 미국은 러시아에 반대하면서 민주주의 원칙을 제일선에 올려놓았지만 러시아산 원유를 수입하지 않기 위해 독재 국가들(사우디아라비아, 베네수엘라 등 원유 보유국)과 다시 관계를 맺어야 했다.

한편 라틴 아메리카는 또 다른 정치 지형(좌경화)과 지정학적 영향(중국의 부상)으로 새로운 시대를 맞이하고 있다.

워싱턴

이곳은 2021년 1월 6일의 워싱턴이다. 이날 재선에 실패한 도널드 트럼프를 지지하는 한 무리의 시민들이 트럼프의 모호한 발언에 흥분하여 자칭 '빼앗긴 대선 승리'를 부르짖으며 미 국회의사당 입구를 강제로 뚫고 들어갔다. 쑥대밭이 된 사무실, 테러 공격이라도 받은 듯 탁자 아래로 몸을 숨긴 의원들, 인명 피해(사망자 5명과 부상자 22명) 사실 등이 전 세계에 알려졌다.

이 사건은 무적이라 생각했지만 그렇지 않다는 것이 만천하에 드러난 민주주의의 상징인 현대 미국의 역사에 하나의 커다란 트라우마로 남았다. 도널드 트럼프의 임기는 슬로건으로 내걸었던 '아메리카 퍼스트'만 외치면서 오히려 다자주의, 대서양주의, 민주주의적 가치 등을 강조해온 미국 외교의 근간을 훼손한 위태롭고 혼란스러운 통치의 시대였다고 요약할 수 있다.

2021년 1월 20일 민주당 조 바이든 대통령이 새롭게 백악관에 입성했지만 그의 당선이 미국 사회를 관통하고 있는 위기를 해결해 주지는 못했다. 2020년 5월 경찰관에 의해 비무장 상태에서 질식 사망한 아프리카계 미국인 조지 플로이드 사건과, 1973년부터 임신 중지 권리를 성역화해온 대법원의 '로 대 웨이드(Roe v. Wade)' 판결(산모가 낙태할 수 있는 권리를 보장해야 한다는 판결)을 2022년 6월에 번복한 것이 이를 잘 보여준다.

그럼에도 바이든의 당선으로 세계 최강대국인 미국은 외교 원칙을 다시 새롭게 수립할 수 있었다. 트럼프가 탈퇴한 파리기후협약과 세계보건기구의 복귀, 유럽 국가들과 나토와의 관계 회복, 민주주의 국가들 사이의 동맹 증진, 그리고 새로운 슬로건인 '아메리카 이즈 백'이 그 예다. 게다가 2022년 2월 러시아의 우크라이나 침공 당시 보여준 미국의 모습은 그들이 유럽 대륙에 당당히 복귀했음을 상징한다. 2022년 6월 바이든 대통령은 나토 정상회의 참석차 유럽을 방문했는데 이는 러시아와 중국에 맞서 서구 국가들의 연합을 강화하고자 하기 위함이다.

미국:
세계를 상대로
잃어버린 신뢰부터 회복해야 한다

미국의 등장

1945년 나치를 상대로 연합군이 승리를 거두면서 미국은 단숨에 다자간 교역의 자유와 평화를 보장하기 위해 수립된 국제 질서의 선두에 올라섰다. 1944년에 체결된 브레턴우즈 협정은 1945년 국제통화기금(IMF)과 국제부흥개발은행(IBRD)을 탄생시켰다. 1929년의 대공황과 같은 주식시장 붕괴는 막아줄 거라 여겨진 브레턴우즈 체제 속에서 이 두 기구는 외환 규제와 개발도상국의 지원을 맡았다. 이후 1945년 6월 샌프란시스코 회의를 통해 미국은 공동 안보 체제를 통해 분쟁을 해결하는 것을 목적으로 하는 유엔(UN) 창설을 제창했다.

미국이 제시한 유엔이라는 글로벌 기구는 자유주의와 민주주의를 표방했다. 냉전 시기(1947-1991년) 동안 미국과 서방 국가들은 자신들의 세계관을 전 세계로 확장하려 했지만 소련과 동구권의 저항 그리고 공산주의를 기반으로 한 경쟁 모델과 부딪치게 되었다. 그럼에도 미국은 나토를 비롯한 동맹 체제와 전 세계에 배치된 군사기지를 기반으로 경제적, 군사적 힘을 키웠다. 이후 1989년 베를린 장벽의 붕괴는 드디어 서구 모델에 승리를 안겨주었다. 비효율적인 경제 시스템과 군비 경쟁으로 쇠약해진 구소련이 결국 1991년 해체되면서 미국은 두 번째 승리를 거머쥐었다.

세계의 경찰로 우뚝 선 초강대국

'양극'이었던 세계는 이제 '단극'이 되었으며, 미국은 1990년대 내내 대적할 상대가 없는 '초강대국'으로 거듭났다.

경제적인 측면에서 미국은 농업 분야뿐 아니라 산업 및 상업 분야에서도 세계 1위의 자리를 차지했다. 1992년부터 2000년까지 미국은 높은 수준의 경제성장률(1998년 4%)을 유지했고 구조적으로 낮은 실업률(4% 미만)과 막대한 고용 창출을 보였으며 세계에서 가장 높은 국민총생산(GNP)을 기록했다.

군사적인 측면에서는 유엔의 비호 아래

미군 사령부
사령부 경계선
활동 중인 병력수
군사기지
활동 중인 함대
나토 회원국
우방국

태국
인도
오스트레일리아
필리핀
중국
제7함대
일본
파키스탄
아프가니스탄
아랍에미리트
사우디
아라비아
이집트
제5함대 8,300
USCENTCOM
USAFRICOM
러시아
튀니지
90,000
프랑스
USINDOPACOM
모로코
67,000
뉴질랜드
USEUCOM
제6함대
제4함대
하와이
캐나다
1,800
미국
USNORTHCOM
USSOUTHCOM
브라질
제2함대
아르헨티나
제3함대

미국의 군사력

미국의 힘은 동맹 체제(나토, 태평양안전보장조약)와 세계 전역에 개입할 수 있는 글로벌 규모의 군사력 배치에 기반을 두고 있다. 미국은 세계를 여섯 개 군사 지역으로 나누어 사령부를 배치했고 각각의 사령부는 하나의 함대를 보유한다. 미국은 전 세계에 130만 명의 병력을 보유하고 있어 병력의 수로만 볼 때는 중국과 인도 다음인 세계 3위에 해당되지만 군사적 전개 능력으로만 본다면 세계 1위다.

1991년 이라크의 침공을 받은 쿠웨이트를 위해 걸프 지역에 개입했고, 1992-1993년 에는 소말리아, 1994-1995년에는 아이티, 1995년에는 보스니아 헤르체고비나, 그리고 심지어 동티모르에까지 개입하면서 '세계의 경찰'로 우뚝 섰다. 1999년 봄에는 나토 전략의 일환으로 코소보에서 자행되는 인종청소를 막기 위해 세르비아에 대한 폭격 작전을 이끌었다. 이러한 행위를 통해 미국은 팍스 아메리카나(pax americana)를 수호하면서 다자주의와 국제법 준수에 근거한 새로운 세계 질서를 설파했다.

또한 미국의 저력은 신기술, 그중에서도 특히 인터넷의 발전과 함께 IT와 디지털 분야에서 혁신을 이루면서 한층 힘을 받았다. 이러한 지식경제는 역동적인 테크 허브와 글로벌 기업들과 연결된 유수의 대학 네트워크에 기반을 두고 있다. 이 모든 것이 미국의 국제적인 매력과 소프트파워에 기여하고 있다. 또한 미국의 대중문화는 세계 곳곳에 진출한 글로벌 프랜차이즈 확산과 함께 영화, TV 드라마, 게임, 음악, 패션, 소셜네트워크, 음식 등을 통해 전 세계로 퍼져나가고 있다.

9월 11일의 전환점, 세계보다 자국의 이익이 우선이다

1990년대 말, 미국의 힘은 정점에 달한 듯 보였다. 하지만 2001년 9월 11일 모든 것이 한순간에 무너졌다. 알카에다의 자살폭탄 테러는 미국 본토에서 3천 명에 가까운 사망자를 냈고 테러의 표적이 된 뉴욕 세계무역센터의 쌍둥이 빌딩, 펜타곤, 워싱턴 국

회의사당 등이 지니는 거대한 상징성은 무적처럼 여겨졌던 전능한 미국의 이미지를 심각하게 훼손했다.

조지 W. 부시의 연이은 두 번의 임기 동안 미국의 보수주의 세력은 오사마 빈 라덴과 알카에다의 주요 수장들을 소탕하기 위해 2001년 10월부터 아프가니스탄에 군사적으로 개입하면서 다시 강경한 방식을 취하고자 했다. 이후 2003년 3월에는 대량살상무기(WMD)를 보유하고 있다는 의심을 받는 사담 후세인을 몰아내기 위해 연합군의 선두에 서서 이라크에 군사적으로 개입했다.

하지만 유엔의 동의 없이 감행된 이라크에 대한 군사작전(독일과 프랑스는 참가를 거부했다)은 곧바로 서구 진영의 반발을 불러일으켰고 '테러와의 전쟁'은 미국 사회 내부에서도 비판을 받았다. 결국 부시 대통령은 이라크로 파병된 병사들을 2008년에 철수하기로 약속해야 했고, 그의 뒤를 이은 버락 오바마 대통령은 미국이 세계의 경찰이던 시절은 이제 끝이 났다며 2009년부터 미군 부대의 철수를 더욱 가속화했다.

미국이 더 이상 중동 지역에 개입하기를 거부하는 이유가 바로 이러한 '군사적 실패'에서 기인한다. 리비아 내전 당시 미국은 2012년 9월 11일 리비아에서 두 번째로 큰 도시인 벵가지에서 이슬람 무장단체가 미국 영사관을 습격해 미 대사 등을 포함한 네 명이 사망했음에도 불구하고 리비아 반정부 세력에 대한 군수 지원과 나토와 연계된 폭격을 시행하는 것에 그쳤다. 또한 버락 오바마 대통령은 시리아가 미국이 '넘어서는 안 될 선(레드 라인)'으로 여기는 화학

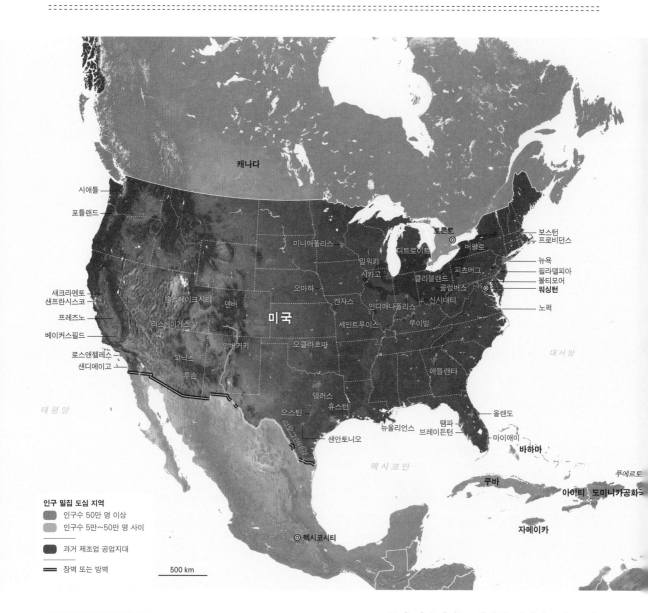

인구 밀집 도심 지역
- 인구수 50만 명 이상
- 인구수 5만~50만 명 사이

과거 제조업 공업지대

장벽 또는 방벽

500 km

아메리카 퍼스트

세계 최대의 경제대국인 미국은 세계화의 전형이자 원동력이다. 그들의 저력은 대학 연구 기관과 세계적인 기업 간의 시너지에 기초한 혁신 능력에서 기인한다. 하지만 국제적인 경쟁 상대, 그중에서도 특히 중국과의 경쟁에서 미국의 산업은 1970년대까지 거대한 제조업 지대였던 북동부의 러스트벨트 지역처럼 퇴보하고 있다. 이에 대응하고 유권자들을 만족시키기 위해 트럼프 대통령은 이웃 국가들과의 통상 조약을 재협상하고 중국산 수입품에 대한 관세를 인상하고자 했다.

무기 사용이라는 범죄를 저질렀는데도 최종적으로는 시리아 정부를 타격하는 것을 포기했다. 하지만 미국은 2014년 테러 조직이 은신하고 있는 지역을 공습하는 등 IS에 대항하는 국제 동맹에서 중심 역할을 수행하기도 했다.

2001년은 미국과 나머지 세계와의 관계 측면에서 실질적인 전환점을 맞는 시기였다. 미국은 1990년대의 개입주의를 점차 포기했는데 2008년의 글로벌 금융 위기는 이러한 태세 전환을 더욱 부채질하는 역할을 했다. 2009년에 대통령으로 선출된 버락 오바마는 미국 국내 문제에 보다 집중했고, 이후 도널드 트럼프 대통령은 국제 관여를 최소화하는 이러한 고립주의를 '아메리카 퍼스트'라는 새로운 슬로건과 함께 더욱 심화시켰다. 대외정책에 있어 이와 같은 미국의 태도는 자국의 이익을 최우선 순위에 두고 다자주의를 경시하는 것으로 표출되었다.

트럼프가 일으킨 갈등들

트럼프 행정부는 2017년 유네스코, 2018년 유엔인권이사회, 그리고 2020년 7월 세계보건기구를 탈퇴하면서 1945년 이후 다자주의에 기반을 두고 활동해온 거대 국제기구들의 근간을 뒤흔들었다. 또한 이란 핵합의와 파리기후협약(둘 다 2015년 체결), 환태평양경제동반자협정(TPP, 2016년) 등 여러 국제 조약도 일방적으로 파기했다. 이 모든 것은 한편으로는 나토 유럽 회원국들, 다른 한편으로는 아시아 동맹국들과의 관계를 악화시키는 결과를 초래했다.

비즈니스 거래에 익숙한 사업가 출신인 트럼프는 자국의 이익을 수호한다는 단기적인 시각으로 미국 대외정책의 중심에 경제와 통상 문제를 두고자 했다. 또한 그는 양자협상을 선호했다. 외교 관계에 있어 이러한 태도는 가까운 파트너 국가들과의 관계에서 종종 갈등을 불러일으켰다. 이를 단적으로 보여주는 예가 바로 1994년에 발효된 미국과 두 이웃 국가인 캐나다와 멕시코를 하나로 묶는 '북미자유무역협정(NAFTA)'의 변경이다. 도널드 트럼프 대통령은 이 협정이 미국의 무역 적자와 함께 미국인들의 일자리를 빼앗는다고 주장하면서 재협상을 통해 '미국·멕시코·캐나다 협정(USMCA)'으로 명칭을 변경했다.

또한 이러한 시각은 2018년 초 중국과 무역 전쟁을 치르게 만들었다. 미국이 중국산 수입 상품에 부과되는 관세를 인상한 것이다. 트럼프 대통령에게 이는 막대한 무역 적자(2018년 기준 4,190억 달러)를 줄이고, 미국에 도전장을 내밀며 점차 위협적으로 부상하고 있는 중국 기업들로부터 자국의 기술적 우위를 지키기 위해서였다. 2001년부터 2018년 사이 중국과의 경쟁으로 미국에서 사라진 일자리 수는 370만 개로 추정된다.

중동에 손을 떼고 아시아로 방향을 튼 이유

주요 경제대국으로 거듭난 중국은 무엇보다도 동남아시아 지역에서 미국의 강력한 전략적, 지정학적 경쟁자로서 자리매김하고 있다. 미국이 태평양 전역에 군사를 배치하고 이 지역에서 동맹국들을 이용하는 동안 중국은 남중국해의 여러 기지에 자국

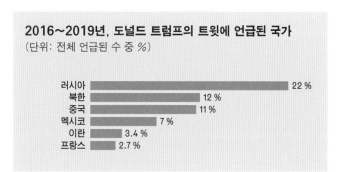

2016~2019년, 도널드 트럼프의 트윗에 언급된 국가
(단위: 전체 언급된 수 중 %)

국가	%
러시아	22 %
북한	12 %
중국	11 %
멕시코	7 %
이란	3.4 %
프랑스	2.7 %

군사들을 집중적으로 배치했다. 그곳에는 중국이 오래전부터 역사적으로 자신들의 영토였다고 주장하고 있는 해역이 있는데 그들은 그곳을 지배하려는 야심으로 몇몇 섬들을 불법적으로 점령하기도 했다.

오바마 행정부가 중동 지역에서 손을 떼기로 결정한 이유를 바로 이와 같은 상황을 통해 이해할 수 있다. 미국은 커져가는 중국의 영향력에 대응하기 위해 군사력을 아시아로 재배치하려 했던 것이다. 이를 '아시아 재균형 전략'이라고 부른다. 이 전략은 2016년 태평양을 둘러싼 중국의 야심을 우려하는 국가들을 모아 아시아-태평양 및 미국의 경제를 통합하는 '환태평양경제동반자협정'의 체결을 통해 구체화되었다. 하지만 트럼프는 2017년 이곳을 탈퇴했다. 그러자 미국이 빠진 이 협정은 일본 주도로 명칭을 '포괄적·점진적 환태평양경제협정(CPTPP)'으로 변경해 활동을 이어가고 있다.

이 지역에서 미 국방부가 우려하는 또 하나는 중국과 러시아 사이에 진정한 '전략적 동반자 관계'가 형성되는 것이다. 미국은 자국이 세계에서 유일한 지배적인 군사 강국이 되기를 원하고 있고 이 지점에서 미국에 대적할 상대는 아직 없다. 미국은 자국의 병력을 이라크에서는 부분적으로, 아프가니스탄에서는 대규모로 철수했음에도 불구하고 여전히 전 세계에 6개 사령부와 각각의 함대 그리고 130만 명의 병력을 보유하고 있으며, 국방 예산 또한 2021년 기준 전 세계 국방 예산의 3분의 1이 넘는 7,400억 달러 이상으로 역대 최대치를 기록하고 있다.

외교적 유산과 기존 동반자 관계에서 탈피하면서 트럼프 행정부는 전임 행정부들이 맺었던 외교정책과 단절을 선언했다. 그 결과 특히 러시아와 가까워졌고, 2019년 6월에는 김정은 북한 국무위원장과 회담을 가졌으며, 2018년에는 예루살렘을 이스라엘의 수도로 인정했고, 이후 2019년에는 요르단강 서안지구의 이스라엘 정착촌을 국제법에 어긋나지 않는다고 인정했다.

미국을 고칠 수 있을까?

조 바이든 미국 대통령은 2015년에 체결한 파리기후협약에 복귀하는 등 오바마 시절의 다자주의로 회귀하고자 했다. 하지만 그 전에 세계를 상대로 '잃어버린 미국의 도덕적 신용'을 회복해야 했다. 국내적으로도 바이든 대통령은 극심하게 분열된 미국인들에게 2021년 1월 6일 국회의사당에서 일어났던 사건과 코로나19 감염병에 대한 형편없는 대처로 심각하게 훼손된 자국 민주주의 제도에 대한 신뢰를 되찾아주기 위해 노력해야 했다. 2021년 봄 대대적인 경기부양 대책과 백신 접종 캠페인의 훌륭한 관리는 앞으로 더 나아질 미국에 대한 긍정적인 신호로 여겨지며 국민들의 칭찬을 받았다.

또한 아시아 재균형 전략을 구체화하기 위해 2022년 5월 23일 아세안 7개 국가와 오스트레일리아, 일본, 인도, 한국, 뉴질랜드, 피지와 함께 '인도·태평양경제프레임워크(IPEF)'를 공식 출범시켰다.

미국은 나날이 커져가는 중국의 영향력을 억제하기 위해 아시아 국가와의 협력 정책을 이어나가고는 있지만 러시아의 우크

라이나 침공으로 인해 미국의 전략적 우선
순위의 중심은 다시금 유럽이 차지하게 되
었다. 미국은 우크라이나가 정교한 무기(특
히 장거리 로켓 발사대)를 갖추도록 나토 회
원국과 협력하여 400억 달러 규모의 군사
지원금을 제공했다. 이는 러시아의 공세에
맞서 우크라이나 주권을 수호하고 러시아
와의 전면전을 막으려는 것이 목적이다. 또
한 미국은 중국을 견제하는 것과 마찬가지
로 푸틴의 독재에 맞서 서구 가치들을 수호
하기 위해 투쟁을 벌이고 있다.

부상하는 중국에 맞서다

제2차 세계대전이 끝나고 일본이 패전하면서 미국은 아시아의 주요 군사 당사국이 되었다. 냉전 기간 내내 공산주의 중국과 자유주의 미국은 서로를 불신해 왔다. 하지만 1972년 마오쩌둥 중국 국가주석과 리처드 닉슨 미국 대통령이 중국 영토에서 만난 뒤로는 경제 분야에서 양국이 가까워지기 시작했다.

2001년 중국은 미국의 지지로 WTO(세계무역기구)에 가입했다. 하지만 이는 중국을 '세계의 공장'에서 미국의 주요 '경제적 경쟁자'의 자리로 올려놓는 중요한 계기가 되었다.

한편 중국이 정치적으로 부상하면서 미국의 군사적 패권에 문제가 생겼다. 중국은 영토와 군사적 관점에서도 국제적으로 미국의 주요한 경쟁자로 부상했고 이것이 남중국해에서 갈등이 고조되는 결과를 낳게 된 것이다. 이 밖에도 홍콩, 그리고 미국이 안보를 보장하고 있는 대만을 둘러싼 두 나란 간의 분쟁 역시 현재까지도 진행 중이다.

2019년 11월 말 도널드 트럼프 대통령은 '홍콩 인권 민주주의 법안'을 공포했다. 홍콩 시위자들의 인권이 존중되지 않을 경우 미국이 옛 영국 식민지였던 홍콩에 부여한 경제 및 통상에서의 특별 지위를 철회하겠다는 것이다. 홍콩에서 수개월 간 폭력사태를 동반한 혼란이 이어지자 중국은 미국이 '시위에 참여하지 않은 무고한 홍콩 시민들에게 자행된 행위를 지지'한다고 비난했다. 이에 2021년 1월 미국 정부는 중국이 2020년 6월 홍콩에서 국가보안법을 내세워 민주주의를 지지한 활동가들을 체포한 것에 항의하기 위해 여러 명의 중국 및 홍콩 경관에 대한 제재를 발표했다. 그러자 중국은 보복을 예고했다.

2020년 미군의 51%가 아시아-태평양 지역, 그중에서도 특히 일본과 한국에 배치되었다. 이 지역으로 군사력이 편중된 것은 2011년 버락 오바마 대통령이 출범시킨 '아시아 재균형 전략'에 따른 병력 재배치의 결과다.

알래스카
(미국)

캐나다

미국

멕시코

웨이크
(미국)

존스턴
(미국)

하와이
(미국)

마셜 제도

태 평 양

팔미라
(미국)

베이커
(미국)

자르비스
(미국)

솔로몬 제도

피지

사모아

바누아투

통가

프랑스령 폴리네시아
(프랑스)

뉴칼레도니아
(프랑스)

뉴질랜드

해군기지
⊛ 중국 기지
⊛ 미국 기지

해상 항로

아마존

이곳은 브라질 아마조나스주의 라브레아로, 삼림 벌채가 빈번하게 발생하는 지역 중 하나다. 또한 전문가들이 '빗장'이라고 부르는, 아마존을 가로지르는 길 끝으로 여전히 자연 그대로를 간직한 거대한 원시림이 펼쳐지는 곳이기도 하다. 이곳에는 브라질의 마지막 남은 원주민들이 거주하고 있다. 기후변화 회의론자인 보우소나루 대통령의 임기 동안에는 여러 차례 산불이 발생하기도 했다.

2019년 자이르 보우소나루가 집권한 이후로 브라질의 자연환경과 원주민을 보호하기 위한 모든 장치에 제동이 걸렸다. 이제 세계는 아마존 산림이 전 지구적 기후변화에 어떤 역할을 하는지 잘 알고 있다. 위의 사진과 같은 브라질 아마존의 모습이 국제적인 우려를 자아내는 이유도 여기에 있다. 브라질 국립우주연구소에 따르면, 2019년 8월부터 2020년 7월까지 브라질에서만 1만 1천 제곱킬로미터 이상의 열대우림이 파괴된 것으로 추정된다. 이는 프랑스 수도권인 일 드 프랑스 지역에 상응하는 면적이다. 아마존은 지난 10년간 이보다 더 극심한 변화를 겪은 적이 없었다.

보우소나루 대통령의 보건 분야에서의 성과는 더욱 참담하다. 브라질은 코로나19 위기로 인해 미국 다음으로 세계에서 가장 큰 피해를 입었다. '기아 퇴치와 발전을 위한 가톨릭위원회(CCFD)'를 비롯한 비정부기구들은 보우소나루 임기 동안 브라질 국민들의 생활수준이 후퇴했다는 사실을 지적했고, 특히 전통적인 농민, 원주민, 언론, 시민 사회, 그리고 사회 운동 전반에 대한 "폭력, 침해, 불평등이 전례 없는 수준에 달했다"라고 경고했다. 또한 그들은 교육과 보건 분야에서 브라질 정부의 관리 부족이 우려된다고 언급했다.

보우소나루가 물러난 뒤 브라질 사람들은 세계의 주요 신흥국 중 하나이며 경제적으로도 오랫동안 가장 역동적인 국가 중 하나였음에도 불구하고 제대로 통치되지 못했던 지난날들을 이야기하고 있다. 거대한 영토와 인구, 다양하고 풍부한 천연자원 등 브라질이 지닌 강점은 막대하지만 형편없는 국정 관리로 인해 수년간 극심한 불평등과 반복된 폭력으로 얼룩지면서 가려지게 되었다. 온전한 강대국으로 거듭나는 데 실패한, '나약한 의지'의 거대 국가 브라질은 여전히 북미의 경쟁자한테는 한참 뒤떨어져 있다.

브라질:
아직도 선진국으로 도약하지 못한
나약한 의지의 거대 국가

어마어마한 영토

남아메리카에 위치한 브라질의 국토는 850만 제곱킬로미터로, 면적으로는 세계 5위에 해당된다. 남미 대륙의 거의 모든 국가와 1만 5,720킬로미터의 국경을 맞대고 있으며 해안선은 대서양을 따라 7,400킬로미터 이상 펼쳐져 있다. 또한 아마존강의 거대한 유역과 지류가 관통하면서 영토의 구획이 나누어지는데, 반건조 기후의 북동부 지역 세르타오를 제외하고는 대부분이 열대의 덥고 습한 기후를 보인다.

과거 포르투갈 식민지였던 브라질의 인구는 2022년 기준 약 2억 1,500만 명이며 공용어는 포르투갈어다. 브라질의 인구 구성을 보면 유럽계는 47.7%, 아프리카계는 7.6%, 아시아계는 1.2%, 아르메니아계는 0.4%, 나머지인 43.1%는 혼혈이다. 인구는 해안가를 따라 밀집되어 있는데 대도시인 포르탈레자, 살바도르, 헤시피, 리우데자네이루, 그리고 경제적 수도인 상파울루 역시 해안가에 위치해 있다. 반면 정치적 수도는 도로, 철도, 공항과 같은 교통 인프라 건설을 통해 브라질 내륙 지역을 발전시키기 위해 의도적으로 내륙에 위치한 브라질리아로 정했다. 의지가 돋보이는 이러한 적극적인 정책은 브라질 국민의 개척 정신을 잘 보여준다.

세계의 농장

브라질은 막대한 천연자원을 보유한 국가로, 개발되고 있는 광물의 종류만 50여 가지에 달한다. 또한 탄화수소 매장지의 거의 전부가 해저에 위치해 있고 2006년부터는 자급자족이 가능한 상황이다. 전기를 생산하는 데 필요한 수자원 역시 풍부하다. 그리고 무엇보다도 엄청난 양의 농지를 보유하고 있어 '세계의 농장'이라는 별명을 갖고 있기도 하다. 브라질은 오렌지, 사탕수수, 커피 원두의 세계 최대 생산국이며 대두 생산은 세계 2위다. 이 밖에도 아랍 연맹 국가로 할랄 육류를 가장 많이 수출하는 국가이기도 하다. 농산업은 GDP의 20%, 일자리

석유

■ 석유 채굴 지구

⚒ 정유소

⊖ **수력발전댐**

◆ **메르코수르 회원국**

광물 자원

● 망간
◇ 석탄
◆ 철
◇ 금
● 다이아몬드
● 우라늄
● 구리, 아연
◆ 알루미늄, 티타늄
● 니켈, 납, 주석

브라질, 중남미의 힘

남미에서 가장 큰 영토를 지닌 브라질은 남미 대륙 절반에 가까운 영토를 차지하고 있다. 브라질은 에콰도르와 칠레를 제외한 남미 대륙 모든 국가와 국경을 맞대고 있으며, 지역 협력 기구인 '메르코 수르(Mercosur)'를 통해 거대한 경제적 흐름의 중심에 위치하고 있을 뿐만 아니라 풍부한 천연자원 (광석, 탄화수소, 물 등)과 토지로 인해 거대 농업 국가 중 하나가 되었다.

의 3분의 1, 무역의 45%를 차지하는 등 브라질 경제의 가장 중요한 핵심 분야다.

그러나 이 모든 자원에도 불구하고 2015년의 경기 침체 이후 상대적으로 낮은 경제 성장률을 보이고 있다. 2019년의 성장률은 단 1.9%에 머물렀고 실업률은 13%에 달했다. 경기 회복은 코로나19 여파로 인해, 그리고 여전히 브라질이 세계에서 가장 불평등한 국가 중 하나로 남아 있는 만큼 더욱 불확실해진 상태다.

브라질의 불평등은 국토의 불균형에서 기인한다

2019년 브라질에서는 가장 부유한 10%의 인구가 국가 소득의 절반 이상을 차지했고 이들의 70%는 백인이었다.

저소득층과 중산층 대부분은 루이스 이나시우 룰라 다 시우바 대통령 임기(2003-2011년) 동안 보편화된 사회복지 혜택을 받았다. 대표적인 예로 '보우사 파밀리아'(조건부 가족 장학금) 정책이 있다. 저소득층 가정이 자녀를 학교에 보내면 국가로부터 지원금을 받는 제도다. 룰라 대통령의 또 다른 사회적 성과는 '포미 제루'(굶주림 제로) 정책으로, 기본적인 식료품을 지원하는 제도다.

하지만 부정부패 때문에 이 모든 정책은 빈곤을 타개하는 데 여전히 부족했다. 여기에 2021년 코로나19 팬데믹으로 1,500만 명이 넘는 브라질 인구가 다시 빈곤층으로 전락했다. 2020년에 6,800만 명에게 지급되었던 긴급 금융 지원을 보우소나루 대통령이 종결했기 때문이다.

브라질에서 불평등이 지속되는 이유는 국토의 극심한 불균형과 밀접하게 연관되어 있다. 남부와 남동부는 브라질에서 가장 부유하며 세계화에 가장 많이 동화된 지역이다. 이 지역의 중심 도시인 상파울루, 리우데자네이루, 벨루오리존치가 이루는 삼각지대에 3천만 명의 인구가 살고 있다. 이들 대도시는 국가의 의사결정을 담당하고 정치와 경제의 중심 역할을 한다. 또한 이 지역에는 상업 농업(사탕수수, 커피, 감귤류, 대두), 다양화된 산업(자동차, 항공), 관광업 등이 집중되어 있다.

이에 비해 북동부 지역은 브라질에서 두 번째로 넓은 면적과 두 번째로 많은 인구를 보유하고 있다. 하지만 인구수는 5,500만 명이지만 GDP는 국가 전체의 13%를 넘지 않으며 오로지 해안 지역만이 활기를 띠고 있다. 과거 브라질의 역사적 중심지였던 북동부는 오늘날에는 수자원 시설로도 제대로 대처하지 못하는 가뭄 문제가 누적된 낙후된 지역으로 전락했다. 때문에 브라질 대도시의 파벨라(도시 빈민가)로 농촌 인구가 대대적으로 이주하는 현상이 일어나기도 했다.

마지막으로 아마존 개척 지역과 중서부 지역의 북쪽은 사람이 거의 살지 않는다. 이곳은 풍부한 광물 자원, 목재, 그리고 산림 개간으로 생긴 대규모 축산과 대두 경작에 유리한 드넓은 대지로 인해 개발 보호 구역으로 되어 있다. 하지만 국제 사회의 강한 압력에도 불구하고 보우소나루 대통령의 임기 동안 산림 파괴는 계속 진행되었다.

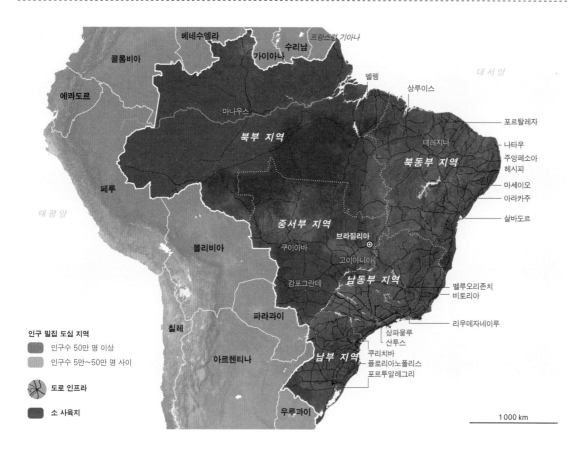

베네수엘라
프랑스령 기아나
콜롬비아
가이아나
수리남
에콰도르
벨렝
상루이스
대 서 양
마나우스
북부 지역
포르탈레자
테레지나
북동부 지역
나타우
주앙페소아
헤시피
페루
태 평 양
마세이오
아라카주
살바도르
중서부 지역
브라질리아
볼리비아
쿠이아바
고이아니아
벨루오리존치
비토리아
남동부 지역
캄포그란데
리우데자네이루
파라과이
상파울루
산투스
쿠리치바
칠레
남부 지역
플로리아노폴리스
벨루오리존치
포르투알레그리
아르헨티나

인구 밀집 도심 지역
- 인구수 50만 명 이상
- 인구수 5만~50만 명 사이
- 도로 인프라
- 소 사육지

우루과이

1 000 km

연정도 힘든
복잡한 정치 체제

브라질은 26개 주와 1개의 연방특구(수도 브라질리아)로 구성된 연방공화국이다. 하지만 이러한 정치 체제는 오히려 국가의 올바른 통치를 저해했다. 1988년에 헌법은 대통령과 하원 의원의 임기는 4년으로, 상원 의원의 임기는 8년으로 규정했다.

하지만 소규모 정당의 수가 30여 개가 넘고 상원과 하원은 매우 분열되어 있다. 그리고 연방제는 각 주에 개혁의 시행이나 빈곤 퇴치와 관련해 다양한 권력과 권한을 부여한다. 이로 인해 브라질의 통치는 매우 복잡해졌고 수많은 정당이 서로 연정을 이루는 것은 장기적으로 거의 불가능하다. 그

결과 2002년 룰라 대통령이 속한 노동자당은 하원 513개 의석 중에서 91석을, 상원 81개 의석 중에서 14석만을 차지했으며, 26개 주 중에서 단 3개 주에서만 승리했다.

룰라 대통령의 후임인 지우마 호세프 대통령이 부패 혐의로 탄핵되자 연정은 더더욱 어려워졌다. 부패한 정치집단에 대한 기소 제기는 2018년 권위주의 정치 체제를 주장한 자이르 보우소나루의 집권을 보다 용이하게 만들었다. 소규모 극우 정당인 사회자유당(PSL)을 이끌던 보우소나루는 'BBB' 세력을 등에 업고 집권했다. 첫 번째 B는 소고기(Beef), 즉 토지 소유주들을 대표하고, 두 번째 B는 성경(Bible), 즉 기독교 복음주의자를 가리키며, 세 번째 B는 총알(Bullet), 즉 뒤늦게 가세한 전통적 경제 엘리트 계

불균등한 영토

프랑스 지리학자 에르베 테리의 비유적 표현에 의하면 브라질은 '스위스, 파키스탄, 그리고 미개척지'로 구성되어 있다. 스위스는 가장 부유하며 세계화에 잘 동화된 남동부 지역을 가리킨다. 이곳에는 농업, 다양화된 산업, 경제활동 등이 집중되어 있다. 반면 파키스탄은 과거 브라질의 역사적 중심지였지만 현재는 외곽이 되어버린 북동부 지역을 일컫는다. 마지막으로 미개척지는 아마존 개척 지역과 북부에서 중서부까지 이르는 지역을 말한다.

층과 군 세력 및 무기 소지 지지자들을 일컫는다.

국제무대에서의 활발한 활동, 그 성과는?

브라질은 유엔안전보장이사회 상임이사국도 아니고 남미 대륙 밖으로 맹위를 떨칠 군사력을 갖추지도 못했지만 국제무대에서 매우 활발히 활동하고 있다. 유엔평화유지군의 총 71개 작전 중 50개 작전에 참여했고 다양한 국제기구에서 개발도상국의 이익을 수호하기 위해 목소리를 내고 있다. 또한 1964년에는 유엔무역개발협의회(UNCTAD)가 탄생하는 데 일조했고 농업 분야에서는 WTO 안에서 미국과 유럽연합의 보호무역주의에 맞서 싸우기도 했다. 2003년부터는 WTO 무역 협상에서 G20 개도국 그룹의 선두주자로 활동하고 있다.

브라질은 신흥국, 그중에서도 특히 아프리카 국가들과의 남남협력(남반구에 속하는 개발도상국 사이의 기술, 지식 등의 교환)을 열렬히 지지하고 있다. 룰라 대통령이 집권한 이후로 이러한 경향은 더욱 두드러졌는데 특히 포르투갈어를 사용하는 국가들과 관계를 진척시키고자 했다.

브라질은 자신들 포함 주요 신흥국가인 러시아, 인도, 중국, 남아프리카공화국의 앞글자를 따서 만든 브릭스(BRICS)의 회원국 중 하나로, 브릭스는 2011년부터 매년 회담을 열고 있다.

또한 미국의 영향력에 맞서 세력 균형을 맞추기 위해 1991년 아르헨티나, 파라과이, 우루과이와 함께 유럽연합을 본보기 삼아 만든 남아메리카 경제 공동체인 '메르코수르'를 결성했다. 현재는 볼리비아, 칠레, 콜롬비아, 에콰도르, 가이아나, 페루, 수리남이 준회원국 자격으로 가입해 있다. 메르코수르는 남미 대륙 GDP의 82%를 차지하며, 유럽연합과 '미국·멕시코·캐나다 협정'의 뒤를 이어 세계에서 세 번째로 큰 무역 블록을 형성한다.

브라질의 외교적 영향력은 자국의 커져가는 문화적 영향력과 함께 행사되었다. 전 세계로 수출되는 텔레노벨라(일일 연속극), 2014년 월드컵과 2016년 리우 올림픽 같은 굵직한 국제 행사들을 개최하면서 자국의 위상을 전 세계에 알릴 수 있었다.

트럼프가 롤모델인 대통령

자이르 보우소나루의 대통령 당선은 브라질에 급진적 변화를 가져왔다. 보우소나루는 자신의 정치적 모델로 삼은 트럼프 미국 대통령의 노선에 동조하기로 했다. 브라질은 나토 회원국이 아님에도 미국의 '주요 동맹국'이라는 지위를 획득했다. 이러한 입지는 자주성을 상실할 위험은 있을지언정 미국과의 군사 협력, 기술 이전, 군수 장비 구입 등을 용이하게 해주었다.

미국에 대한 동조는 남미의 좌파 정권(베네수엘라, 니카라과, 쿠바 등)과의 거리두기 일환으로도 풀이된다. 이는 결국 2013년에 브라질 전임 대통령들이 만든 보건 프로그램인, 빈곤 국가에 쿠바 의사 8,300여 명을 파견하는 마이스 메디코스(Mais Medicos, '더 많은 의사들') 프로그램에서 쿠바가 탈퇴하도록 만들었다. 이로 인해 2,800만 명의

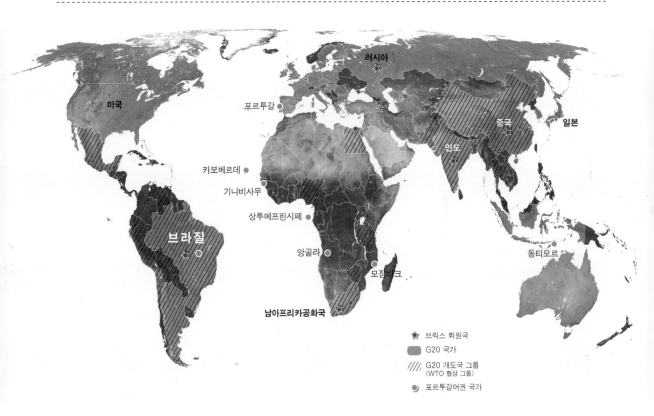

★ 브릭스 회원국

■ G20 국가

／／／ G20 개도국 그룹
(WTO 협상 그룹)

◉ 포르투갈어권 국가

브라질과 세계
브라질은 중남미 대륙 밖으로 진출할 정도로 강력한 군사적 힘은 가지지 못했다. 그러나 신흥국으로서 높아지는 경제력을 통해 국제무대와 남미 지역에서 점점 중요한 역할을 맡고 있다. 또한 문화(음악, 춤, TV 드라마, 카니발 등)와 축구 등 소프트파워를 동반한 외교력도 갖추고 있다.

브라질 국민이 의료 혜택을 받지 못하게 되었다.

여전히 트럼프의 노선을 따르고 있던 보우소나루 대통령은 중국이 자국 주권에 '위협'이 되고 있다고 선언하기도 했다. 그럼에도 2018년 브라질과 중국 사이의 교역 규모는 미국을 훌쩍 앞지르는 1천억 달러를 기록했고 결국 보우소나루 대통령은 보다 실용적인 경제 정책으로 돌아서야만 했다.

자신의 롤모델 트럼프와 마찬가지로, 보우소나루 또한 코로나19 바이러스의 심각성을 부인했다. 하지만 2021년 봄, 브라질은 특히 감마 변이의 발생과 함께 감염병의 중심지가 되었다. 포화된 의료 체계, 백신 접종의 지연(2021년 6월 말 백신 접종자의 비율은 고작 12%)으로 브라질은 코로나19로 인한 사망자 수가 세계 2위를 차지했다(2020년 3월부터 2021년 6월 사이 51만 명). 2020년 말 조 바이든 미국 대통령의 당선은 '열대의 트럼프'라 불렸던 보우소나루에게는 좋지 못한 소식이었다.

여전히
도약하지 못하고 있는 신흥국

브라질은 역대 대통령들이 펼쳤던 정책과 무관하게 결코 완전하게 부상하지 못한 신흥국이다. 여기엔 4천만 명의 국민을 빈곤에서 벗어나게 한 룰라 대통령도 포함된다. 브라질 주재 프랑스 대사를 지낸 알랭 루키에의 표현에 따르면, 브라질은 '개발도상국의 거대한 민주주의 국가'로 거듭나지 못하고 있다.

한편 2020년 말 코로나19 위기관리 실패

로 탄핵의 위기를 맞은 보우소나루 대통령은 아마존 삼림 파괴로 인해 유럽연합과 미국의 무역 제재에도 맞서야 했다. 그의 국정 운영 결과에 대해서는 의견이 분분한데 이것이 룰라 전 대통령의 귀환을 설명해 준다. 룰라 대통령은 부정부패 혐의로 기소되어 구속되었지만 2심 재판의 유죄 판결만으로 피고인을 수감하는 것은 위헌이라는 브라질 대법원의 판결에 따라 2021년 출소했다.

　서로 대척점에 있는 통치 스타일을 지닌 '물러나는' 대통령과 '돌아온' 대통령이 대결한 2022년 10월 대선에서 결국 룰라가 승리하면서 브라질 최초의 3선 대통령이 되었다.

아마존, 되돌릴 수 없는 파괴

아마존 열대우림은 550만 제곱킬로미터가 넘는 거대한 면적에 펼쳐져 있다. 총 9개 국가가 아마존을 나누고 있는데 그중 브라질이 총면적의 40%를 차지하고 있다. 광물 자원(금, 보크사이트, 주석, 철, 구리)과 목재가 풍부하고 벌목이 되어 공장식 대규모 가축 사육을 위한 대지까지 갖춘 브라질의 아마존은 19세기 중반부터 개발되었다. 하지만 대대적인 개발과 정비 정책의 대상이 된 것은 1960년대부터였다.

브라질의 대서양 연안에서 아마존을 관통하여 페루까지 잇는 아마존 횡단 고속도로(트랜스 아마존 하이웨이)의 개통은 아마존의 개발을 촉진시켰고 브라질 정부는 전국 통합 계획에 따라 아마존 지역을 국토에 통합시켰다. 1970년대에 브라질 정부는 인구가 과밀한 북동부 지역에 거주하는 땅 없는 사람들을 아마존 안에 정착시켜 농업 문제를 해결하려고 했다. 하지만 이러한 정책은 농지와 목축지를 만들기 위해 아마존의 생물 다양성을 파괴하는 결과를 낳았다. 또한 아마존 열대우림 구역 자체가 도시 개발, 토양 용탈, 광산업 폐기물에 의한 피복 식물의 황폐화 등으로 인해 감소하고 있다.

아마존의 산림 파괴 규모를 측정하기란 어렵다. 면적이 너무나 넓은데다 사금 채취와 고급 목재 벌목 등과 같은 불법 행위가 갈수록 기승을 부리고 있어 전 지역을 감시하기가 까다롭기 때문이다. 아마존환경정보네트워크(Raisg)가 최근 발표한 보고서에 따르면, 2000년부터 2018년 사이에 아마존에서 스페인 영토(51만 3천 제곱킬로미터)에 준하는 면적이 개간되었다고 한다. 보우소나루 대통령은 집권과 동시에 농업 산업을 위한다는 명목으로 산림 파괴를 다시 부추기면서 상황을 더욱 악화시켰다. 전 세계적인 항의를 초래했던 아마존 산불 사건이 이를 증명한다. 단 2년 만에 산림 파괴는 50%나 증가했고, 브라질의 여러 비정부기구들은 아마존 파괴가 되돌릴 수 없는 지경에 이르렀고 열대우림이 대초원으로 바뀔지도 모른다며 우려를 표하고 있다.

2021년 1월 브라질 원주민 카야포족의 지도자인 라오니 메투티레는 아마존 토착 인구에 대한 반인류적 범죄의 명목으로 브라질 대통령과 브라질 정부를 국제 형사재판소에 고발했다.

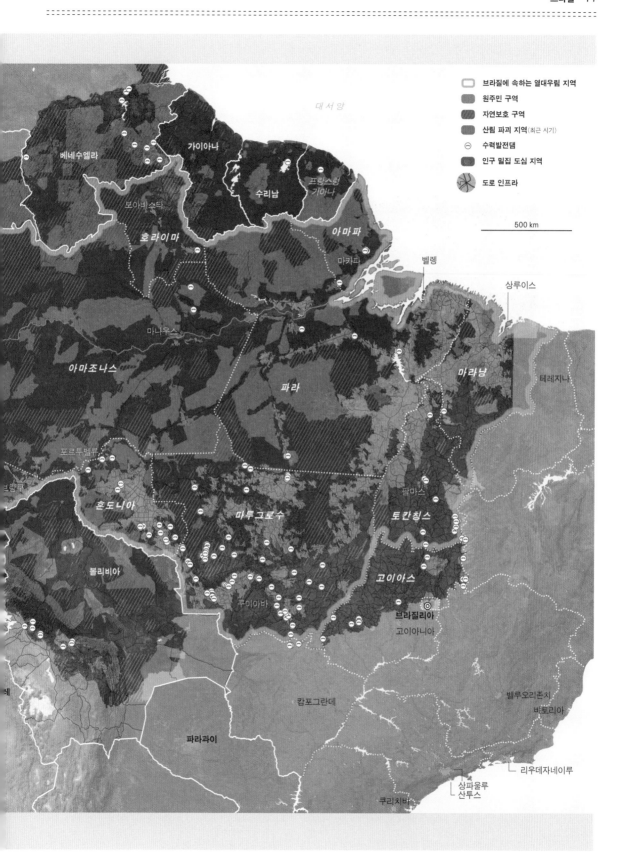

대 서 양

베네수엘라

가이아나

수리남

프랑스령
기아나

보아비스타

아마파

호라이마

마카파

벨렝

상루이스

아마조나스

마나우스

파라

마라냥

테레지나

포르투벨류

브랑쿠

호도니아

마투그로수

토칸칭스

팔마스

볼리비아

고이아스

쿠이아바

브라질리아

고이아니아

캄포그란데

벨루오리존치

비토리아

파라과이

리우데자네이루

상파울루
산투스

쿠리치바

	브라질에 속하는 열대우림 지역
	원주민 구역
	자연보호 구역
	산림 파괴 지역(최근 시기)
⊖	수력발전댐
	인구 밀집 도심 지역
	도로 인프라

500 km

티후아나

스페인 작가 하비에르 세르카스는 미국과 멕시코의 경계를 나누는 티후아나를 이렇게 묘사했다.

"다섯 대륙 중에서 매일 그곳을 통과하는 사람들의 숫자가 지구상에서 가장 많은 국경 검문소가 있다. 그곳은 바로 '가난의 세계'와 '번영의 세계'가 가장 직접적이고 적나라하며 동시에 거의 물리적으로 마주보고 있는 티후아나일 것이다. 티후아나는 '동서의 양극화'가 '남북의 양극화'로 대체된 현재, 새로운 지정학적 진영의 '체크포인트 찰리'(냉전 당시 베를린 장벽의 가장 유명한 국경 검문소)와 다름없는 존재가 되었다."

'아메리카 퍼스트'라는 명목으로 도널드 트럼프 대통령이 멕시코와 미국의 국경지대에 세우겠다 약속했던 악명 높은 '장벽'은 트럼프 임기를 나타내는 강력한 상징이 되었다. 하지만 전임 대통령과의 단절을 표하기 위해 조 바이든 대통령은 장벽 공사를 중단했고 2021년 2월부터는 보다 인도적인 이민 정책을 발표했다. 이에 야당인 공화당은 새로운 이민 정책이 중남미 대륙의 이민자들을 흡수하는 파급 효과를 불러올 것이라고 비판하고 있다.

그런가 하면 티후아나는 조직범죄와 연관된 만성적인 폭력 문제에 시달리고 있다. 이 같은 상황은 멕시코 전역에 걸쳐 나타나는데 이는 부유한 나라인 미국으로 향하는 길목에 위치한 멕시코라는 나라의 역사에 질문을 던지게 한다. 멕시코는 처음부터 '사회는 불평등하다'라는 개념 위에 세워졌으며, 카르텔에 맞설 수 있는 민주주의 국가를 만드는 데는 단 한 번도 성공한 적이 없다.

이미 취약한 멕시코를 더 불안정하게 만들고 나약한 국가의 결점을 여실히 드러낸 코로나19 팬데믹은 역설적으로 멕시코의 마약 카르텔을 더욱더 키우는 결과를 초래했다. 그렇게 세계는 마약계의 거물들이 의료 지원을 하고 식료품을 나눠주는 진풍경을 목격하게 되었다. 마약 카르텔과 조직적 폭력의 국가인 멕시코는 아직 자국이 가진 부인할 수 없는 수많은 장점들(미국과의 인접성, 석유, 관광, 문화유산 등)을 제대로 활용할 줄 아는 '통치의 해답'을 찾지 못했다.

멕시코:
마약 카르텔과 폭력에서
벗어나질 못하다

여전히 취약한 나라

북아메리카와 중앙아메리카 사이에 위치한 멕시코는 남쪽으로는 과테말라와 벨리즈, 북쪽으로는 미국과 국경을 접하고 있다. 프랑스 면적의 약 네 배에 달하는 190만 제곱킬로미터의 거대한 영토를 보유하고 있으며 서쪽으로는 태평양, 동쪽으로는 멕시코만과 카리브해를 지나 대서양까지 연결되는 등 두 대양을 마주보고 있다.

멕시코는 국민 대다수가 가톨릭 신자이고 90%가 스페인어를 사용하며 인구수는 1억 2,700만 명에 달하는 연방국가다. 그중 약 1,500만 명은 멕시코 남부 지방(주로 치아파스, 오아하카, 유카탄)에 거주하는 아메리칸 원주민으로, 이들은 40개 이상의 부족(나우아, 마야, 사포테카스, 우이촐, 초칠, 타라우마라 등)으로 나누어져 있다.

스페인의 지배를 오랫동안 받아온 멕시코는 국가적 결속력이 약하다. 또한 1910년에 원주민 농민이 혁명을 일으키기도 했지만 원주민에 대한 차별은 멕시코 역사상 단한 번도 사라지지 않았다. 1821년 스페인으로부터 독립한 이래로 멕시코는 여전히 취약하다. 19세기에는 유럽이, 이후에는 북쪽의 이웃인 미국이 호시탐탐 노린 이 나라는 오늘날 마약 카르텔의 폭력에 직면해 있다.

멕시코시티,
멕시코 역사의 요약본

멕시코의 수도인 멕시코시티는 2,500만 명의 인구가 집중되어 있는 세계에서 가장 큰 거대 도시 중 하나다. 멕시코시티가 멕시코에 미치는 정치적, 경제적, 문화적 지배력을 보여주는 이러한 인구 편중은 오래전 역사에서 유래한다.

1325년 아즈텍 신화에 나오는 전쟁과 태양의 신인 우이칠로포치틀리의 예언에 따라 아즈텍인들은 테노치티틀란이라는 이름으로 텍스코코 호수에 있는 섬에 멕시코시티를 세웠다. 오늘날 멕시코 국기의 한가운데 있는 선인장 위에 올라앉아 뱀을 잡아먹고 있는 독수리가 멕시코시티를 상징한다.

1848년에 양도된 영토

개즈던
1853년에 양도   1845년에 양도된 영토

캘리포니아만

멕 시 코

멕 시 코 만

태 평 양

1823년의 멕시코 영토   400 km

부유한 이웃 나라의 그늘 속에서

세계 15위의 경제대국인 멕시코는 신흥국이자 중남미에서는 브라질 다음의 경제대국이다. 멕시코가 가진 주요 이점은 에너지 자원, 관광 유산, 그리고 세계 최대의 경제대국인 미국과의 지리적 인접성이다.

멕시코 남부의 캄페체만 해저에는 상당량의 석유가 매장되어 있는데 멕시코 국영 석유회사인 페멕스(Pemex)가 이를 채굴해 보급한다. 또한 과거에는 농지로 쓰였던 멕시코만 해안지대에는 현재 정유 및 석유화학 기업들이 활발히 들어서고 있다. 멕시코의 주요 원유 터미널이 위치한 탐피코와 카요 아르카스가 그 단적인 예다.

하지만 무엇보다도 멕시코는 경제적 차원에서 거대한 이웃 국가인 미국에 의존하고 있다. 1960년대부터 3,200킬로미터에 달하는 미국과 멕시코 국경을 따라서 쌍둥이 도시들(샌디에이고와 티후아나와 같이 양쪽 나라에서 서로 마주보고 있는 도시)이 발전했다. 북부 국경지대에 조립 공장이 들어설수 있는 산업지구(스페인어로는 마킬라도라)를 설립한 것은 멕시코의 산업 발전을 도왔지만, 값싼 노동력과 세제 혜택(관세 철폐, 면세)에 매력을 느낀 북미 산업계는 멕시코를 하청업체로 둔갑시켰다.

그렇게 두 국가의 국경지대에는 새롭고 독창적인 시스템이 형성되었다. 미국 쪽에는 자동차, 섬유, 전자기기 분야에서 '지시를 내리는' 기업들이, 멕시코 쪽에는 미국보다 세 배는 저렴한 노동력 덕분에 완제품을 조립하는 '하청 기업들'이 생겨난 것이다. 조립된 제품들은 미국으로 재수출된다.

성립부터 취약했던 나라

멕시코는 1810년 9월 16일 독립을 선언했지만 스페인은 1821년에서야 비로소 인정했다. 그로부터 얼마 못 가 멕시코는 유럽 강대국들이 호시탐탐 노리는 취약한 국가가 되었다. 한 예로 나폴레옹 3세의 프랑스는 1862년과 1867년 사이에 멕시코에 제국을 세우려고 시도했고, 1848년에는 북쪽의 강력한 이웃인 미국이 멕시코 영토의 거의 절반을 빼앗기도 했다. 그중에서도 특히 텍사스, 뉴멕시코, 애리조나, 캘리포니아를 빼앗겼다.

화려한 아즈텍 제국의 수도였던 이곳은 스페인 정복자 에르난 코르테스가 3개월간 포위한 끝에 1521년에 함락했다. 에르난 코르테스는 아즈텍의 수도를 파괴하고 그곳에 누에바 에스파냐 부왕령(스페인이 아메리카 식민지를 다스리기 위해 설치한 통치 기구)의 수도를 세웠는데 이후에는 독립한 멕시코의 수도가 되었다.

건조한 기후의 북쪽 지역과 열대 기후의 남쪽 지역 사이 중앙 고원의 중심에 자리 잡은 멕시코시티의 지리적 위치는 부인할 수 없는 강점이다. 1910년 혁명가 에밀리아노 사파타가 일으킨 원주민 농민 혁명이 실패로 돌아가자 빈곤한 농민 계층은 시에라 마드레 산맥으로 피신했고, 정치와 금융 엘리트 계층은 권력을 거머쥐고 수도에 단단히 뿌리를 내렸다.

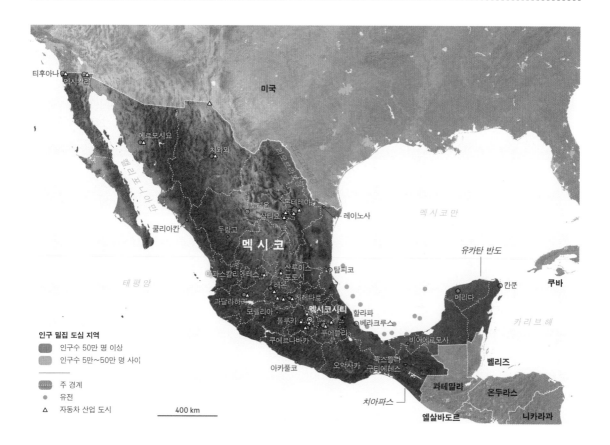

인구 밀집 도심 지역
- 인구수 50만 명 이상
- 인구수 5만~50만 명 사이
- 주 경계
- 유전
- 자동차 산업 도시

400 km

멕시코 수출의 80%를 대미 수출이 차지한다. 멕시코가 미국과 함께 북미자유무역협정에 가입한 이유를 이와 같은 높은 대미 수출 의존도로 설명할 수 있다. 1994년에 시행된 북미자유무역협정은 2018년 트럼프 행정부의 재교섭 과정을 거쳐 미국 노동자들에게 더욱 유리한 새로운 동반자 협정인 '미국·멕시코·캐나다 협정'으로 재탄생했다. 조 바이든 대통령은 국제적 동맹과 동반자 관계를 재건하겠다는 의지로 이 협정을 빠르게 시행하고 싶어 한다.

관광 분야에 있어서 멕시코는 미국인들이 매우 즐겨 찾는 곳이기도 하다. 특히 칸쿤과 유카탄 반도의 끝부분에 위치한, 마야 문명의 유적지와 해변으로 유명한 치첸이트사나 팔렝케가 대표적이다. 관광업은

매년 멕시코에 200억 달러 이상의 수익을 가져다주는, 멕시코에서 세 번째로 큰 경제 분야다.

멕시코의 최대 외화 수입원은 미국에 거주하는 멕시코 출신 이민자들이 모국으로 송금하는 돈이다. 미국에 거주하는 멕시코 출신 약 3,600만 명이 매년 300억 달러에 가까운 송금액을 조국에 있는 가족에게 보낸다. 이처럼 멕시코의 대미 의존도는 무엇보다도 금전과 관련된다.

미국과의 인접성과 그로 인한 경제 발전에도 불구하고 멕시코의 극심한 불평등은 줄어들지 않았고 코로나19 팬데믹은 이를 더욱 심화시켰다. 멕시코의 빈곤층 인구는 오늘날에도 여전히 5,300만 명, 즉 전체 인구의 43%에 달할 정도로 많다. 이 취약계

멕시코 연방국가

1824년부터 멕시코는 수도 멕시코시티를 포함한 32개 주로 이루어진 연방국가가 되었다. 따라서 각 주 안에서 중심지들이 하나둘 부상하기 시작했다. 예를 들어 과달라하라는 농식품과 섬유 산업, 몬테레이는 철강과 자동차 산업, 유카탄은 관광 산업, 탐피코는 석유 산업의 중심지로 떠올랐다. 반면 남부(치아파스, 오악사카, 유카탄)에는 아메리칸 원주민 인구가 주로 살고 있다.

층의 일부는 마약 카르텔에게 노동력을 제공하며 착취당한다. 멕시코는 세계 마약 시장의 주요 당사국이며 향정신성의약품 소비가 매우 큰 이웃 나라 미국의 주요 공급 국가이기도 하다.

마약 카르텔!

우두머리인 '카포'를 중심으로 조직된 멕시코의 마약 카르텔은 미국에서 무기를 사들이는 등 실제 금융 혹은 군사 기업과도 같다. 역사적으로 멕시코 정부가 고립시키고 버린 산악지대(소노라, 시날로아, 미초아칸, 게레로)에 뿌리를 내린 마약 카르텔은 대마초 생산부터 미국으로의 수출에 이르기까지 전 과정을 통제한다. 그리고 이러한 체계는 대마를 재배하고 대마초를 운송하고 밀매까지 안전하게 보장해 주는 빈곤 농민들에게 의존하고 있다.

소노라, 두랑고, 시날로아주 경계의 산악지대에 고립되어 있는 유명한 '황금의 삼각지대'는 1970년대에 생겨난 최초의 마약 카르텔 설립자들의 출신 지역이기도 하다. 이 지역의 중심인 바디라구아토에는 '엘 차포'라 불리는 멕시코 마약왕 호아킨 구스만의 영역이 위치한다. 그곳에 거주하는 주민 중 거의 전부는 대마 재배, 운송업자, 하수인 등 직간접적으로 마약 산업에 종사하고 있는 사람들이다.

멕시코에서 매년 생산되는 대마초의 양은 7천에서 1만 톤으로 추산된다. 빈민 지역에서의 양귀비 재배는 널리 퍼진 관행과도 같다. 양귀비는 가공을 거쳐 헤로인으로 만들어지는데 이는 시카고, 뉴욕, 휴스턴, 로스앤젤레스의 길거리에서 판매된다. 이제는 미국 시장을 겨냥한 합성 마약(암페타민, 필로폰, 진정제)들까지 멕시코의 불법 공장에서 생산하고 있다. 이곳 마약상들은 아시아의 신종 마약들 또한 수입하고 있다.

하지만 무엇보다도 멕시코는 콜롬비아에서 들어온 코카인을 미국으로 판매하는 중심지로 떠올랐다. 멕시코의 마약 카르텔들은 수익성 좋은 이 시장을 장악하기 위해 콜롬비아 카르텔이 약화된 틈을 포착했다. 콜롬비아에서 1,500달러에 사들인 코카인 1킬로그램은 미국과의 국경지대인 리오그란데강 지역에서는 1만 5천 달러, 미국의 대도시에서는 무려 9만 7천 달러에 거래된다. 마약 밀매는 멕시코 마약 제국에 매년 최소 200억 달러를 가져다주는데 이는 멕시코 관광업계 수익에 준하는 금액이다.

정치권과의 유착

멕시코에서 마약 카르텔이 번성할 수 있었던 가장 큰 이유는 멕시코 정부의 구조에 있다. 역사적으로 권위주의 체제에다가 취약했던 멕시코 정부는 빈곤과 함께 일부 국토와 인구의 소외라는 측면에서 정치권과 마약 밀매업자 간의 유착을 널리 허용하고 말았다.

71년 동안 권력을 독점한 제도혁명당(PRI)은 독재적이고 후견주의(정치 리더가 지지를 받는 대가로 추종자들에게 편의, 물질, 서비스 등을 제공하는 정치적, 사회적 관행)적이며 매우 부패한 정부를 탄생시켰다. 겉치레에 불과했던 멕시코의 민주주의는 마약 카르텔을 달게 받아들였다. 2000년에 우파 야당이

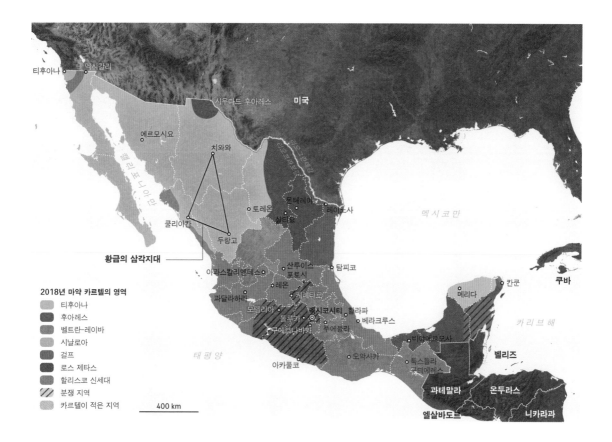

황금의 삼각지대

2018년 마약 카르텔의 영역
- 티후아나
- 후아레스
- 벨트란-레이바
- 시날로아
- 걸프
- 로스 제타스
- 할리스코 신세대
- 분쟁 지역
- 카르텔이 적은 지역

400 km

집권당이 되면서 제도혁명당이 물러나자 마약 카르텔의 영향력은 '권력의 빈자리'를 메우며 한층 더 강화되었다. 지역에서나 정부 기관에서나 정치적 영역 내부로 깊숙이 스며든 것이다.

오늘날 카르텔이 마약으로 벌어들인 돈은 경찰, 군대, 법조계, 공무원, 주지사, 시장에 이르기까지 멕시코 정계를 철저히 부패시켰다. 마약계의 거물들이 매수한 공범들이 모든 직종에 한자리 차지하고 있는 등 법치주의 자체가 멕시코에는 아예 존재하지 않는다고 말할 수 있을 정도다.

지구상에서 가장 폭력적인 국가

2006년 국민행동당(PAN, 우파) 후보였던 펠

마약 카르텔이 부패시킨 국가

2020년 말 마약 카르텔은 멕시코의 거의 전역을 장악했다. 북서부는 티후아나, 후아레스, 벨트란-레이바와 유서 깊은 시날로아 카르텔이 지배하고 있다. 동부는 걸프, 그리고 본래 걸프 카르텔에서 분리되어 나왔으나 주요 적수로 거듭나면서 가장 잔혹하기로 악명 높아진 로스 제타스가 장악하고 있다. 로스 제타스는 마약 근절을 담당하던 정예 부대가 직접 설립한 카르텔이다. 중부에는 할리스코 신세대 카르텔이 자리 잡고 있는데 현재 가장 강력한 카르텔인 이들은 경쟁자들을 뒤로하고 계속해서 세력을 확장해 나가고 있다.

리페 칼데론이 논란 많고 팽팽했던 접전 끝에 대통령으로 당선되었다. 좌파인 상대 후보와의 득표율 차이는 고작 0.6%포인트였다. 이처럼 정치적 기반이 나약했던 탓에 펠리페 칼데론이 특히 대마를 재배하는 농민들을 위한 그 어떤 대책이나 사회적 지원 조치도 없이 무턱대고 개인적으로 마약 카르텔과 전면전을 일으키게 된 것인지도 모른다. 약 5만 명의 군사가 멕시코 전역에

캘리포니아
애리조나
뉴멕시코
미국
티후아나
멕시칼리
노갈레스
시우다드 후아레스
텍사스
에르모시오
치와와
시우다드 오브레곤
누에보라레도
레이노사
멕시코 만
쿨리아칸
토레온
몬테레이
마타모로스
콜롬비아 · 베네수엘라 · 브라질에서
태평양
마사틀란
탐피코
쿠바
아시아에서
과달라하라
메리다
칸쿤
만사니오
◎ 멕시코시티
베라크루스
카리브 해
라사로 카르데나스
아카풀코
벨리즈

대마 및 양귀비 생산 지역
마약 이동 경로
····▶ 필로폰
--▶ 코카인
━▶ 대마초, 코카인, 필로폰
400 km
온두라스
과테말라
콜롬비아에서
엘살바도르
니카라과

마약 최대 소비 국가로 향하는 경유지

오늘날 멕시코가 마약 밀매의 중심지가 된 것은 1990년대 미국 마약 단속국과 미 정부가 당시 세계 최대 마약 카르텔인 콜롬비아의 메데인 카르텔과 전쟁을 벌이면서다. 콜롬비아 마약 중개상들이 약해진 틈을 타 멕시코 카르텔이 콜롬비아 마약의 중개인이 되었기 때문이다.

점진적으로 배치되었고 그들은 마약 밀매의 우두머리와 책임자들을 겨냥했다. 시날로아 카르텔의 전직 보스였던 엘 차포를 비롯한 마약 카르텔 보스들의 대대적인 체포는 언론매체를 통해 널리 알려졌고 이는 여러 카르텔을 약화시키는 결과를 낳았다. 하지만 이러한 상황에서도 어려움에 처한 경쟁자들의 영역을 차지하기 위한 카르텔 간의 잔혹한 다툼이 끊이질 않으면서 연쇄적인 폭력사태를 빚기도 했다.

미국 마약단속국(DEA)의 도움과 군의 현대화를 위한 미국 정부의 자금 지원에도 불구하고 멕시코의 마약 카르텔과의 전쟁은 쓰라린 실패로 끝났다. 또한 수년에 걸쳐 멕시코 전역에서는 암살 사건이 우후죽순으로 늘어났다. 멕시코 마피아와 민간인 간

의 다툼으로 12년 동안 20만 명이 사망했고 최소 3만 명이 실종되었다. 국민을 보호해줄 거라 믿은 경찰은 오늘날 대부분 마약상들과 공범 관계다. 이로 인해 멕시코에서는 절도, 납치, 착취, 심지어 아동 인신매매가 계속해서 증가하고 있다. 그렇게 멕시코는 지구상에서 가장 폭력적인 국가 중 하나가 되었다.

새로운 시대는 가능할까?

2018년 대선에서는 좌파 후보인 안드레스 마누엘 로페즈 오브라도르, 약칭으로는 암로(AMLO)가 대통령에 당선되었지만 불행히도 멕시코에서의 폭력은 사라지지 않았다. 암로는 극빈층의 생활을 개선하기 위한

더 효율적인 부의 재분배, 만성적인 부정부패의 확실한 근절, 마약상에 대한 새로운 전략 등 매우 사회적인 공약을 내걸었다. 다시 말해 불평등 감소와 국가 강화를 위한 사법 및 경찰 개혁을 통해 악의 근원을 타파하겠다는 것이었다. 그러나 코로나19 팬데믹(멕시코의 사망률은 세계 3위)은 마약 카르텔과 싸우는 것은 잠시 뒤로 미뤄두고 우선적으로 보건 위기에 전념할 수밖에 없게끔 만들었다.

하지만 이러한 결정은 오히려 역설적인 상황을 낳았다. 팬데믹 관리를 위해 차출된 군사로 인해 마약 카르텔은 전에 비해 오히려 더 자유로워졌고 종종 정부의 빈자리를 메우기도 했다. 그렇게 세계는 멕시코의 마약 카르텔이 새로운 충성고객을 확보하고 사회적 기반을 다지기 위해 빈곤층에게 식료품을 나눠주고 대출을 해주는 진풍경을 목격하게 되었다. 멕시코 정부가 2020년 말 미국으로부터 마약 밀매를 의심받은 전 국방장관 살바도르 시엔푸에고스에 대한 기소를 중지한 사건은 이 나라 정부가 과연 마약상과의 전쟁을 벌일 능력이 있는지 의심하게 만드는 계기가 되었다.

이 모든 것에도 불구하고 2022년 4월 암로는 낮은 투표율을 기록하긴 했지만 재신임을 묻는 국민투표에서 높은 득표율로 권력을 유지하는 데 성공했다. 멕시코 국민은 최저임금을 크게 올리고 팬데믹 기간 동안 국경을 개방하여 국가 경제의 한 축인 관광업에 미치는 영향을 최소화했다는 점에서 암로의 공을 높이 샀던 것으로 보인다.

파나마 운하, 미국과 중국 모두의 관심사

중국은 중남미에서 점점 더 뚜렷한 존재감을 드러내고 있다. 브라질, 베네수엘라, 아르헨티나와 맺은 무역 관계 덕분에 중국은 자국 기업을 위한 새로운 시장을 확보하는 동시에 국내 소비를 진작하기 위한 전략적 자원(탄화수소, 광물 자원, 농산물 등)을 안정적으로 확보할 수 있었다. 현재 중국은 카리브해 연안, 그중에서도 특히 교역에 중요한 해상 항로인 파나마 운하에 큰 관심을 가지고 있다.

10년이라는 기간 동안 중국은 이 지역에서 없어서는 안 될 중요한 교역 및 금융 파트너로 자리매김했다. 1990년 100억 달러였던 이 지역과의 상품 교역량은 2017년에는 2,660억 달러로 증가했다. 이는 미국과 이들 국가 사이의 교역량에 준하는 양이다. 교역 이외에도 중남미 국가들에 대한 서구 개발은행들의 자금 지원이 점차 감소하는 동안 중국은 오히려 이들 국가를 대상으로 한 대출 금액을 실질적으로 두 배 가까이 늘렸다. 2017년에는 파나마에 이어 에콰도르, 쿠바, 칠레 역시 중국의 일대일로 프로젝트에 참여하기 위해 중국과의 관계를 강화했다.

하지만 중국은 라틴 아메리카의 경제대국들을 설득하는 데는 실패했다. 미국이 이들 국가가 중국으로부터 받은 대출의 성격과 그것으로 인한 채무를 비판했고 이것이 브라질, 아르헨티나, 멕시코에 영향을 미쳤다. 또한 카리브해 지역으로 뻗어나가려는 중국의 야심은 미국의 심기를 불편하게 만들고 있다. 이 지역은 1823년 먼로 독트린 이후로 미국의 전통적인 세력권에 속해 왔기 때문에 미국은 현재 이곳에서 벌어지는 일들을 조심스럽게 주시하고 있다. 20세기 초에 완공된 이래로 미국 대외 무역의 전략적 역할을 해온 파나마 운하가 그 단적인 예다.

19세기 초에 프랑스가 설계한 파나마 운하는 1914년에 미국이 완공했다. 콜롬비아의 지배를 받던 파나마를 미국이 1903년 이후 독립을 보장해준 뒤였다. 태평양의 파나마만과 대서양의 카리브해 사이를 잇는 77킬로미터의 이 해상 항로는 미국에게는 교역에 필수적인 내부 도로처럼 여겨졌다. 또한 뉴욕과 샌프란시스코를 기존의 2만 2,500킬로미터(케이프 혼 경유) 대신 9,500킬로미터의 단축된 경로로 가로지를 수 있게 해주었다. 결국 파나마 운하는 해상 운송과 세계 경제의 근간을 뒤흔들었다. 현재는 미국이 운하의 운영권을 파나마에 돌려주었지만(1999년 12월 31일) 파나마 운하는 여전히 미국에게 중요 쟁점 지역으로 남아 있다.

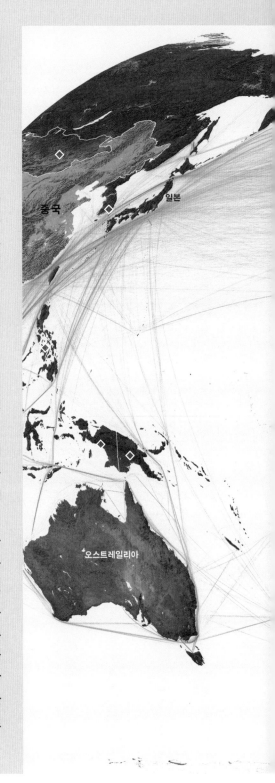

중국

일본

오스트레일리아

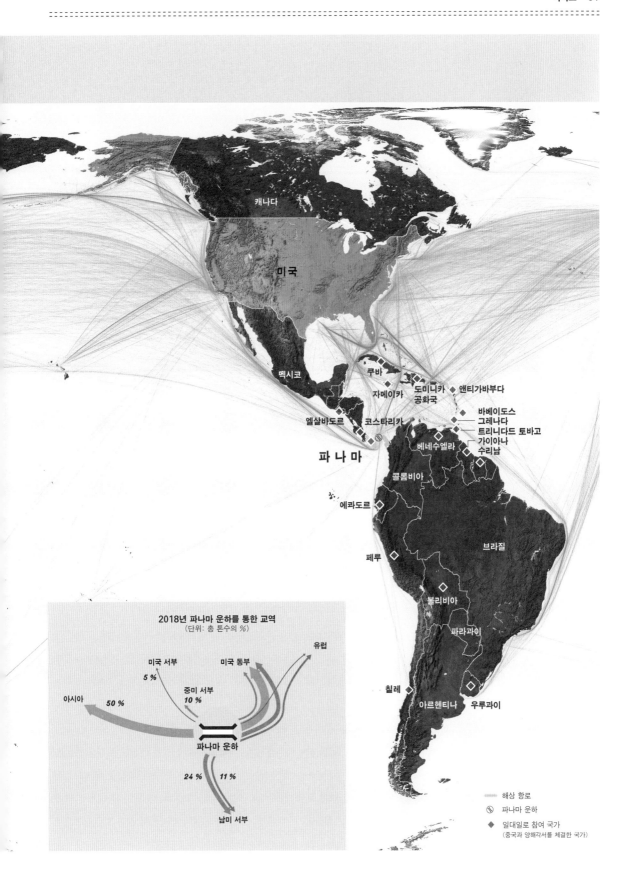

캐나다

미국

멕시코

쿠바

자메이카

도미니카
공화국

앤티가바부다

바베이도스
그레나다
트리니다드 토바고
가이아나
수리남

엘살바도르

코스타리카

베네수엘라

파 나 마

콜롬비아

에콰도르

페루

브라질

볼리비아

파라과이

칠레

아르헨티나

우루과이

2018년 파나마 운하를 통한 교역
(단위: 총 톤수의 %)

유럽

미국 서부

미국 동부

5 %

중미 서부
10 %

아시아   50 %

파나마 운하

24 %   11 %

남미 서부

해상 항로

파나마 운하

일대일로 참여 국가
(중국과 양해각서를 체결한 국가)

푼토피호

이곳은 베네수엘라의 수많은 정유시설 중 하나가 있는 푼토피호다. 베네수엘라는 '검은 황금', 즉 전 세계 석유 매장량의 약 18%를 보유하고 있는데 이는 사우디아라비아의 매장량보다도 많은 양이다. 하지만 이러한 충분한 잠재력은 독재 사회주의 모델인 차베스주의(베네수엘라의 전직 대통령인 우고 차베스가 추구했던 좌파 이념)로 인해 제대로 활용되지 못했다. 차베스주의는 과도한 국가부채, 급상승하는 인플레이션, 부족한 물자, 만성적인 빈곤을 야기했다. 그리고 극심한 빈곤은 베네수엘라 국민의 대규모 해외 이주를 발생시켰다.

2018년 논란의 대선 이후 차베스주의를 계승한 현 대통령 니콜라스 마두로의 권력은 야권 후보였던 후안 과이도로 인해 위태로워졌다. 후안 과이도는 현 정권의 독재적 성향을 비난하면서, 특히 미국과 유럽연합의 지원을 통해 새로운 민주주의 시대를 열어야 한다고 강조했다. 이에 부응해 당시 조 바이든 미 대통령은 후안 과이도에 대한 지지를 선언하면서 베네수엘라 정부와 외교 관계를 단절했고 현 정권을 더욱 빠르게 무너뜨리기 위해 베네수엘라산 원유 수출에 제재를 가했다.

하지만 러시아-우크라이나 전쟁이 이 모든 판도를 뒤집었다. 서방 국가들은 크렘린궁으로 돈이 흘러들어가는 것을 막고 러시아에 대한 제재의 일환으로 러시아산 탄화수소의 수입을 거부하기로 결정했다. 그런데 역설적이게도 이는 결국 니콜라스 마두로의 눈부신 '복귀의 서막'을 알리는 신호가 되었다. 2022년 3월 5일 《뉴욕 타임스》는 베네수엘라산 원유에 대한 미국의 제재를 일부 해제할 방법을 검토하기 위해 미국 고위 대표단이 베네수엘라를 비밀리에 방문했다고 전했다. 그 밖에도 셰브론(미국), 애니(이탈리아), 렙솔(스페인)과 같은 석유기업들이 베네수엘라산 원유를 유럽 대륙으로 수출하는 것이 허용되기도 했다.

러시아의 우크라이나 침공에 대놓고 지지 표명을 했던 니콜라스 마두로에게 이것은 그야말로 횡재나 다름없는 일이다. 하지만 그는 지난 10년간 이어진 경기 침체에서 벗어나지 못한다면 자신의 권력이 유지되지 못하리라는 것 또한 잘 알고 있다.

베네수엘라:
석유가
국가의 운명을 좌우한다

석유와 사회주의

베네수엘라에는 반드시 언급해야 하는 두 인물이 있다. 바로 우고 차베스와 시몬 볼리바르다. 우고 차베스는 시몬 볼리바르의 이름을 딴 '볼리바르식 사회주의 혁명'을 내세우며 1999년부터 2013년까지 베네수엘라를 이끈 대통령이다. 시몬 볼리바르는 19세기 스페인 식민 지배로부터 베네수엘라를 해방시키는 데 일조한 인물이다. 그 이후로 베네수엘라의 공식 국가명은 그의 이름을 딴 '베네수엘라 볼리바르 공화국'이 되었다.

　우고 차베스는 군대와 석유에 의지하면서 참여 민주주의를 바탕으로 한 '21세기 사회주의' 이론가를 자처했다. 하지만 오늘날 베네수엘라는 재앙과 같은 상황에 처해 있다. 기근, 말라리아와 같은 질병과 거기에 더해진 코로나19 감염병, 그리고 사회 운동에 대한 거세지는 탄압이 되돌아온 것이다. 2020년에 비정부기구인 프리덤 하우스가 발표한 전 세계 각국의 민주주의 및

자유의 정도를 평가하는 순위에 따르면 베네수엘라는 2016년에 비해 순위가 19계단이나 하락했다.

무지개 민족

남미 대륙의 북서쪽, 안데스 산맥의 끝자락에 위치한 베네수엘라는 북쪽은 카리브해를 향해 있고 오리노코강 남쪽으로는 거대한 아마존 열대우림이 펼쳐져 있다. 프랑스와 독일의 면적을 합친 것만큼 큰 베네수엘라의 영토는 91만 제곱킬로미터에 달하며 인구는 총 3,100만 명으로 추산된다.

　국민 대다수가 가톨릭 신자인 베네수엘라는 '무지개 민족'을 형성하고 있다. 인구의 절반 이상이 식민지 시절 스페인과 포르투갈 이주민과 아프리카 노예 및 아메리칸 원주민 사이에서 태어난 혼혈이며 그중 백인은 42.5%, 흑인은 3.5%, 아메리칸 원주민은 단 2.5%를 차지한다.

　또한 90%에 가까운 인구가 도시에 거주하고 있는데 이들은 특히 수도인 카라카스

지도 속 라벨들: 멕시코, 쿠바, 도미니카공화국, 아이티, 자메이카, 벨리즈, 과테말라, 온두라스, 푸에르토리코, 세인트키츠네비스, 앤티가바부다, 과들루프, 도미니카연방, 마르티니크, 세인트루시아, 바베이도스, 엘살바도르, 니카라과, 마나과, 아루바, 퀴라소, 세인트빈센트그레나딘, 그레나다, 코스타리카, 산호세, 발렌시아, 마라카이, 카라카스, 포를라마르, 대서양, 파나마, 파나마시티, 마라카이보, 바르키시메토, 마투린, 트리니다드 토바고, 카리브 해, 마라카이보 호수, 오리노코강, 과야나에세키바 (베네수엘라가 영유권을 주장), 조지타운, 베네수엘라, 태평양, 보고타, 콜롬비아, 카이아나, 파라마리보, 카옌, 수리남, 프랑스령 기아나, 브라질, 500 km

아메리카 대륙의 '베네치아'

베네수엘라는 남미 대륙의 북서쪽에 위치해 있으며 카리브해를 따라 2,800킬로미터의 해안지대를 보유하고 있다. 베네수엘라의 국가명은 사실상 커다란 만과 같은 마라카이보 호수에서 유래한 것으로 알려져 있다. 크리스토퍼 콜럼버스의 선원들이 이곳에서 수상가옥으로 이루어진 원주민 마을을 발견한 뒤 '작은 베네치아'라는 뜻의 베네수엘라라는 이름을 붙였다고 한다. 또한 베네수엘라는 거대한 아마존 열대우림을 관통하는 길이 2,140킬로미터의 오리노코강에 의해 부분적으로 나뉘어 있다.

를 비롯해 마라카이보, 발렌시아, 마라카이와 같은 해안지대의 대도시에 집중되어 있다. 도시 인구의 대다수는 청년으로, 절반에 가까운 이들이 25세 이하다. 유니세프에 따르면 베네수엘라의 초등학교 취학률은 약 92%로, 이는 남미 대륙에서 교육 수준으로 따졌을 때 상위권에 속한다.

석유는 강점인 동시에 약점이다

베네수엘라의 인구가 북부에 집중되어 있는 가장 큰 이유는 인구가 바다를 통해 유입되었고, 또 1914년에 북서부 지역에서 석유가 발견되었기 때문이다. 석유는 베네수엘라 경제의 핵심을 이룬다. 이곳의 석유 매장량은 전 세계의 17.6%로 사우디아라비아(15.6%)와 캐나다(10%)보다 앞서 있다. 또한 이 나라는 1960년에 탄생한 석유수출국기구(OPEC)의 창립 멤버이기도 하다.

하지만 석유라는 자원은 베네수엘라에게 이점인 동시에 약점이다. 국가의 부가 석유 수익에 크게 의존하고 있기 때문이다. 석유로 인한 수익은 GDP의 4분의 1에 달한다. 따라서 베네수엘라 국영 석유기업인 PDVSA는 국가 경제에서 핵심 중의 핵심 역할을 맡고 있다. 우고 차베스가 수립한 베네수엘라의 '사회 계약'이 석유로 벌어들인 수익의 재분배에 바탕을 두고 있기 때문이다. 이 재분배 시스템을 통해 교육 정책에 자금을 조달하고, 빈곤을 근절하고, 서민 계층을 지원할 수 있게 되었다. 2013년

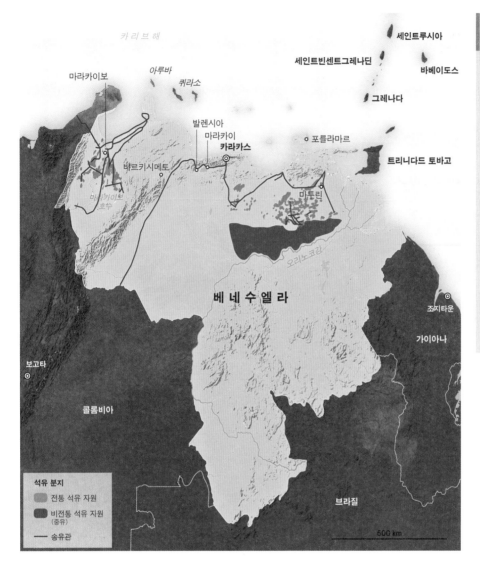

석유는 베네수엘라의 주요 자원이다. 1914년에 발견된 이래 북부 지역에서 주로 채굴해 왔지만 서부에도 일부 석유가 존재한다. 가장 수익이 높은 곳 중 하나인 마라카이보 호수의 초기 전통 유정이 바로 서부에 위치해 있지만 이곳의 매장량은 현재 고갈되고 있다. 또한 중앙에는 오리노코 분지의 오일샌드에서 추출한 중유를 채굴하는 지역이 넓게 펼쳐져 있다. 하지만 이는 환경에 커다란 피해를 입히는 것으로 알려져 있다.

11월 차베스의 뒤를 이어 대통령에 당선된 니콜라스 마두로는 차베스의 정책을 이어 나갔다.

총수출의 95%를 차지하는 석유 판매에 국가의 명운이 전적으로 달려 있다는 점이 베네수엘라 경제의 이면이다. 석유에 지나치게 의존한 결과 다른 경제 분야는 거의 발전하지 못했다. 심지어 원유를 휘발유로 정유하는 분야마저 발전하지 못했다. 최근까지 베네수엘라의 정유 산업은 주요 경쟁국이자 최대 고객인 미국이 도맡고 있다. 2017년의 공식 자료에 의하면 '양키 제국'이 베네수엘라산 탄화수소 수출의 39%를 차지했고 그 뒤를 중국(19%), 인도(18%), 싱가포르(4%), 쿠바(4%)가 이었다. 이를 통해 벌어들인 외화는 베네수엘라가 직접 생산하지 못하는 소비재와 설비를 위한 재화를 수입하는 데 사용되었다. 수입에 있어서도 최대 교역국인 미국이 전체의 4분의 1을 차지했으며 중국(14.5%)과 브라질, 아르

캐나다
21,000

스페인
19,000

미국
465,000

도미니카공화국
115,000
아루바
17,000
퀴라소
17,000
트리니다드 토바고
24,000
가이아나
23,000

멕시코
100,000

코스타리카
30,000
파나마
120,000

베네수엘라

콜롬비아
1,740,000

에콰도르
430,000

페루
1,050,000

브라질
260,000

볼리비아
10,000
파라과이
5,000

우루과이
15,000
아르헨티나
180,000

칠레
460,000

2020년 말
베네수엘라 망명자 수

전례 없는 난민 위기

유엔난민기구에 따르면 경제적, 정치적 위기로 인한 베네수엘라의 망명자 수는 약 550만 명, 즉 국민 6명 중 1명꼴이다. 현재 170만 명이 콜롬비아, 1백만 명 이상이 페루에 망명해 있다. 멕시코, 미국, 캐나다 그리고 스페인을 포함한 유럽의 여러 국가들 또한 베네수엘라 출신 난민의 상당수를 수용하고 있다. 망명자 대다수는 국가의 활력을 담당하는 30세 미만의 청년들이다.

헨티나, 콜롬비아와 같은 이웃 남미 국가들이 그 뒤를 이었다.

모든 경제 지표에 빨간불

석유로 벌어들인 돈은 베네수엘라의 국고를 채우고, 공무원들의 임금을 지불하고, 복지 정책에 자금을 지원하는 데 사용되었다. 그 결과 베네수엘라의 국가 예산은 원유 가격의 시세 변동에 매우 의존할 수밖에 없었다. 원유 가격이 하락하면 경제가 삐걱거리게 된다. 베네수엘라의 경우에는 원유 가격이 배럴당 70달러를 넘으면 경제 호황이 보장된다. 따라서 이 한계선 아래로 가격이 하락한 2008년 글로벌 금융 위기 이후, 또 2015년의 저유가 사태 이후 베네수

엘라는 극심한 경제 위기에 빠졌다.

경제의 다변화와 현대화에 실패한 베네수엘라는 결국 극심한 경기 침체에 빠지고 말았다. 원유의 경우 PDVSA의 경영부실과 부정부패로 인해 충분한 투자가 이루어지지 않았고 설비 또한 노후화되어 해가 갈수록 생산량이 감소했다. 그 결과 20년 만에 원유 생산량은 하루 310만 배럴에서 96만 배럴로 떨어졌고 그중 76만 배럴은 수출되었다. 물론 이것이 베네수엘라에 경기 침체를 불러온 유일한 이유는 아니다. 니콜라스 마두로 대통령의 재앙과도 같은 통치의 탓도 컸다. 토지 수용, 기업과 은행의 국유화, 일관성 없는 경제 정책으로 인한 해외 기업들의 철수는 베네수엘라의 경제를 점진적으로 무너뜨렸다.

베네수엘라의 모든 경제 지표에는 빨간불이 들어와 있다. GDP는 폭락했고, 4분의 1이 넘는 국민이 실업 상태며, 인플레이션은 계속해서 고공행진 중이고, 82%에 달하는 국민들은 빈곤에 빠져 있다. 화폐의 가치는 땅에 떨어졌고, 국가의 과도한 채무로 대다수 수입이 불가능해진 탓에 특히 식량과 의약품을 비롯한 모든 물자가 부족한 상태다. 의료 체계 또한 무너졌고 결핵과 말라리아, 2020년부터는 코로나19 감염병과 같은 각종 질병까지 발생하면서 전례 없는 인도주의적 위기에 빠졌다. 그러자 이웃 국가들과 유럽, 미국 등으로 대규모 국민이 빠져나갔다. 게다가 원유 가격 하락과 생산량 저하로 정부의 수입이 감소하면서 외채를 상환하는 것도 점점 더 어려워졌다. 2018년에 외채 규모는 약 1,500억 달러로 추산되었다. 채무자의 대부분은 미국의 민

간 투자자(연기금 또는 은행)였다.

극심한 내부 분열,
한 나라에 두 대통령

경제적 위기는 정치적 위기로도 이어졌다. 마두로가 이끄는 현 정권과 정권 교체를 희망하는 이들로 이루어진 야권 간의 대립이 특히 두드러졌다. 2017년 베네수엘라 전역에서는 마두로 정권에 반대하는 대규모 시위가 벌어졌다. 정부는 군부를 동원해 이들을 진압했는데 그 결과 수개월 동안 120명이 사망하고 약 7천 명이 부상을 입었다.

2018년 8월 마두로는 자신이 테러 피해를 입었다고 주장하면서 고위층 인사 여러 명을 파면시켰고 일련의 경제적 조치를 통해 위기를 타개하려고 했다. 우선 베네수엘라의 화폐인 볼리바르에서 0이 다섯 개 사라지는, 즉 10만 볼리바르가 1볼리바르가 되는 10만 대 1의 디노미네이션(denomination, 화폐 가치는 그대로 두고 액면 단위를 낮추는 것)을 단행했다. 또한 최저임금은 34배 상승했고 휘발유 가격 또한 상승했다.

베네수엘라 사회는 두 개의 진영으로 분열되었다. 2018년 5월 야권이 보이콧한 대선에서 재임에 성공한 니콜라스 마두로 대통령과, 2019년 1월 23일 스스로 '임시 대통령'을 자처한 인민의지당 의원 후안 과이도로 대표되는 야권이 대표적이다. 당시 야당 주도의 국회의장이었던 후안 과이도는 과도 정부 수립과 자유 선거를 약속했다. 이에 미국, 캐나다, 유럽연합 회원국들이 후안 과이도를 지지하는 성명을 발표했

고 이후에는 아르헨티나, 볼리비아, 가이아나를 제외한 거의 모든 중남미 국가들로부터도 인정을 받았다. 이로써 '한 지붕 두 대통령' 체제가 되었다.

하지만 군대를 자신의 진영으로 규합하는 데 실패한 후안 과이도와 그의 지지자들은 마두로 정권에 의해 진압되었고 현 정권 지지자와 정권 교체 지지자 사이에서 베네수엘라는 커다란 사회적 혼란과 분열을 겪게 되었다. 야권은 2020년 12월 총선을 또한 번 보이콧했다. 마두로가 속한 연합사회당과 그 동맹이 연정을 통해 68%의 득표율을 얻었지만 투표율은 31%를 넘지 못했다. 이 같은 낮은 투표율은 경제와 보건 위기로 베네수엘라 국민들이 정치적 분열에 질릴 대로 질렸고 하루하루의 생존에 더 몰두했기 때문인 것으로 풀이된다.

전쟁으로
상황이 역전되다

지역적 차원에서 메르코수르 회원국(브라질, 파라과이, 우루과이, 아르헨티나)들은 민주주의 원칙을 위반했다는 이유로 베네수엘라 정권을 규탄하며 메르코수르에서 퇴출시켰다. 하지만 마두로 대통령에게는 카리브해의 충성스럽고 흔들림 없는 영원한 동맹국인 쿠바가 남아 있었다. 2000년에 쿠바와 베네수엘라 간에 '석유-의사 구상 무역' 정책(베네수엘라 정부는 쿠바 의료 인력 1인당 1만 1,000달러로 계산하여 쿠바 정부에 지급)이 시행되었다. 하지만 일상적인 어려움으로 인해 쿠파의 파견 의료 인력이 빠져나가게 되면서 베네수엘라의 보건 체계는 더욱더

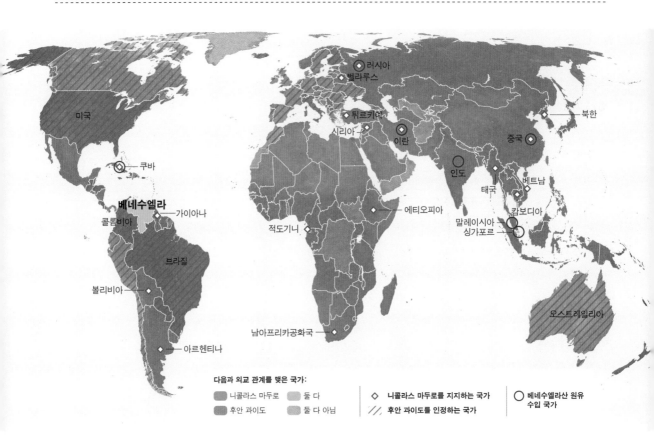

다음과 외교 관계를 맺은 국가:

- 니콜라스 마두로
- 후안 과이도
- 둘 다
- 둘 다 아님
- ◇ 니콜라스 마두로를 지지하는 국가
- ⁄⁄ 후안 과이도를 인정하는 국가
- ○ 베네수엘라산 원유 수입 국가

베네수엘라의 동맹국

베네수엘라는 2019년까지 자국의 주요 고객이자 공급 국가였던 '양키 제국주의자'에 경제적으로 의존하고 있었다. 하지만 베네수엘라산 석유 수출에 제재를 가한 미국 때문에 다른 파트너 국가를 찾아야 했다. 베네수엘라의 주요 채권국인 중국은 마두로 정권에 상당한 지원군이 되어주었다. 하지만 미국이 러시아-우크라이나 전쟁으로 인해 석유의 새로운 수입로를 모색하게 되면서 미국과의 관계가 다시 우호적으로 변했다.

악화되었다.

국제적 차원에서는 임시 대통령인 후안 과이도의 편에 섰던 50여 개 국가가 지난 2020년 12월에 실시된 총선의 결과를 인정하지 않았다. 그 선두에는 미국과 유럽연합이 있었다. 미국은 마두로 정권을 무너뜨리기 위해 다양한 금융 및 정치적 제재를 발표했는데 그중에는 2019년부터 시행된 베네수엘라산 석유에 대한 금수조치도 포함되었다. 이러한 조치는 베네수엘라가 더는 미국의 기업들(즉 베네수엘라의 주요 고객), 미국 은행 시스템을 이용하는 해외 기업들, 즉 모든 주요 기업들에게 자국의 원유를 수출하지 못한다는 사실을 의미한다.

유럽연합은 무기 판매를 금지하고 베네수엘라 정부 고위 인사 여러 명의 은행 계좌를 동결시키는 등 새로운 제재들을 시행했다. 또 2020년 총선 이전의 국회만을 민주적으로 선출된 유일한 기관으로 인정하며 계속해서 지지한다고 발표했다. 유럽연합의 이러한 결정은 베네수엘라가 2021년 2월 베네수엘라 주재 유럽연합 대사를 추방하고 유럽연합과 외교적 갈등을 빚게 만들었다.

하지만 러시아-우크라이나 전쟁으로 미국과 유럽연합은 이 모든 패를 뒤집어야 했다. 러시아산 탄화수소에 대한 금수조치로 인해 발생한 에너지 부족을 메우기 위해 베네수엘라산 석유가 반드시 필요했기 때문이다. 그 결과 지금껏 고립되어 있던 마두로의 눈부신 복귀가 시작된 것이다.

베네수엘라·러시아·중국 축

이러한 맥락 속에서 베네수엘라는 두 곳의 강력한 동맹국에 기댈 수 있었다. 공공연하게 미국에 반기를 든 마두로 정권을 지지할 이유가 충분한 중국과 러시아가 바로 그들이다. 중국은 현재 베네수엘라의 최대 채권국으로, 500억 달러 이상을 투자하거나 대출해 주었으며 광산 혹은 석유 채굴권으로 직접 상환을 받고 있다. 게다가 유가가 하락하면서 중국으로 이동하는 원유의 양 또한 점점 더 많아지고 있다. 이는 현 시대의 주요한 흐름 중 하나다. 바로 지구상 다른 곳들과 마찬가지로 남미 대륙에서도 중국의 영역 표시가 두드러지고 있다는 점이다.

베네수엘라가 러시아와 중국과 맺은 동맹 관계는 코로나19 팬데믹 기간 동안 존재감을 드러냈다. 이들은 각각 자국이 개발한 백신인 스푸트니크 V와 시노팜을 마두로 정권에 공급했다. 2021년 6월에는 쿠바가 개발한 새로운 백신인 압달라 1,200만 명 분량을 주문했다는 소식이 전해지기도 했다. 당시 베네수엘라 국민의 백신 접종률은 0.8%에 불과했다.

우크라이나 침공 후
전 세계 난민 1억 명

유엔난민기구에 따르면 오늘날 난민, 즉 폭력, 억압, 전쟁을 피해 고향을 떠나야 했던 사람들의 수는 세계 인구의 1%를 넘었다. 세계인권선언의 제14조는 박해를 피해 망명할 권리를 국제적으로 인정하고 있다. 제2차 세계대전 이후에 난민을 돕기 위해 유엔이 창설한 유엔난민기구는 본래 3년의 임기를 끝으로 사라질 예정이었다.

2021년 말 기준 전 세계에서 고향을 떠나야만 했던 8,930만 명 중 대다수는 출신 국가에서 '강제로 이주된' 사람들이다. 여기에는 중동 지역의 팔레스타인 난민 560만 명, 해외로 피신한 베네수엘라인 440만 명, 그리고 망명 신청 절차가 진행 중인 460만 명(주로 서방 국가로 망명)이 포함된다. 이들 난민과 실향민의 40%가 18세 미만이다. 2021년 말 세계 난민의 약 3분의 2가 시리아, 베네수엘라, 아프가니스탄, 남수단, 미얀마 등 5개국 출신이다. 이 밖에도 콩고민주공화국, 나이지리아, 예멘, 에티오피아의 티그레이 지역에서 계속해서 많은 사람들이 위기에 처해 있다.

유엔난민기구에 따르면 2022년 초 러시아의 우크라이나 침공으로 발생한 숫자까지 더하면 전 세계 난민의 수는 1억 명이 넘는다. 이는 전 세계에서 78명 중 1명이 고향을 떠나야 했다는 말과 같다. 우크라이나에서는 7백만 명의 실향민과 680만 명의 난민이 발생했는데 이는 1945년 이후 최대 규모에 해당한다.

난민 대다수는 이웃 국가를 피난처로 삼았고 이로 인해 난민 수용에 있어 대부분의 몫을 감당한 것도 개발도상국들이었다. 2022년 초 기준으로 난민을 수용한 주요 국가들은 위기를 겪고 있는 국가와 국경을 접하고 있는 곳들이다. 바로 튀르키예, 콜롬비아, 파키스탄, 우간다, 그리고 우크라이나 난민을 수용한 폴란드 등이 여기에 해당된다.

레바논은 국민 8명당 난민이 1명꼴로, 인구 대비 세계에서 가장 많은 난민을 수용한 국가가 되었다(국민 6명당 베네수엘라 난민 1명꼴인 카리브해의 아루바는 제외). 여기에 팔레스타인 난민까지 더하면 비율은 4명당 1명꼴이 된다. 서방 국가 중에서는 주로 시리아 국적 난민 약 150만 명을 받아들인 독일이 세계에서 세 번째로 많은 난민을 수용한 예외적인 국가가 되었다.

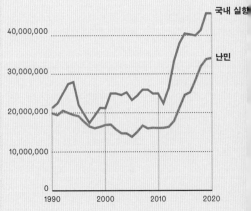

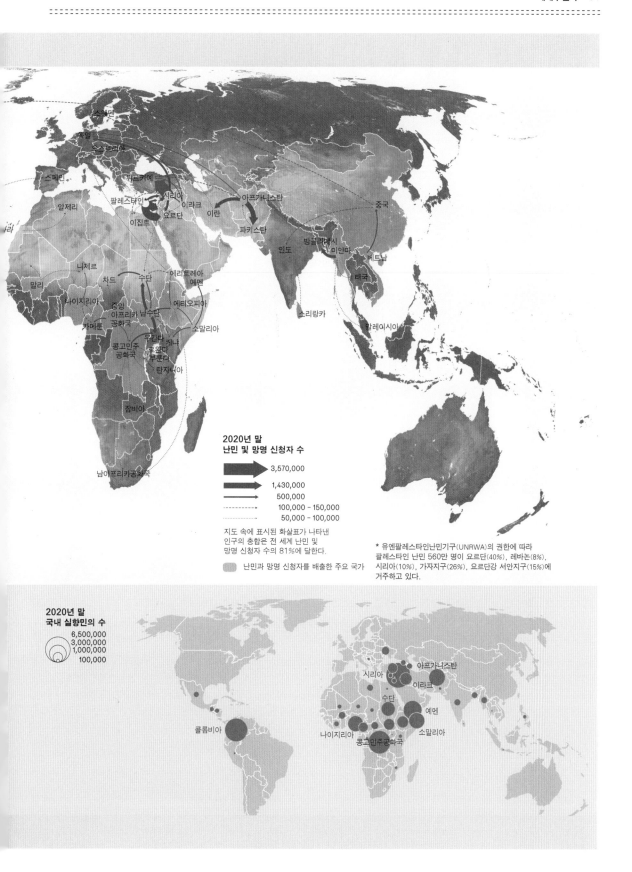

**2020년 말
난민 및 망명 신청자 수**

3,570,000

1,430,000

500,000

100,000 - 150,000

50,000 - 100,000

지도 속에 표시된 화살표가 나타낸
인구의 총합은 전 세계 난민 및
망명 신청자 수의 81%에 달한다.

난민과 망명 신청자를 배출한 주요 국가

* 유엔팔레스타인난민기구(UNRWA)의 권한에 따라
팔레스타인 난민 560만 명이 요르단(40%), 레바논(8%),
시리아(10%), 가자지구(26%), 요르단강 서안지구(15%)에
거주하고 있다.

**2020년 말
국내 실향민의 수**

6,500,000
3,000,000
1,000,000
100,000

III. 아시아

2022년 2월 러시아의 우크라이나 침공이 있기 전까지 국제 정세 분석가들은 국제관계의 요충지가 서양에서 동양으로 이동했다는 점에 주목했다. 미국은 그중에서도 특히 아시아-태평양 지역에서 중국의 욕망을 저지하기 위해 이 지역에 집중했다.

러시아-우크라이나 전쟁으로 미국이 유럽 대륙에 다시 개입하게 되었지만 미국은 러시아와의 친분을 드러내고 있는 중국에 대한 경계를 여전히 거두지 않고 있다.

중국과 러시아는 다극화된 세계에서 '탈서구화'를 노리고 있는 두 당사국이다. 중국은 중국해를 거쳐 홍콩에서 대만에 이르기까지 그 지역의 패권을 장악하려고 한다. 오스트레일리아에서 일본을 거쳐 인도에 이르기까지, 이들 나라가 세계 속에서 각자 자신들의 위치를 정하는 것은 결국 이 지역의 다른 강대국들에 달려 있다.

베이징

2022년 6월 23일 베이징에서는 브릭스 제14차 정상 회의가 열렸다. 2011년 창설된 브릭스는 브라질, 러시아, 인도, 중국, 남아프리카공화국 등 5개 나라가 회원국이다. 회의는 영상으로 모습을 드러낸 블라디미르 푸틴의 참석과 함께 화상으로 진행되었다. 이날은 우크라이나를 침공하면서 전 세계에 분명한 메시지를 보낸 푸틴이 전쟁 후 처음으로 국제 회의에 모습을 드러낸 날이기도 했다. 브릭스 회원국들은 러시아와 계속해서 관계를 이어가고 있다. 이들은 전 세계 GDP의 4분의 1과 전 세계 인구의 42%를 차지하고 있다.

러시아의 우크라이나 침공 이후 중국의 시진핑 국가주석은 유엔에서 열린 표결에서 러시아에 대한 지지를 표명했고 주기적으로 양국의 우정을 언급하며 러시아를 비난하기를 거부했다. 특히 2022년 3월 왕이 중국 외교부장은 중국과 러시아의 "향후 예측되는 거대한 협력관계"를 일컬어 "암석처럼 단단하다"라고 평했다.

두 나라의 공통 관심사는 분명하다. 미국이 세계에 미치는 영향력에 저항하고 자국의 안보에 필수적이라 여기는 영토를 수복하는 것이다. 특히 러시아는 우크라이나를, 중국은 대만을 노리고 있다.

하지만 두 나라 관계의 본질을 오해해서는 안 된다. 러시아가 유럽 국가들과의 단절로 인해 생긴 공백을 메우기 위해(특히 자국의 탄화수소를 판매하기 위해) 중국을 필요로 하는 것은 사실이지만 그 반대의 경우는 딱히 그렇지 않기 때문이다. 무엇보다 중국은 실용주의적 태도를 취하고 있다. '정치적으로는' 언제든 동맹국인 러시아를 지지할 준비가 되어 있지만 자국의 이익이 우선시되지 않는 경우라면 '경제적으로' 러시아를 도울 의향은 없다는 것이다.

중국: 어디까지 영토를 확장할 수 있는지 시험 중이다

2022년 봄, 중국은 계속해서 코로나 바이러스와 싸우며 내러티브 전쟁을 이어나가고 있었다. 그 목적은 다음과 같다. 바로 공산주의 정권, 자국이 생산한 백신인 시노백, 제로 코로나 전략 등의 효율성을 전 세계에 증명해 보이는 것이다. 하지만 그중 무엇도 예상대로 되지 않았고 갑작스럽게 격리된 일부 국민들은 반발하기 시작했다. 2022년 하반기에 열린 제20차 중국공산당 전국대표대회를 보더라도 팬데믹 상황을 잘 관리하는 것은 시진핑에게 매우 중대한 사안이었다.

일대일로 프로젝트를 통해 모든 대륙에 영향력을 미치려는 중국은 특히 홍콩, 대만, 남중국해에 대한 압박을 강화하고 있으며 그 어느 때보다도 더 전방위적인 권력의지를 표명하고 있다. 중국은 가장 어두운 이면(소수민족인 위구르족에 대한 탄압과 같은)은 숨긴 채 경제적 번영을 약속하는 독재적 정치 모델을 전파하는 동시에 세계를 탈서구화하려는 꿈을 품고 있다.

동쪽에 집중된 인구

세계 2위의 경제대국이지만 구매력 평가 지수로는 2014년부터 세계 1위를 차지하고 있는 중국은 무엇보다 14억 인구를 가진 인구 강국이다. 인구통계학적 측면에서는 이미 1800년에 전 세계 인구의 3분의 1에 달하는 인구를 보유하는 등 역사적으로도 굳건한 기록을 유지해 왔다. 또한 960만 제곱킬로미터에 달하는 엄청난 면적은 22개의 성(省)과 베이징을 비롯한 4개의 직할시, 주로 소수민족이 거주하고 있는 5개 자치구, 그리고 2개의 특별행정구(홍콩과 마카오)로 나누어져 있다.

거대한 영토는 기후와 환경에서도 다양한 모습을 보여준다. 중국을 간략하게 나눈다면 고원과 사막, 분지가 있는 크고 메마른 서쪽 지역과, 문명의 비약적 발전을 가능케 한 넓은 강과 평원이 자리 잡은 비옥한 동쪽 지역으로 구분할 수 있다. 따라서 전체 면적의 40%를 차지하는 동쪽 지역에 인구의 94%가 몰려 있는데 이들은 주로 해

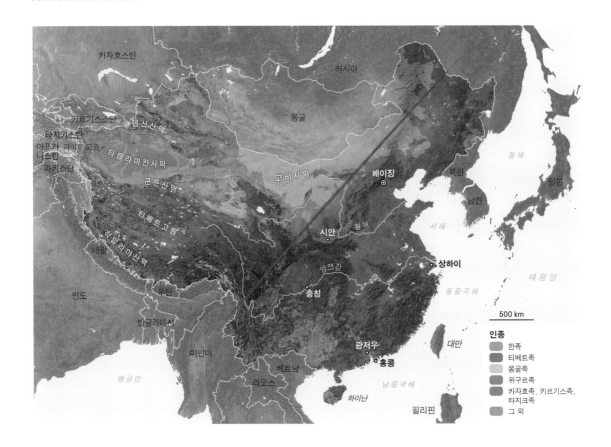

지도 범례:
인종
- 한족
- 티베트족
- 몽골족
- 위구르족
- 카자흐족, 키르기스족, 타지크족
- 그 외

둘로 나누어진 중국

세계에서 네 번째로 큰 나라인 중국은 14개 국가와 인접해 있다. 중국의 매우 다양한 지형은 나라를 두 지역으로 나뉘게 했다. 서쪽에는 고원, 사막, 분지 사이에 건조한 지역이 펼쳐져 있고, 반대로 동쪽에는 양쯔강과 황하라는 거대한 두 강줄기 덕분에 비옥한 평원과 언덕이 형성되어 있다. 바로 이 동쪽 지역은 한족의 중국이기도 하다. 서쪽 지역에는 55개의 소수민족들이 드넓게 분포되어 있는 반면 동쪽 지역에는 인구의 90%가 한족이기 때문이다.

안지대 대도시에 모여 살고 있다. 동쪽은 중국 인구의 92%를 차지하는 한족(漢族)의 지역이기도 하다.

지역 간
소득과 발전의 불평등

지리적 불균형은 역사적 산물이기도 하다. 오늘날의 중국이라는 국가를 만든 체제가 동쪽 지역에서 탄생했기 때문이다. 청나라의 건륭황제는 1735년부터 '18개 성'이라 불리는 한족의 중부 지역을 떠나 변방 영토인 만주, 몽골, 투르키스탄(신장), 티베트, 사할린 그리고 현재의 대만인 포모사섬을 정복하러 나섰다. 따라서 많은 중국인들은 이 변방의 영토를 자연스레 자국의

일부로 여긴다.

이러한 이유로 중국 공산당은 마오쩌둥 때부터 이들 지역을 중국의 영토로 유지하거나 재편입시키려고 노력해 왔다. 그리하여 1949년에 마오쩌둥의 군대는 신장 지역을 정복했고, 1951년에는 1914년 이후 사실상 독립국가였던 티베트를 합병했다. 마지막으로 1997년 영국의 홍콩 반환과 1999년 포르투갈의 마카오 반환으로 중국은 청나라 시대의 영토를 거의 회복했다. 하지만 몽골과 사할린, 그리고 계속해서 영유권을 주장하고 있는 대만은 여기에서 제외되었다.

동부와 서부의 차이는 1978년 중국의 개방과 함께 더욱더 심화되었다. 해외 투자를 유치하기 위해 경제특구가 항구와 맞닿

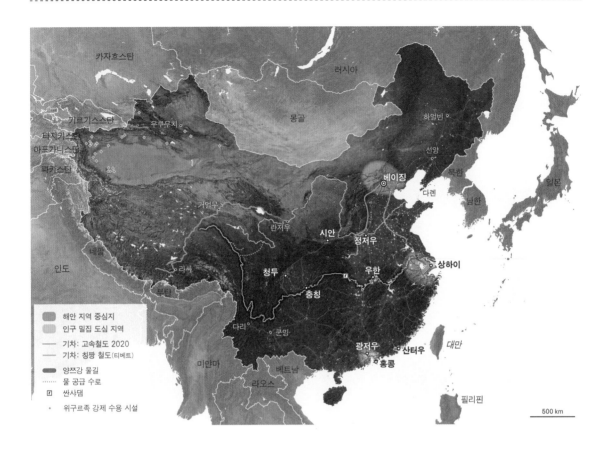

해안 지역 중심지
인구 밀집 도심 지역
기차: 고속철도 2020
기차: 칭짱 철도 (티베트)
양쯔강 물길
물 공급 수로
싼샤댐
위구르족 강제 수용 시설

아 있는 해안 지역에 설립되자 양쯔강과 주 강 삼각주 연안지대가 주로 이득을 보았다. 이곳에는 거대한 항구 도시인 광저우, 상 하이, 베이징, 톈진 등이 자리를 잡았고 이 들 지역의 구매력 평가 지수를 기반으로 한 GDP는 프랑스마저 제쳤다. 세계화를 받아 들인 중국은 곧 '세계의 공장'이 되었다. 서 부의 고립된 내륙 지역 역시 동부에 비할 바는 못 되지만 그래도 꽤 부유해졌다. 그 결과 중국은 빈곤을 거의 근절했다. 2019년 기준 하루 1달러 미만의 빈곤 한계선 아래 에서 살고 있는 인구수는 겨우 0.6%에 불 과했다.

하지만 소득과 발전의 '불평등'은 폭발적 으로 증가했다. 베이징 주민은 간쑤성 주민 보다 평균 여섯 배나 소득이 많았다. 인간

개발지수(HDI, 매년 각국의 교육 수준과 국민 소득, 평균수명 등을 조사해 인간개발 성취 정도 를 평가하는 지수) 또한 오늘날 부유한 동부 지역에서는 매우 높게 나타나는 반면 변두 리 지역에서는 평균 정도에 머물렀다.

1990년대부터 중국 정부가 개발 프로젝 트를 추진했던 것도 이러한 국내의 지역 간 불균형과 불평등을 해소하기 위해서였다.

하지만 개발이라는 명목으로 건설된 고 속철도는 오히려 한족이 서부의 전략 지역 을 적극적으로 차지할 수 있도록 해주었다. 중국 영토의 13%를 차지하는 티베트에는 특히 리튬, 구리, 금이 풍부하며, 중국 영토 의 17%를 차지하는 신장 지역은 중국 전체 매장량의 40%에 해당하는 석탄과 함께 가 스전, 유전 등을 보유하고 있다. 그 결과 티

내륙 지역 개발

지역 간 불균형을 타파 하기 위해 중국은 국내 발전 계획을 세웠다. 그 렇게 양쯔강 분지는 싼 샤댐과 함께 국토 개발 의 주요 중심축이 되었 다. 2000년대 이후의 개발 정책은 교통 인프 라 건설을 통해 내륙 지 역을 발전시키기 위해 주로 서쪽 지역에 집중 되었다. 2010년부터는 고속철도 건설에 기반을 둔 정책을 펼쳤다.

베트의 수도 라싸에서는 인구의 20%를 이미 한족이 차지하게 되었는데 그들은 고속철도를 타고 라싸로 들어왔다.

이슬람교를 믿는 신장 지역에 가해지는 압력은 더욱 거세다. 이제 신장 지역의 중심지 우루무치에 거주하는 중국인의 수는 전체 주민의 최소 4분의 3에 달한다. 중국은 2008년 베이징 올림픽 개최 몇 개월 전에 일어난 티베트 소요사태 이후 특히 '학교의 중국화'를 통해 소수민족을 동화시키고 있다. 또한 2009년의 폭동 이후 신장 지역에서는 감시와 탄압이 보다 강화됐는데 위구르족 20명 중 1명은 '노동을 통한 재교육' 수용소에 보내졌다. 국제앰네스티에 의하면 이들의 수는 1백만 명을 넘는다고 한다.

2049년 중화인민공화국 건국 100주년을 맞아 시진핑 국가주석은 이들 국경 넘어서까지 영토를 확장하길 원하고 있다. 2천 년 전 한족이 누리던 지역을 본딴 새로운 실크로드, 즉 일대일로 프로젝트의 핵심이 바로 여기에 있다. 하지만 세계의 경제를 하나로 연결하려는 중국의 이 같은 계획과 영토 확장주의는 이웃 국가들과 경쟁국인 미국을 근심에 빠트리고 있다.

남중국해를 향한 집착

티베트를 합병하고, 홍콩과 마카오를 반환받고, 대만을 호시탐탐 노리는 중국은 동중국해와 남중국해에 대한 야심 또한 점점 키우고 있다. 중국이 이 해상 지역을 전략적으로 여기는 이유는 이곳이 최근 50년간 세계 경제 성장의 중심부 역할을 해왔기 때문이다. 남중국해는 지구상의 주요

해상 항로들이 교차하는 곳으로 세계의 공장인 중국으로서는 필수적인 곳이다. 매년 10만 척의 선박이 페르시아만을 떠나 이곳을 통과하여 세계 2위의 경제대국인 중국에 연료를 공급하거나 중국산 제품을 가득 싣고 전 세계로 수출하기 위해 이곳 바닷길을 이용한다. 이 두 해상으로 세계 교역량의 3분의 1이 이동한다. 세계 최대의 항구 10곳 중 8곳이 이곳에 위치해 있는 것도 우연이 아니다.

이 지역은 수산자원 또한 풍부하다. 중국은 단연 최대 수산물 소비 국가이자 최대 어업 국가다. 그리 깊지 않은 이곳의 해저에는 광물과 희토류 또한 풍부한 것으로 추정된다. 이것이 중국이 이 지역을 포기하지 않는 세 번째 이유다. 이미 이곳에서는 방대한 유전과 가스전이 개발되고 있다. 예를 들어 동중국해의 핑후 유전에서는 1980년대부터 300킬로미터에 달하는 송유관을 통해 석유를 수출하고 있다. 남중국해의 경우 국제에너지기구(IEA)에 따르면 110억 배럴의 석유와 5조 4천억 세제곱미터의 천연가스가 매장되어 있는 것으로 추정된다.

새로운 영토 확장주의, 주변 국가들과의 영유권 분쟁

1982년 유엔 협약에 의해 규정된 국제해양법은 모든 국가는 자국의 영해(12해리)에 대해 절대적 주권을 지니며 200해리, 나아가 대륙붕의 연장선상에 위치하는 경우에는 350해리 안의 배타적 경제수역 내의 자원에 대해서는 독점적 권리를 행사할 수 있다고 명시하고 있다. 또한 다른 국가의 배타

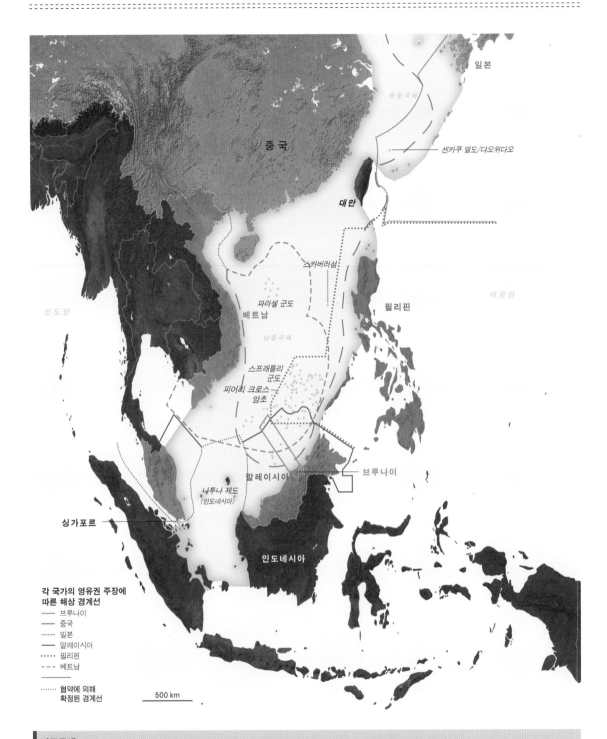

각 국가의 영유권 주장에
따른 해상 경계선
—— 브루나이
—— 중국
········· 일본
—— 말레이시아
••••• 필리핀
--- 베트남

········· 협약에 의해
확정된 경계선

500 km

남중국해

1947년에 중국은 남중국해 영유권을 주장할 때마다 주기적으로 거론하는 '소의 혀'라고도 불리는 '남해 구단선(중국이 남중국해 주변을 따라 자의적으로 확정한 아홉 개의 해상 경계선으로, 소가 혀를 늘어뜨리고 있는 모양과 비슷하다)'을 설정했다. 또 때로는 영유권에 대한 근거로 12세기 교역로나 그보다 더 오래된 지도를 들고 나오기도 했다. 2013년에는 구단선에 더해 대만에 대한 영유권 주장을 위한 열 번째 선을 추가했다.

적 경제수역과 공해를 침범해서는 안 된다는 것도 명확하게 규정해 놓았다.

그러나 중국해에서는 중국이 노리는 지역이 일본, 필리핀, 말레이시아, 브루나이, 베트남과 같은 주변 국가들과 영유권 문제로 충돌하고 있다. 해수면 위로 드러난 섬이나 군도는 사실상 세력 다툼의 장이 되고 있다. 기반시설이 갖춰져 있거나 주민이 거주하게 된다면 그 섬을 기준으로 새로운 200해리의 배타적 경제수역에 대한 권리가 추가로 발생하기 때문이다. 현재 일본이 실효 지배하고 있는 센카쿠 열도(중국어로는 댜오위다오)가 주기적으로 일본과 중국 양국 함대의 마찰의 현장이 되는 것도 바로 이런 이유에서다.

필리핀의 먼 바다에 있는 180개 섬으로 이루어진 스프래틀리 군도의 상황도 마찬가지다. 이 중 베트남이 21개, 필리핀이 8개, 말레이시아가 7개, 대만이 2개의 섬을 차지하고 있다. 중국은 그 가운데 매우 군사화된 10개의 섬을 차지하고 있으면서 이 지역 전체의 영유권을 주장하고 있다. 하지만 36개 섬은 썰물 때 드러나고 밀물 때 잠기는 간조노출지로 국제법상 영유권 주장의 대상이 될 수 없으며 배타적 경제수역의 기준선으로 사용될 수도 없다. 이에 중국은 그곳에 활주로와 군사 시설을 설치해 영유권 주장을 위한 근거로 삼고자 했다. 그 일환으로 중국은 2012년 필리핀과 유엔 상설 중재재판소의 항의에도 불구하고 스프래틀리 군도 북쪽의 스카버러섬을 강제로 점거했다.

중국의 이러한 공세적인 전략은 2010년부터 파라셀 군도에서도 나타났다. 이번에는 상대가 베트남과 그 나라의 어부들이었다. 또한 중국은 대만이 실효 지배하고 있는 남중국해의 프라타스 군도와, 인도네시아 서부에 있는 나투나 제도도 노리고 있다. 인도네시아는 나투나 제도를 지키기 위해 그곳에 해병대를 배치했다.

아시아에서 대립 중인 두 해상 강국

2013년 시진핑 국가주석이 취임하면서 중국은 점점 더 패권주의적인 해상 전략을 펼치고 있다. 바로 이 시기에 미국은 아시아를 대외정책의 핵심 지역으로 설정했다. 이를 '아시아 재균형 전략'이라고 부른다. 이후 아시아에서 두 해상 강대국 사이에 경쟁이 고조되었다. 미국은 1945년에 일본제국이 몰락하면서 '아시아 바다를 지키는 경찰' 역할을 떠맡게 되었다. 또한 일본의 패망과 이후 한국전쟁으로 인해 해양에서 기지나 시설들을 이중으로 구축할 수 있었다.

러시아에 앞서 세계에서 두 번째로 큰 해군 함대를 보유한 중국은 오늘날 아시아 지역에서 이러한 '미국의 보호'에 문제를 제기하고 있다. 중국의 새로운 야심에 대응하기 위해 중국해에서는 그 지역 여러 국가들 사이에 군비 경쟁이 벌어졌다. 하지만 이웃 국가들 모두를 합친 것의 두 배 이상에 달하는 연간 국방 예산을 보유한 중국은 누구도 부인할 수 없는 지역 내 강대국으로 우뚝 서게 됐다.

중국의 야망은 여기서 멈추지 않았다. 우크라이나 폐항공모함을 재활용한 중국의 제1항공모함은 2011년에 실전 배치되었고, 2018년에는 제2항공모함을, 2022년 6월에는 제3항공모함을 바다에 띄웠다. 또한 2035년 전에 두세 대가 더 추가될 예정이다. 전체 601대의 선박을 보유한 중국 함대는 중국 해역의 빗장을 걸어 잠그고 그곳을 '중국의 호수'로 만들어 미국 세력을 저 멀리 공해로 밀어내고자 한다.

　미국은 중국의 영토 확장주의를 저지하기 위해 주기적으로 '항행의 자유'를 수호한다는 명목으로 중국의 12해리 구역 안으로 군함을 보내 교전을 일으켰다. 이러한 상황에서 중국의 힘을 두려워하는 아시아 국가들은 한편으로는 미군에 기대면서, 동시에 '경제적으로는' 특히 2022년 1월 1일부로 발효된 동남아시아 10개국과 한국, 일본, 중국, 오스트레일리아, 뉴질랜드 등 15개국 간의 자유 무역 협정인 '역내포괄적경제동반자협정(RCEP)'을 통해 중국과 가깝게 지내는 등 이중 전략을 펼치고 있다.

일대일로, 중국의 새로운 도구

2013년에 출범한 중국의 일대일로 프로젝트는 아시아, 아프리카, 유럽의 60개국 이상을 잇는 육로(도로, 철도, 가스관, 송유관 등)와 해로를 건설하는 동시에 현대화하는 것을 목표로 한다. 이 프로젝트는 18세기 말 이후 후퇴했던 중국이 세계 경제의 주요 주체로 당당히 복귀했음을 상징한다.

이를 통한 중국의 목표는 천연자원과 원자재 수급을 확실하게 보장받고, 수출을 안정화하고, 새로운 교역 기회를 확보함과 동시에 전 세계에 정치적, 경제적 동맹을 만듦으로써 역동적인 경제 성장을 도모하는 것이다. 따라서 동아프리카 지역에서 중국이 투자한 자금은 에티오피아, 케냐, 탄자니아, 남수단, 우간다, 르완다, 잠비아 등의 경제 성장에도 큰 역할을 했다.

중국에서는 지난 30년 동안 철도망이 구축되면서 해안 지역과 오늘날 육상 일대일로 프로젝트의 시작점인 시안 지방을 연결할 수 있게 되었다. 같은 방식으로 충칭, 쓰촨성의 청두, 신장의 우루무치, 마지막으로 티베트의 라싸에서 출발한 철도 역시 일대일로 프로젝트에 통합될 예정이다. 중국의 야심은 5G를 비롯한 디지털 분야로도 향한다. 이는 국제무대에서 중국의 힘을 과시하고 중국이 모든 분야에 걸쳐 주요 당사국으로 등장했다는 사실을 의미한다.

2020년 전 세계가 코로나19 감염병에 맞서 싸울 때 중국은 자국의 세력을 떨치기 위해 보건 분야에서의 외교적 의지를 표명한 '보건 실크로드' 정책을 제시했다. 이미 중국은 2017년에 베이징에서 30여 개 국가와 함께 보건 협력을 위한 국제회담을 개최했고, 유엔에이즈계획(UNAIDS), 에이즈와 결핵 및 말라리아 퇴치를 위한 세계기금(The Global Fund), 세계백신면역연합(GAVI) 등과 의정서를 체결했다. 중국의 이러한 보건 전략은 세계의 본보기로 나서겠다는 의지뿐만 아니라 코로나19 위기관리의 어려움과 어쩌면 팬데믹을 유발했다는 의혹에서 벗어나기 위한 의지에서 비롯된 것으로도 보인다.

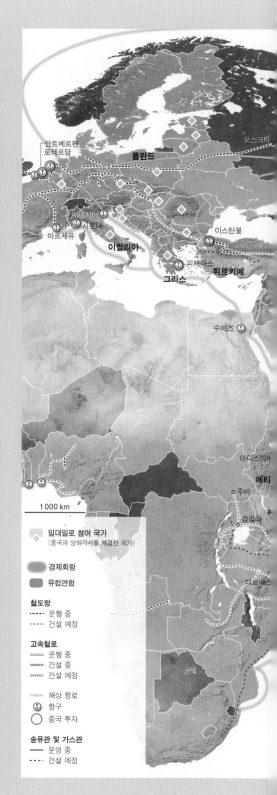

1 000 km

일대일로 참여 국가
(중국과 양해각서를 체결한 국가)

경제회랑

유럽연합

철도망
····· 운행 중
----- 건설 예정

고속철로
━━ 운행 중
▤▤▤ 건설 중
▦▦▦ 건설 예정

⬚⬚ 해상 항로
Ⓐ 항구
◯ 중국 투자

송유관 및 가스관
━━ 운영 중
····· 건설 예정

도쿄

2019년 12월 말, 전 세계 언론은 앞다투어 마침내 완공된 올림픽 개최 예정 도시인 도쿄의 선수촌 사진을 실었다. 그곳은 일본의 수도가 한눈에 보이는 인공섬이자 2020년 도쿄 올림픽과 패럴림픽에 출전하는 수천 명의 선수들을 맞이하기 위해 바다를 메워 만든 일종의 곶이다(사진 참조). 일본이 2조 4천억 원을 쏟아부은 이 선수촌은 건설 노동자들의 열악한 노동환경에 대한 논쟁을 불러일으키기도 했다.

거대한 문화 축제 또는 주요 스포츠 대회를 개최하는 것은 국가의 소프트파워 전략에 속한다. 1930년대에 이미 일본은 1940년 올림픽 개최를 겨냥해 후보 신청을 했었다. 1923년 도쿄에 크나큰 피해를 입힌 관동대지진을 훌륭하게 극복했음을 전 세계에 보여주기 위함이었다. 하지만 중일전쟁, 이후 발생한 제2차 세계대전이 일본의 올림픽 개최를 가로막았는데 이는 일본에게는 비극처럼 여겨졌다.

역사는 반복됐다. 이번에는 아베 신조 총리에게 비극이 닥쳤다. 2020년 봄 코로나19 팬데믹이 발생하면서 도쿄 올림픽을 연기해야만 했던 것이다. 아베 총리는 세계 3위의 경제대국이지만 경제적으로, 사회적으로 어려움에 처해 있는 일본의 이미지뿐만 아니라 자신의 위상을 드높이기 위해 올림픽 개최에 모든 기대를 걸었다. 하지만 2022년 7월 총리직에서 물러난 아베 신조는 선거 유세를 하던 중 거리에서 피살되었다. 아베 신조의 죽음은 폭력적인 정치적 분위기와 피살 사건에 연루된 통일교의 일본 내 영향력을 보여주었다. 이 사건은 지난 30년 동안 낮은 성장률을 보이며 회복의 기미를 보이지 않던 '떠오르는 태양의 나라' 일본에는 또 다른 트라우마가 되었다. 막대한 국가채무, 우려스러울 정도의 인구 감소, 오늘날 일본이 가진 힘의 정체성에 대한 문제 제기 등과 함께 '경제적 거인, 정치적 소인'이라는 일본을 설명하는 문구도 이제 더는 당연하게 여겨지지 않게 되었다.

오늘날 일본은 이웃 국가인 중국의 탐욕스러운 야심에 직면해 있고 경제적으로는 한창 성장 중인 아시아의 다른 국가들과 경쟁해야 한다. 이에 일본은 제2차 세계대전 이후 군사적 야망을 버리고 모든 종류의 전쟁을 포기하며 오로지 경제적 측면에만 집중하도록 했던, 지금은 한물간 '요시다 독트린'을 수정해야만 했다.

따라서 포스트 코로나 시대에 아베 신조의 후계자들은 과연 일본의 힘을 새롭게 정의하고 후쿠시마 원전사고 이후 특히나 정치권을 불신하고 있는 국민들의 마음을 되돌릴 수 있을까?

일본: 왜 아시아의 진정한 리더가 되지 못하고 있는가

해상 강국

아시아 대륙의 동쪽에 위치한 일본은 3천 킬로미터 이상 활 모양으로 뻗어 있는 화산열도다. 총 6,852개 섬으로 구성되어 있는데 이 가운데 단 430개 섬에만 사람이 살고 있다.

잘게 분할된 영토 위에 1억 2,600만 명의 인구는 주요 다섯 개 섬인 혼슈, 홋카이도, 규슈, 시코쿠, 오키나와에 집중되어 있다. 바로 여기에 일본의 대도시들과 태평양 벨트(미나미칸토에서 키타큐슈에 이르는 거대 도시 밀집 지역 및 공업 지역)가 위치해 있다. 즉 전체 국민의 80%가 영토의 단 6%에 불과한 이곳 지역에 몰려 있다.

수많은 섬들 덕분에 일본은 세계에서 가장 넓은 배타적 경제수역을 보유하고 있는데 총면적이 450만 제곱킬로미터에 달한다. 이는 해수면 위로 드러난 면적의 11.8배에 해당한다. 하지만 일부 영토는 이웃 국가인 중국, 러시아와 영유권 분쟁 중이다.

안보는 미군에게, 자신들은 오로지 경제에만

일본의 발전 모델은 전적으로 외부 세계와의 경제적 교류에 초점을 맞추고 있다. 이는 제2차 세계대전 이후부터 자유주의적이고 개방적인 경제와 확고한 평화주의적 외교 정책을 기반으로 발전이 지속되어 왔다는 의미다.

1945년 9월 2일 '떠오르는 태양의 제국'은 미국과 그 동맹국들에게 항복을 선언하며(항복 문서에 서명함으로써) 마침내 전쟁에 공식적으로 마침표를 찍었다. 그렇게 일본은 히로시마 원폭(1945년 8월 6일)과 나가사키 원폭(1945년 8월 9일)으로 황폐화되고 정신적 충격을 입은 채로 많은 피를 흘려야 했던 전쟁에서 비로소 벗어났다.

미국의 압력으로 1946년에 채택되고 1947년부터 발효된 새로운 일본 헌법 제9조는 "일본 국민은 …… 국권의 발동에 의한 전쟁 및 무력에 의한 위협, 또한 무력의 행사는 …… 영구히 포기한다"라고 명시하

일본이 주장하는 배타적 경제수역

영토 분쟁 지역

500 km

일본열도

일본열도의 중심에는 홋카이도, 시코쿠, 규슈와 더불어 혼슈가 위치해 있다. 이 네 개의 섬을 일본에서는 본토라 부른다. 또한 동쪽으로는 태평양, 서쪽으로는 아시아 해역, 북쪽으로는 오호츠크해, 남쪽으로는 필리핀해를 접하고 있다. 따라서 러시아, 북한, 남한, 특히 중국, 대만, 필리핀과 해안 경계선을 공유하고 있다.

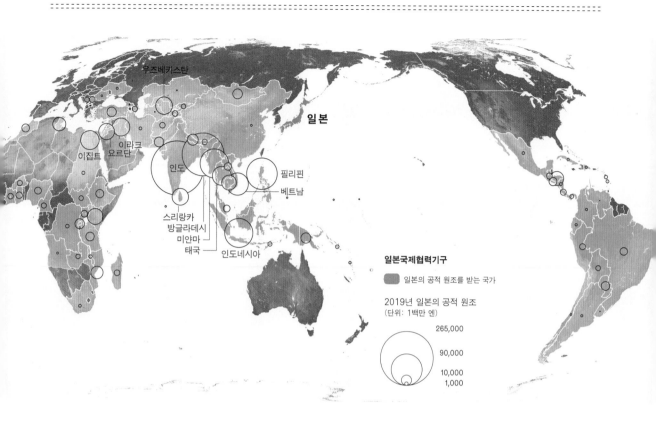

우즈베키스탄

일본

이집트
이라크
요르단
인도
필리핀
베트남
스리랑카
방글라데시
미얀마
태국
인도네시아

일본국제협력기구

일본의 공적 원조를 받는 국가

2019년 일본의 공적 원조
(단위: 1백만 엔)

265,000

90,000

10,000
1,000

고 있다. 이로써 일본은 식민 지배와 침략의 역사와는 단절하게 된다.

당시 일본 총리였던 요시다 시게루는 미군에게 군사적 사안을 모두 떠넘기고 자신들은 경제를 재건하기 위해 노력하는 것밖에 다른 선택지가 없다고 생각했다. 바로 이 '요시다 독트린'은 금방 결실을 맺는다. 1960년대에 일본은 연간 GDP가 10-14%씩 상승했고 1969년부터는 세계 2위의 경제대국 자리에 올랐다. 전쟁 이전 일본 산업의 꽃이었던 미츠비시, 도시바, 닛산은 금세 회복되었고 은행과 전자 분야가 먼저, 그다음으로 자동차와 로봇 분야가 회복되었다.

일본은 가장 가까운 세력권에 속하는 동남아시아국가연합(ASEAN) 회원 국가들과 먼저 교역을 시작했다. 이후에는 태평양 연안 국가, 유럽연합, 그리고 점차 아프리카 대륙 등 지리적으로 훨씬 먼 국가들과도 교류하게 되었다. 일본 경제는 미국과 중국 다음으로 3위에 머물렀지만 각국과의 관계는 점점 더 긴밀해졌다.

부인할 수 없는 아시아의 리더가 되지 못하는 이유

일본 경제의 기적은 수십 년 동안의 '수표 외교', 즉 경제를 기반으로 한 외교정책과 발맞추어 이루어졌다. 헌법으로 평화주의를 선택하게 되면서 자위대의 임무는 제한적일 수밖에 없었다. 그렇다고 해서 일본이 국경 너머의 일에 전혀 개입할 수 없었던 것은 아니다. 직접적으로는 기업을 통해, 간접적으로는 개발 원조를 통해 가능했다.

개발 원조의 리더

일본국제협력기구(JICA)를 통해 일본은 다양한 국가에 자금 또는 기금을 지원하고 있는데, 무엇보다 의료 서비스에 대한 접근성을 높이고 전염병 퇴치를 위해서다. 그렇게 일본은 전 대륙에 걸쳐 자국의 존재감을 심어주고 있다.

오늘날 일본은 미국, 영국, 독일 다음으로 개발을 위한 공적 원조를 가장 많이 제공하는 국가다.

일본은 경제대국이자 국제적인 '민간 세력'을 자처할 수 있게 되었지만, 국가 안보는 여전히 동맹국인 미국에 의존하고 있는 등 아시아의 부인할 수 없는 리더가 되는 데는 이르지 못했다. 이러한 외교적 방향이 1991년 걸프전 당시 국제 사회로부터 문제시되자 일본은 군사 외교를 정상화하는 기반을 다시금 갖춰야 했다. 그 결과 1992년에 유엔평화유지군 활동에 자위대의 참여를 허용하는 법이 일본에서 제정되었다. 결국 일본은 수동적인 평화주의에서 '능동적인 평화주의'로 이행하게 되었고 이를 통해 국제무대에서도 더욱 존재감을 드러내게 되었다.

그 대표적인 예가 2001년부터 2010년까지 미국의 아프가니스탄 군사 개입에 일본 해군을 지원한 것이나 2003년부터 2006년 사이 이라크의 재건 활동에 참가한 것이다. 이 밖에도 1997년 교토에서 지구 온난화 방지를 위한 총회를 개최하여 역사적인 교토 의정서를 이끌어내는 데도 기여했다.

30년간 소프트파워 전략을 펼친 일본은 2012년 아베 신조가 총리직에 오르면서 전략적으로 변화를 꾀하게 된다. 일본의 새로운 정체성을 모색하기 위해 아베 총리는 1947년에 헌법 제9조가 설정한 한계를 뛰어넘어 '방어적이기만 한' 군사력에서 탈피하고자 했다. 아베 총리 주변에서도 '강력한 군대'와 '일류 외교'라는 일본의 국제적 목표를 이루기 위해서라도 요시다 독트린을 종결할 때가 되었다는 의견이 제기되었다. 2010년 일본을 세계 3위의 경제대국으로 밀어낸 역사적 라이벌이자 이웃 국가인 중국의 부상 때문에라도 이는 더욱 절실하게 여겨졌다.

중국의 부상을 우려하다

해상 강국을 자처한 중국은 일부 해양 지역에서 일본의 영유권 주장에 반발하며 일본의 안보를 위협하고 있다. 2012년 이후 중국은 일본 해역, 그중에서도 특히 센카쿠 열도 주변을 자주 기습적으로 공격해 왔다. 센카쿠 열도는 1895년부터 일본이 실효 지배하고 있는 곳이지만 중국은 이곳을 댜오위다오라는 이름으로 부르며 영유권을 주장하고 있다. 이에 일본 해안 경비대는 현재로서는 무역 선박만을 감시하고 있지만 앞으로는 동중국해에서 감시와 방어 수단을 보다 강화하기로 했다.

하지만 무엇보다도 일본이 경계하는 것은 2013년 카자흐스탄에서 시진핑 국가주석이 제안한 현대판 실크로드 프로젝트인 일대일로의 시행이다. 일본은 일대일로가 시행된다면 중국이 자국의 규범, 규칙, 제도 등을 강요하면서 1945년 종전 후 수립된 자유주의적 세계 질서를 해칠 것이라고 보고 있다. 따라서 이에 대한 대응의 일환으로 즉시 역사적인 동맹국인 미국과의 관계 강화를 모색했다.

현재 일본열도 전역에는 미군이 여전히 주둔해 있지만 일본 국민들은 점점 미군의 철수를 요구하고 있다. 하지만 아베 총리는 중국이 부상하는 상황에서는 일본에 미군을 주둔시키는 것만이 답이라고 여겼다. 또

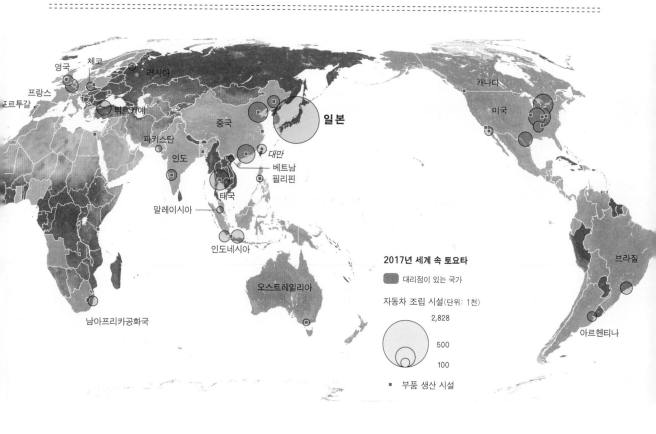

영국　체코　러시아

프랑스

포르투갈

튀르키예

파키스탄

중국

일본

인도

대만

베트남

필리핀

태국

말레이시아

인도네시아

캐나다

미국

브라질

남아프리카공화국

오스트레일리아

아르헨티나

2017년 세계 속 토요타

▨ 대리점이 있는 국가

자동차 조립 시설(단위: 1천)

2,828

500

100

■ 부품 생산 시설

한 미국과의 동맹관계 속에서 자신들의 역할을 제대로 수행하기 위해 국방 예산을 늘렸고, 미국산 무기 구매도 늘렸고, 2015년에는 동맹국에 도움을 줄 수 있도록 자위대의 특권도 확대했다.

그러나 도널드 트럼프 미국 대통령의 집권은, 특히 트럼프가 김정은 북한 국무위원장과 협상하기 전 동맹국인 일본과 의논하는 것을 '생략'하면서 일본에 근심을 안겨주었다. 이 밖에도 트럼프 행정부가 일방적으로 '환태평양경제동반자협정'을 탈퇴했을 때도 마찬가지였다. 이 협정은 버락 오바마 대통령이 펼친 교역 정책의 주춧돌이자 미국, 캐나다, 멕시코, 일본, 베트남, 말레이시아 등을 포함한 태평양 연안의 12개국을 하나로 모아 중국을 추월하겠다는 아시아 재균형 전략의 핵심이었다.

중국의 커져가는 야심과 미국의 탈퇴에 맞서 일본은 보다 자주적인 정책을 펼치기로 결심했다. 여기에는 2018년 말 발효된, 미국이 빠진 채 11개국으로 구성되면서 명칭이 변경된 '포괄적·점진적 환태평양경제동반자협정'과 미국의 보호주의에 대항하기 위해 2019년 유럽연합과 맺은 자유 무역 협정이 포함된다. 전략적 측면에서 이들 정책은 '자유롭고 열린 인도-태평양(FOIP)' 전략이라는 비전 형태를 띠고 있다.

'인도-태평양' 구상

2016년 8월 27일 나이로비에서 열린 도쿄아프리카개발국제회의(TICAD) 당시 아베 총리는 '인도-태평양' 개념을 제시했다. 인도-태평양이란 아프리카 동쪽 해안에서 인

세계 속의 토요타

19세기 말 나고야 지방의 변두리에서 탄생한 토요타는 2017년 세계 최대의 자동차 기업으로 성장했다. 같은 해 토요타는 자동차 1천만 대 이상을 판매하면서 2,310억 달러의 매출액을 달성했다.

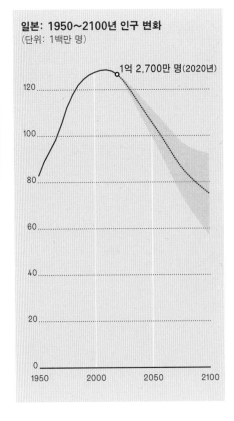

일본: 1950~2100년 인구 변화
(단위: 1백만 명)

1억 2,700만 명(2020년)

해서 증가하고 있다. 일본의 국가채무는 오늘날 GDP의 230%에 달한다. 2011년에 발생한 후쿠시마 원전사고는 일본 국민에게 지속적인 트라우마로 남아 있다. 또한 매년 인구는 20-30만 명씩 줄고 있는데 2020년에 1억 2,700만 명을 기록한 인구는 2110년에는 1억 명 이하로 떨어질 것으로 추정된다. 이는 전 세계에서 유일하다.

일본 국민은 지정학적 쟁점보다 코로나19 감염병과 관련된 우려를 보다 더 심각하게 받아들였는데 이는 일본의 인구통계학적, 정신적 위기를 더욱 악화시켰다. 2022년 7월 8일 여기에 더 큰 충격이 추가되었다. 총리직에서 물러난 아베 신조가 거리에서 피살되는 사건이 발생한 것이다.

이 밖에도 일본은 이웃 국가들과의 관계를 짓누르는 영토 및 역사적 분쟁에 직면해 있다. 예를 들어 일본은 경제적으로는 가까워졌음에도 쿠릴 열도 남단 4개 섬을 둘러싼 분쟁으로 인해 러시아와 평화조약 체결을 맺지 못하고 있다. 한국과의 관계는 과거 식민 지배와 독도 관련으로 2018년 이후 한층 더 악화되다가 2022년 한국의 정권이 교체되면서 다시 회복되고 있다. 북한과의 관계는 1970-80년대 북한 정권의 일본인 납치 사건과 북한의 핵무장으로 아직은 우려스러운 상황이다.

도양과 태평양을 지나 아메리카의 서쪽 해안에 이르는 거대한 해상 운송 지역을 말한다. 아베의 의도는 국제법 존중, 다자주의, 자유 무역과 경제 발전 등을 통해 중국의 압력에 대항해 이 지역의 안정을 촉진하는 것이다. 결과적으로 이는 미국, 오스트레일리아, 인도, 유럽연합, 그리고 남아시아와 태평양 국가들을 빠르게 결집시켰다.

일본이 처한 문제들

오늘날 일본은 자국의 장점과 한계를 모두 인식하고 있다. 아베 총리가 약속한 개혁에도 불구하고 일본의 경제성장률은 2011년 이후 연간 1%대(중국은 평균 7.5%)에 머무르면서 부진을 겪고 있는 한편 부채는 계속

미국과의 신뢰 회복

2021년 봄 조 바이든 미국 대통령은 아베 신조의 뒤를 이어 총리가 된 스가 요시히데를 백악관으로 초청했다. 이는 바이든 취임 이후 외국 정상과 가진 최초의 대면 회담이

었다. 트럼프 임기 4년 동안 미국과 일본의 관계는 불안했지만 바이든 행정부는 아시아-태평양 지역에서 이 전략적 동맹국을 안심시키는 동시에 끈끈한 동맹의 결속을 재확인해 주었다. 또 중국의 커져가는 영향력에 대응하기 위한 다국적인 노력에 관해서도 일본과 논의하고자 했다.

우크라이나 위기가 한창인 2022년 6월 말 마드리드에서 열린 나토 정상회의에 참석한 바이든 대통령은 새로운 일본 총리 기시다 후미오와 윤석열 한국 대통령과 함께 대서양 동맹의 일환으로 역사적인 3자 회담을 가졌다. 미국은 이를 통해 아시아-태평양 지역에서 '미국의 변함없는 약속'을 강조했다.

인도-태평양, 중국의 영향력을 저지하다

인도-태평양 지역은 아프리카의 동쪽 해안에서 시작해 인도양과 태평양을 지나 아메리카의 서쪽 해안에 이르는 드넓은 지정학적 공간이다. 이 지역은 해양에 대한 중국의 커져가는 영향력 때문에 일본과 다수의 당사국들이 안보를 우려하는 곳이다.

이러한 상황 속에서 일본은 수년 전부터 항행의 자유와 지역의 안전 및 경제 발전을 위해 '자유롭고 열린 인도-태평양'이라는 개념을 도입해 왔다. 이를 위해 일본은 자유롭고 다자주의적인 세계 질서에 대한 존중이라는 동일한 가치를 공유하는 국가들과 협력 및 동맹관계를 발전시키고자 노력했다. 이 계획에는 미국, 유럽연합, 오스트레일리아, 인도가 참여하고 있다. 그렇게 일본과 인도는 인도 서쪽 해안의 잠나가르에서 2011년부터 일본의 군사기지가 설치된 아프리카의 지부티를 연결하는 '아시아-아프리카 성장 회랑(AAGC)'의 전체적인 구상을 공동으로 하기에 이른다. 이들은 지역 연계성을 높이기 위해 더욱 투명한 거래, 특히 더 높은 수준의 인프라를 통해 동아프리카에 '차이나프리카'(China와 Africa의 합성어로 중국의 공격적인 아프리카 진출을 일컫는 말)의 대안을 제안하고자 한다.

또한 인도-태평양은 일본, 미국, 오스트레일리아, 인도로 구성된 '쿼드(QUAD, 4자 안보 협의체)'를 강화하는 역할도 했다. 쿼드는 2020년 11월 인도양에서 4개국이 모두 참가한 합동 해군 훈련인 말라바르 2차 훈련을 실시했는데 이는 중국의 거센 반발을 불러일으켰다.

코로나19 팬데믹이 중국과 이 지역 이웃 국가들(대만, 인도, 일본, 필리핀)과의 갈등을 더욱 심화시키고 지역 내 경쟁의식을 강화한 것 또한 사실이다. 따라서 지금 우리는 중국의 일대일로 계획과 이에 맞서 서구적 가치를 수호하는 인도-태평양 전략 간의 정면 대결을 목격하고 있다.

이란

파키스탄

뉴델리

중국

남한

일본

람에미리트 아마다바드 인 도 방글라데시

오만 미얀마 필리핀

뭄바이 태평양

태국

스리랑카

몰디브 말레이시아

싱가포르

셸 ⊛디에고 가르시아 인도네시아

인도양

가스카르

모리셔스
레위니옹(프랑스 해외 영토)

오스트레일리아

군사기지
⊛ 중국
⊛ 미국
⊚ 인도

항구(인도양)
Ⓓ 중국의 투자를 받거나
　선적항 설비를 갖춘
Ⓘ 인도의 투자를 받거나
　선적항 설비를 갖춘

⎯⎯ 해상 항로

DMZ

이곳은 남쪽으로는 민주주의 국가인 남한, 북쪽으로는 지구상 최악의 독재 국가 중 한 곳인 북한이 있는 한반도의 비무장지대(DMZ)다.

2020년 1월 직후 코로나19 감염병이 발생하자 북한은 결국 국경을 폐쇄하기로 결정하면서 고립을 선택했다. 북한은 코로나19 확진 환자가 자국에서는 전혀 발생하지 않았다고 주장하면서 자국으로 유입된 바이러스의 존재를 남한 탓으로 돌렸다. 전문가들에 의하면 코로나19 바이러스가 김정은 정권의 최대 경제 교역국인 중국에서 시작된 이상 북한이 바이러스를 피해가는 건 불가능에 가깝다고 한다.

그 결과 2020년 여름에 발표된 유엔 보고서에 따르면 중국과의 국경이 폐쇄되면서 필수적인 식료품 수송에 어려움이 빚어졌고 이로 인해 21세기 들어 그나마 개선되었던 북한의 식량 문제에 또다시 경고등이 켜졌다.

한편 남한의 체제는 오히려 전염병으로 이득을 보았다. 남한은 특히 바이러스 추적 애플리케이션을 활용하면서 코로나19 위기관리의 모범 사례로 떠올랐다. 전염병 때문에 북한이 악화되는 동안 남한은 자국의 체제와 기술의 저력을 드러내는 기회로 삼은 것이다.

그러나 김정은 북한 국무위원장은 트럼프 임기 동안 자신들이 국제적으로 인정을 받기 시작했다고 여겼다. 2019년 6월 실제로 미국 대통령이 역사상 최초로 북한 땅을 밟았다. 김씨 일가는 이를 오랫동안 바라왔던, 세계 최강의 강대국으로부터 인정을 받은 중대한 한 걸음이었다고 생각한 것이다. 하지만 그로부터 18개월 뒤 새로 취임한 조 바이든 미국 대통령에게 '스마일 외교'는 이미 철 지난 과거가 됐다.

2022년 3월 북한은 러시아, 벨라루스, 시리아, 에리트레아와 함께 우크라이나를 침공한 러시아에 대한 유엔 제재를 거부하면서 서구 진영의 반발을 초래했다. 게다가 2022년 7월에는 도네츠크인민공화국과 루간스크인민공화국(두 나라 모두 우크라이나 돈바스 지역에 친러시아 세력이 세운 국가)의 독립을 인정하면서 또 한 번 서구 진영에 반기를 들었다.

북한:
최후의 보험인 핵무기는
절대 포기하지 않을 것이다

북한의 트라우마

조선민주주의인민공화국, 즉 북한은 한반도의 절반보다 조금 더 큰 12만 500제곱킬로미터의 영토를 차지하고 있으며 나머지 절반은 남쪽 대한민국의 주권하에 놓여 있다. 북한의 인구는 2,500만 명으로 남한의 절반 정도이며 수도인 평양에 350만 명이 집중되어 있다.

남한보다 3주 늦은 1948년 9월 9일 조선노동당의 김일성이 북한에서 단독 정부 수립을 선포했다. 북한은 매우 빠르게 토지개혁을 단행했지만 독재적인 정권에 반대하는 1백만 명의 사람들이 당시 이 나라를 빠져나갔다. 이 시기 남한에서는 공산주의 세력이 무너지면서 수십만 명의 사망자가 발생했다. 냉전이 맹위를 떨치는 동안 남북한 양측은 한반도를 통일하기 위해 총력을 기울였다.

1950년 6월 25일 북한은 소련의 도움을 받아 남한을 공격하기로 결정했고, 이에 대응해 유엔안전보장이사회는 미국과 함께 프랑스를 포함한 16개 국가의 연합군을 출범시켰다. 반대쪽에서는 20만 명의 중국군이 동맹인 북한을 지원하기 위해 파견되었다. 1951년 전쟁은 휴전선 주변에서 교착 상태에 빠졌다. 이에 미 공군은 북한을 굴복시키기 위해 1953년 휴전 이전까지 63만 톤의 폭탄을 투하했는데 그중 3만 3천 개가 네이팜탄이었다. 그 결과 북한의 22개 주요 도시 가운데 18개 도시가 파괴되었다. 미국의 맥아더 장군은 중국과의 국경을 따라 26개의 원자폭탄을 투하하려 했는데 바로 그 직전에 해임되었다.

이 사건은 북한과 중국에 지속적인 영향을 미쳤다. 미군의 공중전은 외부의 위협에 대한 북한 주민의 집단적 공포심을 불러일으키는 데 일조했고 결국 현재의 북한이 고립주의와 자국 주권에 한정된 안보 정책을 고수하게 만들었다. 이러한 트라우마는 점진적으로 북한 주민의 정신에 깊게 새겨졌고 북한 공산정권은 미 제국주의에 대항하는 전쟁을 정당화하기 위해 이를 널리 이용하고 있다.

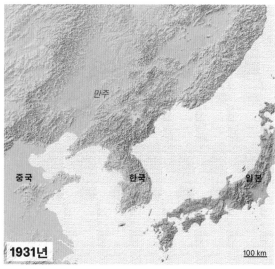

13-17세기   100 km

1931년   100 km

새로운 세계 질서에 제대로 대응하지 못하다

산악 지형인 북한은 남한에 비해 경작할 수 있는 토지가 적다. 따라서 북한의 농업은 충분히 기계화되지 않았다. 그럼에도 경제활동인구의 40%가 농업 분야에 종사하는데 이는 남한에 비해 여덟 배나 높은 수치다. 극동지역의 혹독한 겨울 추위에도 불구하고 북한은 쌀, 밀, 옥수수, 인삼 등을 재배한다. 1975년까지 북한은 남한에 비해 더 산업화되었고, 더 부유했으며, 심지어는 제3세계 국가의 경제 발전 본보기로 여겨지기도 했다. 하지만 국가의 공식 이념은 자급자족을 권하고 있지만 실제로 북한은 사회주의 진영의 원조를 받고 있다.

중공업에 기반을 두고 있으며 병력(1989년 기준 군사 1백만 명을 보유한 북한의 군대는 병사의 수로는 세계 5위에 달했다)에 많은 몫을 할애한 '절반의 자급자족' 경제 체제를 지닌 북한은 소련의 붕괴와 냉전 종식에 뒤이은 새로운 세계적 경제 질서에 제대로 대응하지 못했다. 남한이 아시아의 용으로 거듭나 가장 발전한 국가 중 하나로 우뚝 선 반면 북한에게는 주요 파트너나 동맹국이 없었다. 러시아는 더는 약속을 지키지 않았고, 중국은 시장경제 체제로 전환하면서 세계화에 뛰어들었다. 어쩌면 과거의 파트너에 지나치게 의존했기 때문인지 북한은 1994년에 대기근을 겪게 된다. 80만 명에서 1백만 명에 달하는 주민이 굶주림으로 사망하게 되자 결국 북한은 국제 사회에 긴급 구호를 요청해야만 했다.

핵무기, 최후의 협상 카드

부친인 김일성 주석의 뒤를 이어 북한의 지도자가 된 김정일은 스탈린주의 모델을 기반으로 국가를 존속시켰고 특히 군대와 군산복합체에 공을 들였다. 군사적 확장은 북한을 국제무대의 전면에 올려놓았고 이제 북한 정권 정체성의 중심에는 핵무기가 자리하게 되었다.

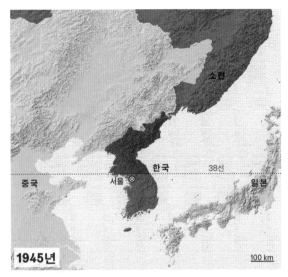

1945년   100 km

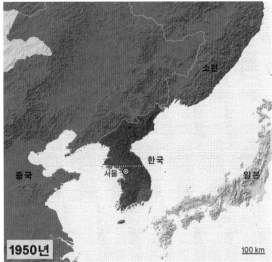

1950년   100 km

핵무기 개발은 북한 지도자들에게는 냉전 종식 이후에 살아남은 국가를 영속시킬 수 있고 외부의 위협에 맞서 정권의 생존을 보장하는 보험이 되었다. 또한 무엇보다도 식량 원조와 관련해 국제 사회와 협상할 수 있는 최후의 카드가 되었다.

하지만 미국은 북한의 핵무장을 용납할 수 없었다. 갈등은 2001년 9월 11일 이후 한층 더 고조되었다. 부시 행정부는 미국이 적으로 설정한 '악의 축' 리스트에 북한을 포함시켰다. 이에 이라크나 리비아와 같은 운명에 처하게 될 것을 두려워한 북한은 핵확산금지조약(NPT)을 탈퇴하고 2006년부터 2017년 사이 여섯 차례 핵실험을 강행했다. 그리고 핵탄두 개발에 성공했다.

2011년 김정은 국무위원장이 집권하게 되면서 이러한 움직임은 더욱 가속화되었다. 2017년 9월 북한은 2016년 한 해 동안 발사한 것보다 더 많은 양의 미사일을 발사했다. 생존을 위해서는 오로지 핵무기에 의지해야 한다고 믿었던 김씨 일가의 후손인 김정은은 국제적 압박에도 불구하고 이러

한 안보 정책에 제동을 걸지 않았다.

북한의 핵 군비 경쟁 또한 2003년부터 2009년 사이 열린 북한 핵문제에 관한 6자 회담(남한, 북한, 일본, 중국, 러시아, 미국 참여)이나 2006년 한층 강화된 유엔의 대북제재에도 불구하고 둔화되지 않았다. 그러나 부시 이후에 집권한 오바마 미 대통령은 핵확산 금지 노선에서 벗어나지 않으면서도 이전 정부에 비해 더욱 신중하고 인내하는 태도를 보였다.

경제적으로는 자유화를, 정치적으로는 탄압을

2019년 7월 새로 헌법을 개정하면서 김정은은 '북한의 프레지던트'가 되었다. (북한 외무성 홈페이지 영문판에서 북한은 스스로 김정은의 호칭을 과거 체어맨(chairman)에서 프레지던트(president)로 변경했다.) 헌법은 김정은을 '조선 인민 전체를 대표하는 최고 영도자'라고 명시하고 있는데 이는 국가의 수반이자 군대의 총사령관 임무를 모두 포함하

핵으로 무장한 북한

북한은 한반도의 절반을 조금 넘는 영토를 차지하고 있다. 나머지 영토는 남한에 속한다. 남북한은 북위 38도선의 비무장지대를 경계로 분단되어 있다. 우라늄 매장량이 풍부한 북한은 1990년대에 이르러 핵무장을 하게 된다. 2003년 핵확산금지조약에서 탈퇴한 북한은 2006년부터 2017년까지 풍계리 핵실험장에서 여섯 차례 핵실험을 강행했다.

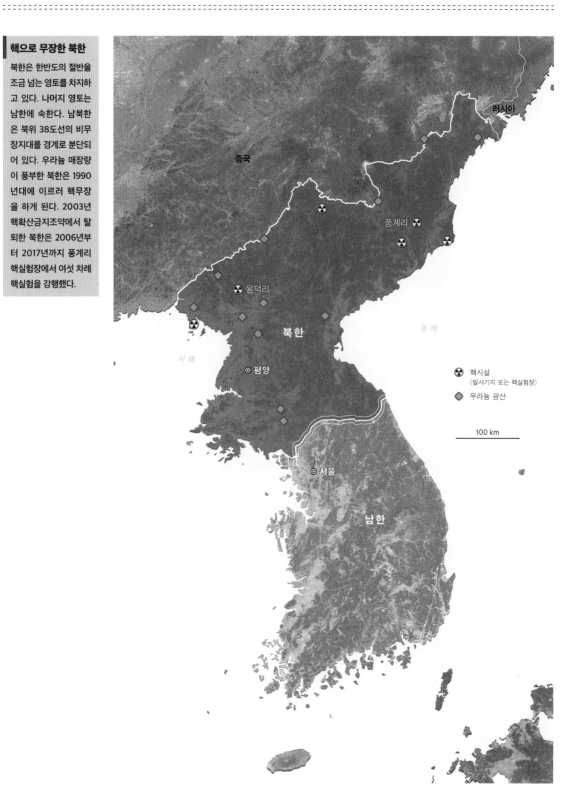

러시아

중국

풍계리

옹덕리

북한

동 해

서 해

평양

☢ 핵시설
     (발사기지 또는 핵실험장)

◆ 우라늄 광산

100 km

서울

남한

는 표현이다. 여러 전문가들에 의하면, 이러한 변화는 김정은이 군을 가장 중요하게 여겼던 과거와 같은 비정상적 체제에서 탈피해 해외의 국가원수들과 같은 방식으로 명명되기를 바라는 의지를 보여주는 것이라고 한다.

경제적 측면에서 김정은은 자유시장과 쇼핑센터 개방, 휴대전화 통신망 설치(오늘날 북한의 휴대전화 가입자 수는 약 3백만 명에 이른다), 그리고 개인용 차량 판매를 특징으로 하는 일종의 경제적 자유화에 착수했다. 평양, 백두산과 금강산 주변, 동쪽 해안 등을 중심으로 관광업도 발전시키고자 한다. 또한 12만 명 이상의 노동자들이 외화를 벌어오기 위해 러시아, 중국, 폴란드, 아프리카, 걸프 국가로 파견되었다.

곡물 생산량은 2016년 570만 톤에 달했는데 자급자족을 위해서는 8백만 톤이 필요한 상황이다. 유엔세계식량계획(WFP)에 따르면 약 40%의 북한 주민이 영양실조에 시달리고 있으며 이러한 상황은 코로나19 팬데믹으로 더욱 심화되었다.

정치적 측면에서는 탄압이 계속되고 있다. 북한에서는 여전히 국토 전역에 있는 수용소에 12만 명의 죄수가 수감되어 있는데 이들은 유엔이 반인류적 범죄라고 규정하고 있는 열악한 환경 속에서 생활하고 있다. 1998년 이후에는 주민 3만 명 이상이 중국이나 러시아를 통해 북한을 탈출했는데 이들 중 대부분이 남한으로 향했다.

주변 국가들과의 외교 행보

국제적인 측면에서는 핵무기를 활용한 전략 이외에도 북한은 적국을 교란시키고 자금을 강탈하기 위해 사이버 공격을 일삼고 있다. 2016년 방글라데시 중앙은행 해킹 사건이나 2017년 150개 국에서 약 30만 대의 컴퓨터를 감염시킨 워너크라이 랜섬웨어 사건도 북한이 벌인 것이다. 남한 통일연구원 전문가들에 따르면 북한 정권에 소속되어 일하고 있는 해커의 수는 1,700명에 달하며 이들 중 일부는 해외에 본거지를 두고 있다.

김정은은 2018년 이후 주변 국가의 지도자들과 외교적 관계를 맺고 있다. 블라디미르 푸틴 러시아 대통령, 시진핑 중국 국가주석, 그리고 남한의 문재인 대통령 등과 회담을 갖는 등 외교적 행보를 취하고 있다. 김정은은 존경받는 지도자처럼 대우받기 위해 노력했다. 즉 강대국에게 모욕받는 것을 거부한 것이다. 이는 북한 국민의 정신에서 가장 중요한 요소다.

한편 러시아와의 관계는 개선되었다. 블라디미르 푸틴은 과거 소련 시대로 거슬러 올라가는 북한의 채무를 탕감해 주었고, 북한은 해상 항로를 통해 블라디보스토크로 연결되는 나진항에 러시아가 접근할 수 있도록 해주었다. 하지만 적어도 코로나19 감염병 이전까지 북한이 다른 어느 국가보다도 밀접한 관계를 맺고 있었던 곳은 동맹인 공산주의 국가 중국이다. 북한은 중국에 원자재, 특히 700개 광산에서 채굴한 석탄, 아연, 마그네슘, 철을 수출한다. 여기에는 그 가치가 수십억 유로로 추정되며 여러 국가가 탐내고 있는 희토류도 포함된다. 그 대신 중국은 북한에 식량과 석유를 제공한다.

남한과는 2018년 남북한 정상 간의 회담

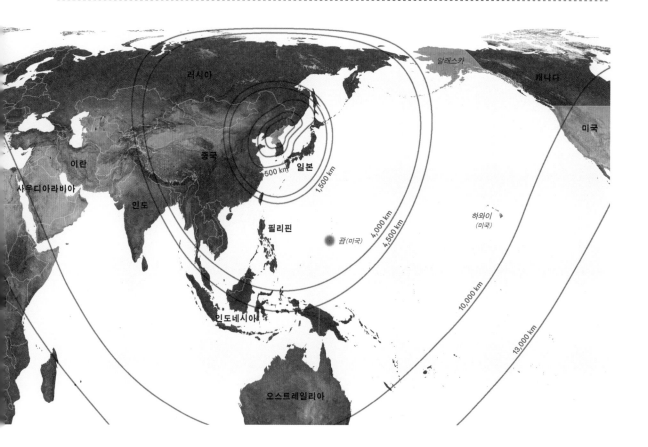

전면적인 위험

북한은 2017년 봄부터 수십 차례에 걸쳐 탄도미사일을 발사했다. 이 중거리 미사일은 일본과 괌에 있는 미군 기지에도 다다를 수 있을 정도다. 화성-14호와 같은 장거리 미사일의 경우 이론적으로는 미국에까지, 핵탄두의 소형화에 성공한다면 유럽에도 다다를 수 있다.

과 여러 번의 만남이 이루어졌다. 여기에 매우 상징적인 사건 하나가 더해진다. 바로 평창에서 개최된 동계올림픽 당시 남북한 선수들이 공동 입장한 것이다. 하지만 갈등은 여전히 남아 있다. 2020년 6월 개성의 남북공동연락사무소가 폭파되면서 2년간의 남북한 화해를 향한 희망이 깨지고 말았다.

일본과의 관계는 1970년대 북한의 일본인 납치 사건과 일본 영토 상공이나 근방으로 북한이 미사일을 발사하면서 여전히 안 좋은 상황이다. 반면 미국과의 관계는 2018년부터 도널드 트럼프 덕분에 조금은 나아졌다. 국제적 경제 제재라는 짐을 벗어내고자 김정은은 미국과 한반도 비핵화에 관한 협상을 시도하기도 했지만 끝내 합의에 도달하지는 못했다.

북한은
핵무기를 포기할 수 있을까?

결국 트럼프의 위험한 외교정책은 결실을 맺지 못했다. 트럼프가 북한의 비핵화를 이끌어내지는 못했지만 미국은 핵위험을 최소화하기 위해 노력해야 한다. 왜냐하면 북한 주민들이 치러낸 희생, 군사력, 지속적인 선동에 의해 유지된 맹렬한 민족주의, 주민에 대한 완전한 통제 등으로 미루어 짐작건대, 북한이 마침내 국제적 각축장에 자신들의 자리를 마련해준, 전 지구를 두려움에 떨게 만든 핵무기를 즉각 포기할 리 없기 때문이다.

코즈웨이 베이

이곳은 19세기에 최초의 영국 상인들이 정착했던 곳으로, 현재는 홍콩의 주요 상업 중심지 중 한 곳이며 세계에서 가장 땅값이 비싼 코즈웨이 베이다. 홍콩에 거주하는 모든 사람들은 코즈웨이 베이를 알고 있을 것이다.

위의 사진처럼 분주한 이 나라는 중국의 억압에 맞서 어쩌면 최후의 저항을 펼치고 있는 것인지도 모를 자본주의 국가 홍콩이다.

2020년 5월 중국 전국인민대표대회에서 통과된 홍콩 국가보안법에 의해 중국의 비밀경찰이 홍콩에 진출했는데, 이는 영국이 홍콩을 중국에 반환했을 당시 채택한 '일국양제(하나의 국가에 두 개의 체제를 허용)' 상태가 사실상 끝났음을 상징한다.

홍콩이 아직 완전히 중국의 도시가 되지 않은 이유는 홍콩의 민주화 시위 기세가 여전히 꺾일 기미를 보이지 않기 때문이다. 중국 정부에 반대하는 것처럼 보이는 사람은 그가 누구든 체포되고 공격을 당했으며, 그에 따라 시위의 양상은 1990년 이후 매년 코즈웨이 베이의 동일한 장소에서 열려왔던 천안문 사태 추모 촛불 시위와는 전혀 다른 양상을 띠게 되었다. 천안문 사태 추모 시위는 2020년에 처음으로 금지되었는데 당시 공식적인 이유는 코로나19 감염병과 관련한 조치 때문이었다. 그럼에도 수만 명의 사람들이 모였는데 주최자들은 거의 입건되었다. 게다가 2022년 7월 홍콩 반환 25주년을 맞아 시진핑 국가주석은 홍콩 행정부 수반에 캐리 람보다 더 중국에 복종적인 존 리를 앉혔다.

서구 민주주의 진영의 반응은 조금도 개의치 않고 어디까지 갈 수 있는지 시험하고 있는 중국의 새로운 영토 확장주의의 상징이 된 홍콩을 면밀히 주시하고 있는 또 다른 섬이 있다. 바로 대만이다. 반항적인 '작은 중국' 대만은 비상한 경제 성장, 코로나19 감염병에 대한 훌륭한 대처와 관리, 그리고 뚜렷한 정치적 정체성으로 무장한 채 여전히 중국이라는 거인에 저항하고 있다. 대만의 또 다른 중요한 무기도 빼놓을 수 없다. 바로 반도체 생산이다. 반도체는 AI, 5G 기술혁명 등을 위해 반드시 필요한 것으로, 중국과 미국은 이를 두고 치열한 경쟁을 펼치고 있다.

결론적으로 말하면 대만은 여전히 중국에 '맞서고' 있는 중이고, 홍콩은 '굴복하고' 있는 중이다. 그 결과 코로나19 팬데믹 당시 중국이 엄격한 도시 봉쇄 정책을 시행한 것을 목격한 수많은 외국인들은 중국의 통치 아래 놓이지 않기 위해 홍콩을 떠나고 있다.

홍콩:
중국에게 경제는 밀리고, 정치는 굴복 중이다

무역과 금융의 중심

150년에 걸친 영국의 식민 지배 이후 1997년 7월 1일 중국에 반환된 홍콩은 마카오와 같은 자격으로 중화인민공화국의 특별행정구에 속하게 되었다. 세계 7위에 오른 컨테이너항, 화물 운송량으로는 세계 최대인 국제공항, 그리고 수많은 다국적 기업들의 지사가 위치한 비즈니스 지구 덕분에 홍콩은 세계적인 무역 중심지 중 하나로 거듭났다.

하지만 뉴욕, 런던 다음으로 세계 3위의 금융 중심지이지만 홍콩 은행들의 불투명성은 주기적으로 비판의 대상이 되고 있다. 실제로 홍콩으로 향하는 해외 투자금의 주요 출처는 대표적인 조세 피난처인 케이맨 제도(카리브해에 있는 영국령 제도)와 버진 아일랜드다.

어쨌든 역동적인 경제 성장의 결과로 홍콩의 1인당 GDP는 30년 동안 15배나 껑충 뛰었고 홍콩 국민은 영국, 대만 혹은 한국의 국민보다 더 부유해졌다. 도시국가인 홍콩의 매력을 보여주는 또 다른 요인으로는 2018년 기준 국민의 7%에 달하는 외국인을 들 수 있다. 이들 대다수는 인도네시아, 필리핀, 인도뿐 아니라 영국, 오스트레일리아, 프랑스 출신이다.

자본주의의 전시장

싱가포르, 뭄바이, 아덴 또는 포트사이드와 마찬가지로 홍콩은 지리적 위치 때문에 영국과 동방과의 교역을 잇는 필수적인 연결고리가 되었고, 과거에는 어선들의 작은 정박지이자 해적들의 항구에 불과했던 곳에서 오늘날에는 세계 무역의 주요 핵심지로 거듭났다.

하지만 영국 식민지인 홍콩의 중요성이 커진 것은 1949년 공산주의자 마오쩌둥이 집권하면서부터였다.

상하이와 광저우 비즈니스의 주요 활동지가 홍콩으로 옮겨가면서 홍콩은 1950년대부터 공산주의 국가인 중국과 맞서는 자본주의의 전시장이자 중국과 서양 간 교역의 접점이 되었다. 비공산주의 국가와 중국

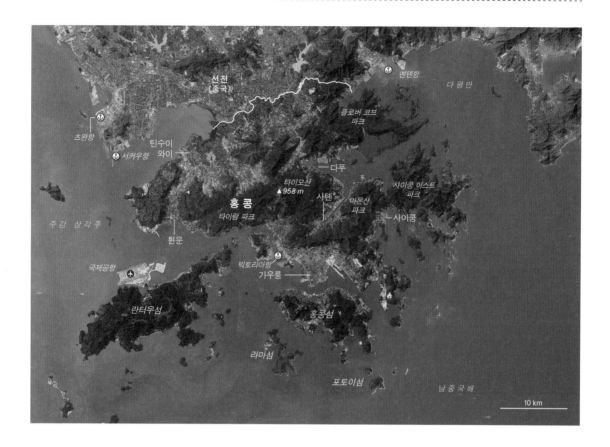

사이의 교역은 홍콩에서 환적 과정(선박의 화물을 바로 목적지로 보내지 않고 다른 선박에 옮겨 싣는 것)을 거치고, 해외에 나가 있는 중국인이 모국으로 송금하는 것도 바로 이곳을 통해 이루어졌다. 바로 이러한 역할이 홍콩의 경제 발전에 기여했다.

그와 동시에 1960-70년대부터 발전한 섬유 산업과, 풍부한 노동력 덕분에 수출품의 가격을 저렴하게 책정할 수 있었던 전자 산업 또한 홍콩의 경제 성장을 이끌었다. 이외에도 매년 10만 명의 중국 농민들이 빈곤을 피해 홍콩으로 유입되었다. 1945년부터 1980년 사이 홍콩의 인구는 60만 명에서 5백만 명으로 여덟 배 가까이 증가했다. 수출에 바탕을 둔 경제 모델 덕분에 홍콩은 한국, 대만, 싱가포르와 함께 '아시아의 네 마리 용' 중 하나가 될 수 있었고 저개발국에서 벗어나 서유럽과 같은 경제 수준에 도달하게 되었다.

하나의 국가, 두 개의 체제

1978년, 마오쩌둥 사망 이후 덩샤오핑이 이끄는 중국이 시장경제 체제로 전환하자 홍콩의 기업가들은 중국에 수천억 달러에 달하는 노하우와 자본을 제공하면서 중국 경제의 도약은 물론 주강 삼각주 지역에서 수천 개의 기업이 설립되는 데 도움을 주었다. 이에 공산당과 중국군은 시장경제 정책을 지지하는 대가로 덩샤오핑이 대만, 마카오, 홍콩이라는 '잃어버린 중국'의 지방들을 잊지 않기를 기대했다.

작지만 전략적인 영토

홍콩의 영토는 200여 개의 크고 작은 섬으로 구성된 군도에 속한다. 국토의 4분의 3은 산악 지형이기 때문에 무언가를 건설하기가 어렵다. 따라서 730만 명의 인구가 280제곱킬로미터의 면적에 집중적으로 분포하고 있어 홍콩을 세계에서 가장 인구 밀도가 높은 도시 중 하나로 만들고 있다. 그 결과 1제곱킬로미터당 평균 2만 7천 명의 인구가 밀집되어 있으며 초고층 건물의 수도 비할 데 없이 많다. 이러니 홍콩이 세계에서 가장 주거비가 비싼 도시라는 사실이 놀랍지도 않다.

1984년 2년에 걸친 협상 끝에 마거릿 대처 영국 총리는 중국에 홍콩 통치권을 돌려주는 대신 조건을 내걸었다. 홍콩이 1997년 중국으로 반환된 이후 '최소 50년 동안 자유주의 정치 체제를 지닌 자본주의 경제 체제'를 유지할 수 있어야 한다는 것이었다. '일국양제'라는 유명한 표현이 바로 여기서 탄생했다. 중국과 영국의 협상에 따라 홍콩은 '절반의 민주주의'를 누리게 되었다.

홍콩의 법률은 70인으로 구성된 입법회에서 제정하는데 그중 35인은 보통선거로 선출된다. 하지만 행정부의 수장은 1,200명으로 구성된 선거위원회에서 선출하는데 친중 성향의 재계 출신이 위원회의 다수를 차지한다.

중국에게
경제적 우위마저 상실

중국으로 반환된 지 20년이 넘도록 홍콩은 주기적으로 시위로 인해 혼란에 빠졌다. 대학생들과 중산층이 민주주의 확대를 요구하고 중국의 간섭을 거부하기 시작한 것이다. 다만 2019년 홍콩의 상황은 1978년의 상황과는 달랐다. 이제 중국의 경제력은 더는 공산주의 중국을 멀리할 수 없게 만들었다. 홍콩인들은 중국에 대해 경제적 우위마저 상실했다. 세계화된 자본주의 체제가 중국 전역을 휩쓸면서 중국의 도시들이 홍콩과 대등한 경제력을 가지게 된 것이다. 예를 들면 2015년에는 홍콩과 이웃한 중국의 선전항이 홍콩항의 화물 적재량을 뛰어넘었다. 2016년에는 중국 선전증권거래소에 상장한 기업들의 시가총액이 홍콩의 약

두 배에 달했다. 10년 동안 두 자릿수의 성장률을 보인 선전과 광저우는 오늘날 홍콩보다 더 많은 부를 창출해 내고 있는 반면, 홍콩은 경제적 역동성이 줄어들면서 노후화되고 있다. 또한 선전과 광저우의 생활수준도 홍콩을 따라잡기 직전에 있다. 이러한 상황을 단적으로 보여주는 지표가 있다. 바로 1992년 홍콩의 GDP는 중국의 4분의 1에 달했지만 오늘날에는 겨우 3%에 불과하다.

현재 중국은 7,100만 명의 인구를 가진 주강 삼각주의 거대 도시에 홍콩을 편입시키고자 한다. 스위스만큼 커다란 이 지역은 GDP가 한국이나 스페인 수준에 달하며 미국의 실리콘밸리처럼 신기술을 주도하고 있다. 사실상 중국은 세계의 공장이라는 타이틀을 이미 방글라데시나 베트남에 넘겨주었다.

홍콩인들의 저항운동

홍콩인들, 특히 홍콩인만의 특수한 정체성을 요구하는 젊은 세대들은 홍콩이 시진핑의 독재주의적인 중국에 흡수되는 것을 어떻게 해서든 막아내고자 했다.

2003년에 대규모 시위 형태로 일어난 첫 번째 저항운동은 홍콩 헌법에 영토의 분리독립을 금지하는 조항을 추가하는 것을 가까스로 막아낼 수 있었다. 하지만 2014년에는 이른바 '우산 혁명'이 일어나 상업지구를 점거한 시위자들이 홍콩 행정부의 수장을 완전 직선제로 선출할 것을 요구했지만 끝내 성공에 이르지는 못했다.

2016년에는 중국의 압력으로 독립주의

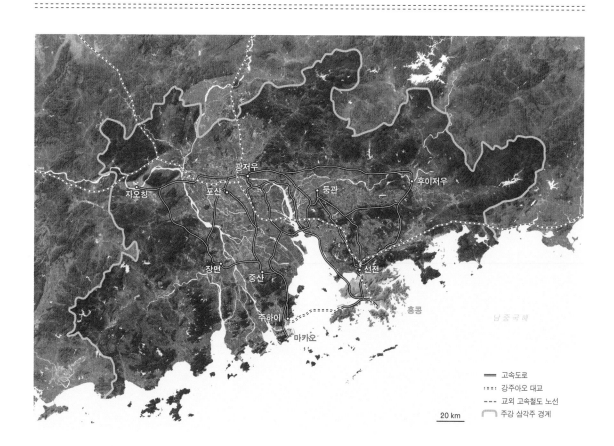

광저우
포산
자오칭
둥관
후이저우
장먼
중산
선전
주하이
홍콩
마카오
남중국해

20 km

━━ 고속도로
∷∷∷ 강주아오 대교
--- 교외 고속철도 노선
⌐ 주강 삼각주 경계

성향을 지닌 입법회 의원들의 자격이 박탈되었다. 또한 홍콩 주재의 진정한 비밀 정부나 다름없는 중국 '연락사무소'는 모든 민주화를 가로막았고, 재계와 가까운 행정부는 양국 경제의 상호의존을 이유로 중국에 호의적인 태도를 보였다.

2020년 6월 말 중국이 '분리 독립, 폭동, 전복, 외부 및 해외 세력과 공모 등의 금지'를 위해 공포한 홍콩 국가보안법은 1년여에 걸친 정치적 위기 이후 중국이 홍콩을 다시금 손에 넣을 수 있는 새로운 단계에 진입했음을 의미한다. 이 국가보안법은 자유, 민주주의, 사법기관의 독립성 등을 훼손하면서 시위를 불러일으켰고 서구 민주주의 국가들도 거센 비판을 했지만 결국 시행되었다.

평범한 중국의 도시?

2017년 7월 홍콩을 방문한 시진핑 국가주석은 7,100만 명의 주민이 거주하는 거대 경제권역인 광둥성·홍콩·마카오를 하나로 묶어 그 지역 발전을 위한 기본협정을 체결했다. 중국은 이 지역을 미국 실리콘밸리에 대적할 만한 기술혁신의 허브로 만들고자 했다. 또한 세 지역을 잇는 세계에서 가장 긴 해상 대교, 홍콩-광저우 간 고속열차, 그리고 이 지역 간 고속도로를 건설해 홍콩을 중국에 단단히 묶어두고자 했다.

대만은 제2의 우크라이나가 될 것인가?

1997년 홍콩 반환과 2020년 홍콩 국가보안법 도입 이후 중국의 다음 타깃은 '또 다른 중국'인 대만이 되었다.

2019년 1월 초 마오쩌둥의 '대만 동포에게 고하는 글' 발표 40주년 기념행사에서 시진핑 국가주석은 대만과 중화인민공화국을 통일하겠다는 자신의 목표를 발표하며 필요하다면 무력 사용도 불사하겠다고 언급했다. 중국은 언제나 대만을 자국 영토의 일부라고 주장해 왔지만 지금까지 영유권 회복을 위해 대놓고 전쟁 가능성을 언급한 적은 단 한 번도 없었다. 따라서 시진핑의 이 담화는 독립을 지지하는 차이잉원 대만 총통과 대만의 주요 군사 동맹국인 미국의 분노를 불러일으켰다.

중국 본토 해안에서 200킬로미터 떨어진 곳에 위치한 대만은 중국해의 중심부에 자리한 전략적 위치 때문에 오랫동안 여러 국가가 노려 왔다. 대만은 16세기에 이 지역을 방문한 포르투갈인들에 의해 포모사('아름다운'이라는 뜻)라는 이름이 붙었으며 이후 17세기에는 네덜란드의 식민 지배를 받았다. 역사적으로 인구 대다수는 중국인(푸젠성과 광둥성 출신)이었으며 1683년에 청나라가 점령하게 된다. 하지만 일본과의 전쟁에서 청나라가 패하면서 1895년에 일본에 할양되었다. 이후 1945년에 다시 중국에 이양되었다.

하지만 장제스의 민족주의 세력과 마오쩌둥의 공산주의 세력 간에 내전이 발발하게 되었고 그 결과 1949년 10월 마오쩌둥이 승리하며 중화인민공화국 수립을 공식 선언하자 장제스는 대만으로 망명하게 된다. 대만 정부는 1970년대 초 미국이 중화인민공화국 정부를 인정하기 전까지 전 세계 대다수 국가들에게 중국을 대표하는 합법적이고 유일한 정부였다. 하지만 이후 대만은 유엔안전보장이사회 상임이사국 지위마저 중화인민공화국에 넘겨주어야 했다.

2000년대부터 대만과 중국과의 관계는 경제적으로는 강화된 반면 대만에서 독립주의 정당들이 차례로 집권하면서 주기적으로 두 나라 사이에 갈등이 빚어졌다. 하지만 갈등을 더욱 키운 것은 시진핑이 국제무대에서 중국의 힘을 표명하면서부터였다. 그리고 대만은 시진핑에게는 핵심 쟁점 지역으로 떠올랐다. 미중 관계 악화, 대만 해협에서 중국의 군사적 위협 행위, 그리고 홍콩에 대한 탄압 등은 대만과, 1979년 대만관계법 이후 대만의 안보를 책임지고 있는 동맹국 미국을 더욱 자극했다. 이 일련의 사태들은 대만과 미국 두 나라의 관계가 강화되는 데 일조했다. 심지어 2020년 7월 대만 정부는 자국에 정착하길 원하는 홍콩 주민들을 수용하겠다는 의사를 표명하기도 했다. 또한 대만은 반도체 세계 최대 생산국으로 미국과 중국이 뛰어들고 있는 기술 전쟁의 최전선에 있다.

러시아-우크라이나 전쟁 상황 속에서 일부 전문가들은 '중국과 대만', '러시아와 우크라이나'의 관계를 서로 비교하기도 한다. 중국 역시, 자신들의 표현에 따르면 '서구의 포위'에 맞서 영토의 주권을 수호해야 한다고 강조하고 있다. 여기에 더해 2022년 8월 미국 하원 의장 낸시 펠로시의 대만 방문은 중국의 대대적인 군사 훈련을 촉발시켰는데 이는 대만은 물론 미국과도 상당한 긴장을 불러일으켰다. 이처럼 대만을 포기하지 않겠다는 시진핑의 공공연한 야심은 현상 유지(독립도, 합병도 아닌)가 종말을 고하게 될 거라는 우려를 낳고 있다.

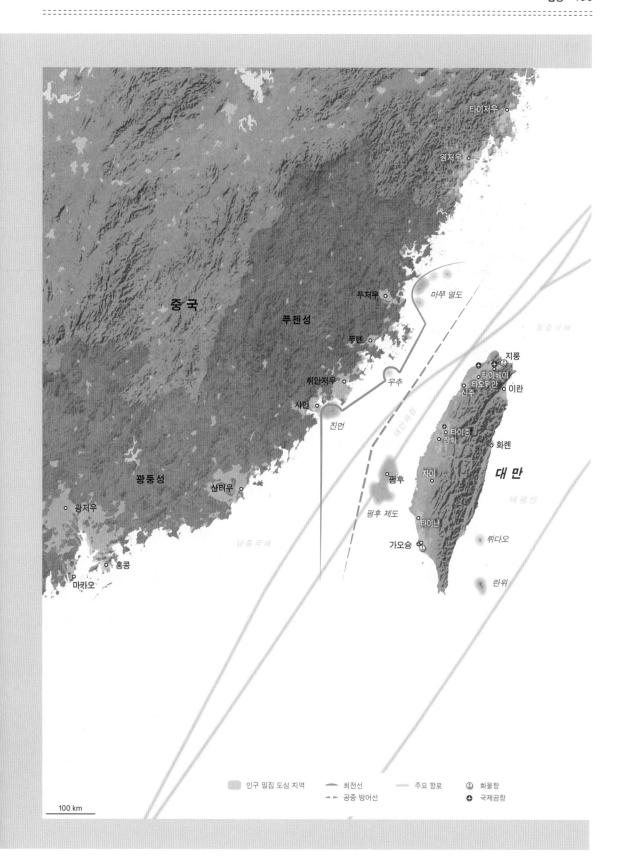

중국

푸젠성

광동성

타이저우

원저우

푸저우

마쭈 열도

푸톈

취안저우

우추

샤먼

진먼

대만해협

지룽

타이베이

타오위안

신주

이란

동중국해

타이중

장화

화롄

자이

평후

대 만

평후 제도

타이난

가오슝

뤼다오

태평양

란위

산터우

광저우

홍콩

마카오

남중국해

| 인구 밀집 도심 지역 | 최전선 | 주요 항로 | 화물항 |
| 공중 방어선 | | 국제공항 |

100 km

타지마할

사랑하는 아내의 죽음 이후 비탄에 빠진 무굴제국의 황제가 하얀 대리석으로 만든 웅장한 이 타지마할을 모르는 사람은 없을 것이다. 뉴델리에서 200킬로미터 떨어진 곳에 위치한 타지마할은 유네스코 세계문화유산으로도 등재된, 세계에서 가장 유명한 건축물 중 하나로 팬데믹 기간을 제외하면 연간 수백만 명의 관광객이 찾아오는 명소다. 하지만 세계 6위의 경제대국인 인도의 집권 세력이 돌에 새겨진 코란 글귀와 아름다운 첨탑을 가진 '이슬람 예술'의 보배인 이 타지마할을 끔찍이도 싫어한다는 사실을 알고 있는 사람은 그리 많지 않다.

힌두교 신자인 모디 총리와 인도인민당(BJP)이 집권하고 있는 인도에서 타지마할은 힌두교 문화를 대표하는 유산이 아니다. 오늘날 인도의 '힌두교 정권'은 진정한 역사를 다시 쟁취하고자 한다. 하지만 인구 구성 측면에서 볼 때 인도는 세계에서 세 번째로 무슬림 인구(2억 명)가 많은 국가다. 2017년 말 인도 관광부는 타지마할을 관광책자에서 삭제했지만 이는 아주 잠깐 동안에 그쳤다. 그로 인한 관광 수입의 감소가 막대했던 탓이

다. 2018년 3월 마크롱 프랑스 대통령과 영부인이 타지마할을 방문한 것도 공식 일정이 아닌 사적인 방문에 속했다. 인도는 견제와 균형, 자유를 존중하지 않고 무슬림과 소수민족을 희생시키면서 통치하고 있다.

하지만 서구 민주주의 국가들에게 '세계에서 가장 큰 민주주의 국가'인 인도와의 관계를 단절하기란 매우 어려운 일이다. 인도는 공격적인 중국에 대항하는 서구와의 동맹을 기꺼이 환영했다. 그러면서도 동시에 모디 총리는 여전히 서구의 방침을 따르지 않고 '비동맹주의'를 채택했다. 그렇게 모디 총리는 러시아의 우크라이나 침공을 비난하지 않고 단지 '우려'를 표명하는 것에 그쳤다. 하지만 러시아가 전쟁 이후 인도에 무기와 에너지를 싼값에 공급하고 있으며, 인도 또한 세계 곡물 시장에서 밀 부족을 자국산 밀로 상쇄하려 했다는 사실은 반드시 짚어봐야 할 필요가 있다. 그러나 2022년 5월 역사적인 가뭄으로 인해 모디 총리는 이 계획을 수정해야 했다.

인도:
세계적 강국이 되지 못하고
지역 강국에 머물다

극심한 불평등의 경제대국

중국과 마찬가지로 인도는 2020년 기준 13억 명으로 추정되는 거대한 인구를 보유한 국가로, 인구수로는 세계 2위지만 국토 면적은 중국의 3분의 1(330만 제곱킬로미터)에 해당된다. 또한 세계에서 인구밀도가 가장 높은 나라 중 하나로, 유럽연합보다 훨씬 좁은 영토에 세 배 이상의 인구가 살고 있는 셈이다. 게다가 66%의 인도인들은 여전히 농촌 지역에 살고 있다.

그러나 인도는 지난 20년 동안 특히 정보통신, 바이오기술, 복제약 생산 등에서 세계 최상위를 차지하는 등 경제대국으로 떠올랐다. 구매력 평가 지수 기반 GDP로는 세계의 6.7%를 차지해 중국과 미국 다음으로, 그리고 일본보다는 앞선 세계 3위를 기록했다. 하지만 2010년부터 2019년까지 10년 동안 평균 7%의 높은 경제성장률을 보였음에도 세계에서 불평등이 가장 심한 나라 중 하나가 되었다. 불평등과 빈곤 퇴치를 위한 비정부기구인 옥스팜(Oxfam)에 따르면, 인도는 상위 1% 인구가 국가 전체 부의 42.5%를 독점하고 있다. 즉 인도는 비약적인 경제 성장을 보였지만 인도인 5명 중 1명은 아직도 빈곤층에 속한다. 특히 농촌 지역은 극심한 빈곤 상태에 처해 있다. 이 밖에도 코로나19 감염병으로 실업률이 가파르게 증가했으며 도시의 고학력 청년들의 실업률 또한 높다.

이러한 사회적 불평등은 비록 공식적으로는 금지되어 있지만 계속해서 인도 사회를 계층화하고 있는 카스트 제도에 깊이 뿌리를 두고 있다. 브라만(성직자)은 카스트 제도의 가장 상위권에 있으며 수드라(천민)는 하위권에 속해 있다. 달리트는 가장 불결한 활동을 수행하기 때문에 '불가촉천민'이라고 불리며 카스트 제도 밖에 위치한다.

오늘날 교육, 의료, 식수, 전기에 대한 접근성은 인권과 민주주의에 대한 존중과 마찬가지로 많은 인도인들에게 매우 중요한 사안으로 떠올랐다.

인도 아대륙의 중심

남아시아에 위치한 인도는 인도양에 접해 있는 거대한 반도 국가다. 북쪽으로는 히말라야 산맥이 중국과 국경을 이루고 있으며 그로부터 인더스강, 갠지스강, 브라마푸트르강이 뻗어 나온다. 이 세 강은 수도인 뉴델리와 함께 이 나라의 역사적 중심지인 인도-갠지스 평원을 형성하고 있다. 평원의 동쪽 끝에는 세계에서 가장 커다란 삼각주가 있다. 남쪽으로는 데칸 고원이 뒤덮고 있고 7천 킬로미터에 달한 긴 해안지대와 함께 바다가 펼쳐져 있다.

무슬림에 대한 차별

다양한 문화와 종교를 가진 인도는 1947년에 독립한 법치주의에 기반한 의회 민주주의 국가다. 인도의 헌법은 종교의 차별 없이 모든 시민의 평등과 양심의 자유를 보장한다. 1976년 헌법 서문에 추가된 세속주의 원칙에 따라 모든 종교는 평등하게 인정받고 대우받는다.

하지만 2014년부터 극단적 힌두교 민족주의자이며 힌두교가 다른 종교보다 우월하다고 믿는 모디 총리가 인도를 통치하게 되었다. 모디는 파키스탄과의 국경지대에 위치한 부유한 구자라트주의 총리로 정치 인생을 시작했다. 2001년부터 2014년까지 이 지역을 자신이 속한 인도인민당이 수호하는 힌두교 우월주의 이념인 힌두트바(Hindutva)를 접목시키는 일종의 실험실로 이용했다. 2014년 총선 때는 경제 개혁을 공약으로 내세우면서 대승을 거두었다.

2019년 재임에 성공한 모디 총리는 그때부터 국가 차원에서, 동시에 인도인민당이 집권하는 주에서 무슬림에 대한 조직적인 차별 정책을 시행했다. 소 도축을 범죄화하고 이웃 국가에서 이주한 무슬림에게 인도 국적을 금지하는 법이 대표적인 예다. 또한 인도인민당은 우타프라데시주의 아요디아에서 1992년 힌두교 민족주의 세력이 파괴한 모스크(이슬람교 예배당) 자리에 힌두교 사원을 건설하는 것을 허용하면서 전국적으로 여러 공동체 사이에 폭력사태를 불러일으켰다. 2024년 1월 모디 총리는 아요디

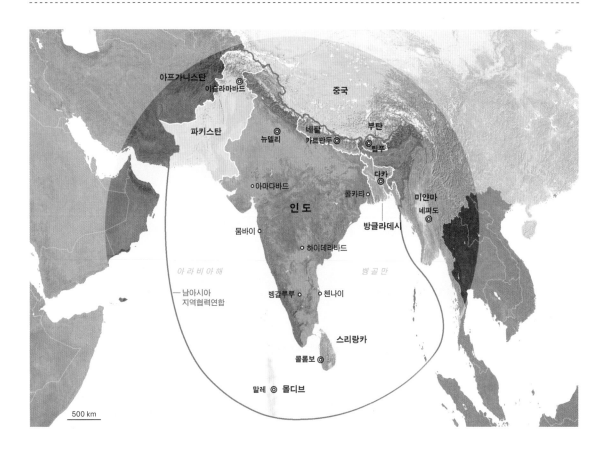

아의 힌두교 사원 봉헌식에 직접 참여했다.

인도에서 유일하게 무슬림 인구가 대다수를 차지하고 있는 잠무카슈미르주는 헌법이 부여한 특별 자치권을 2019년 8월 갑작스럽게 박탈당했다. 이 지역은 인도, 파키스탄, 중국이 영유권을 다투고 있는 국경지대로, 이에 따라 인도령 카슈미르는 라다크와 잠무카슈미르라는 두 지역으로 분할되었고 이들 지역은 인도 정부의 직접적인 통치하에 놓이게 되었다.

첫 번째 권역: 이웃 국가들

국제무대에서 인도는 힘을 다지기 위해 '3단계 지정학적 전략'을 통해 전방위적인 행보를 보이고 있다. 파키스탄, 중국, 스리랑카를 포함한 직접적인 이웃 국가들이 인도의 첫 번째 지정학적 권역에 속한다. 이 지역에서 중국이 차지하고 있는 커다란 비중에도 불구하고 인도는 독립 이후 언제나 인구수나 경제적, 영토적 측면에서 영향력을 활용하여 지역 강국으로 부상하고자 했다. 그리하여 1985년 이웃 국가들과 함께 '남아시아지역협력연합(SAARC)'을 결성했다. 하지만 덩치가 작은 이웃 국가들이 재빨리 인도의 패권주의를 비난하고 나섰으며, 특히 과거부터 이어져온 특정 갈등들이 여전히 존재하고 있는 탓에 이 연합체의 진행은 순탄치 못했다.

역사적으로 적국인 파키스탄과의 관계가 그 단적인 예다. 1947년 인도제국이 분할되면서 새롭게 탄생한 인도와 파키스탄은 종

이웃 국가, 인도의 첫 번째 지정학적 권역

인도와 인접한 여덟 개 이웃 국가는 인도의 첫 번째 지정학적 권역에 해당한다. 하지만 전반적으로 해당 지역에서 대다수 국가들과의 관계는 파키스탄과의 관계에서도 그렇듯, 역사적인 이유와 몸집이 작은 국가들이 종종 패권주의로 여기는 인도의 정책 때문에 복잡하기만 하다.

교(힌두교와 이슬람교)에 따라 영토와 인구가 분배되고 나뉘게 되었다. 파키스탄은 지금의 방글라데시인 동부와 서부 지역을 포함했다. 인도-파키스탄 분할로 발생한 수백만 명의 강제 이주, 수십만 명의 사망, 여러 공동체들 간의 폭력 등으로 두 국가 사이에는 적개심이 폭증했다. 그리고 그들 사이에는 네 번의 분쟁이 일어나는데 그중 두 번은 카슈미르 지역의 영유권 분쟁(첫 번째는 1947-1948년, 두 번째는 1965년) 때문이었고, 세 번째는 인도가 오늘날의 방글라데시가 된 동파키스탄의 분리 독립을 지지하면서 1971년에 일어난 분쟁이며, 네 번째는 1999년 파키스탄이 인도의 카르길을 침공하면서 일어난 분쟁이다.

상호 억제를 위해 두 국가는 1998년 핵무기를 보유하게 되었지만 그럼에도 2001년부터 2008년 사이 분쟁이 악화되는 것을 막지는 못했다. 당시 인도는 자국 영토로 침입한 파키스탄 이슬람주의 세력의 테러 공격을 받았다. 그 이후로 관계 정상화를 위한 수많은 시도는 모두 실패로 돌아갔고 갈등은 언제라도 격화될 지경에 놓였다. 2019년 모디 총리가 70년간 지배하고 있던 인도령 카슈미르 지역의 자치권에 문제를 제기하며 박탈한 것이 이러한 상황을 잘 드러낸다. 이 같은 결정은 파키스탄과의 갈등에 다시 불을 지폈다. 이 상황에서 아프가니스탄은 매우 전략적인 열쇠로 부상했다.

방글라데시와의 관계 역시 까다롭다. 인도는 방글라데시가 자국의 편에 서지 않는 것을 비난했고, 중국과의 가까운 관계, 그리고 인도 북동부 지역, 특히 아삼 지역의 분리 독립에 대한 방글라데시의 지지를 매우 언짢게 여기고 있다. 또한 방글라데시와 접하고 있는 4천 킬로미터 이상의 긴 국경 지대를 보다 엄격히 통제하기 위해 주기적으로 방글라데시에 경고를 보내고 있다. 하지만 감시가 소홀해지면서 방글라데시 출신 불법 이주민 2천만 명이 인도에, 그중 6백만 명은 아삼 지역에 거주하고 있는 것으로 추정된다. 이에 1993년부터 2013년까지 인도는 3,200킬로미터에 걸쳐 철조망이 쳐진 장벽을 세우고 불법 이주를 막고자 했다. 결국 2015년 인도와 방글라데시는 두 국가 사이에 있는 수백 개의 고립 지역에 대한 문제를 해결하기 위해 협정을 맺기에 이른다.

네팔과 부탄과의 관계는 역사적으로 끈끈했지만 오늘날에는 중국의 견제를 받고 있다.

두 번째 권역: 인도양

두 번째 권역 내에서도 인도는 중국과의 경쟁을 고려해야 한다. 인도가 자국의 전통적인 세력권으로 여기는 인도양에서 스리랑카와 몰디브는 중국과 가까워지기 위해 인도를 외면하고 있다. 하지만 이 해상 지역을 장악하기 위해 인도는 인접 국가들과 함께 지역 협력 촉진이라는 명분을 내걸어 1997년에 '환인도양연합(IORA)'을 창설했다. 세계 해상 항로의 교차점인 인도양이 현 상황에서 미국의 대양이 될지는 아직 두고 봐야 할 문제다.

지부티, 걸프만 국가들, 그리고 싱가포르에 군사기지를 둔 미국은 인도양의 주요 해협에 대한 접근을 통제하고 있다. 미국

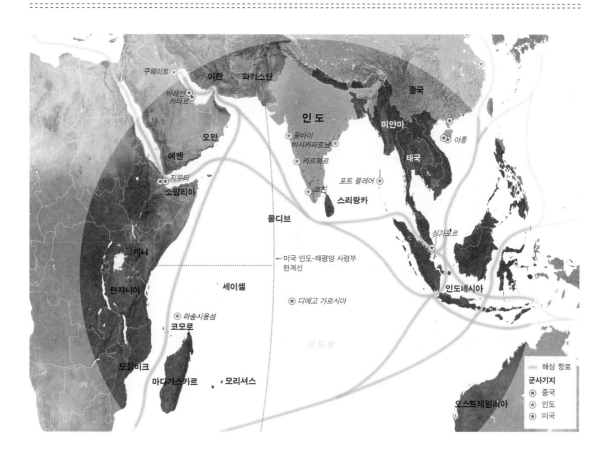

은 남인도양에 있는 영국령 디에고 가르시아 섬에 자리 잡은 거대한 해군기지 덕분에 이 드넓은 해양 지역을 감시할 수 있다. 하지만 미국이 이곳의 유일한 세력은 아니다. 중국 역시 이곳에서 세력을 확장하고 있으며 인도에 맞서기 위해 노력하고 있다. 인도양 주변에 군사기지를 설치하려는 중국의 '진주 목걸이 전략'(인도양 전체 무역항들을 연결해 세력을 확장하려는 중국의 전략)과 일대일로 계획을 인도는 자국에 대한 포위 정책으로 여기고 있다.

인도는 자국 무역의 90%, 그중에서도 특히 탄화수소가 경유하는 해상 교역로의 안전을 확보한다는 목표로 해군력을 강화하면서 중국에 대응했다. 이를 위해 말라카 해협으로 향하는 해로를 감시하기 위해 래

카다이브 제도와 안다만 니코바르 제도를 활용하고 있다. 또한 점진적으로 몰디브, 세이셸, 모리셔스 섬 간의 해양 안보를 확보하기 위해 세이셸에 공군 및 해군기지를 건설하고 있지만 그것만으로는 인도양 전체를 통제할 수는 없다.

냉전이 종식된 이후 인도는 동남아시아 국가들과 함께 '룩 이스트(Look East)'라는 이름의 동방 정책을 출범시켰고 그 덕에 아세안 국가들과 가까워질 수 있었다. 아세안의 몇몇 국가들은 인도와 마찬가지로 중국의 부상을 우려하고 있었다. 그리고 이제 인도는 일본이라는 카드를 꺼내들었다. 중국의 일대일로 프로젝트에 대한 반격으로 인도와 일본은 '자유 회랑'이라는 이름의 대안 정책을 시행했다. 바로 이 아시아-

인도양, 두 번째 지정학적 권역

역사적으로 인도는 인도양을 늘 자국의 해역으로 여겨왔다. 오늘날 인도는 부상하고 있는 중국에 맞서 인도양에서 해군력을 강화하고자 한다. 하지만 혼자서는 인도양 전체를 통제할 수 없다. 따라서 미국, 프랑스, 태국, 인도네시아 또는 아프리카 일부 국가들과 협력하고 있다. 이 지역에서 중국의 세력 확장에 직면한 미 행정부는 인도-태평양 구상을 미국의 안보 전략에 포함시키기도 했다.

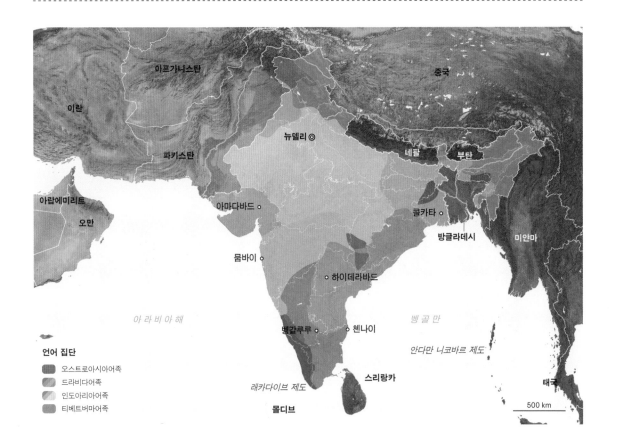

언어 집단

- 오스트로아시아어족
- 드라비다어족
- 인도아리아어족
- 티베트버마어족

인도의 다양한 언어와 종교

인도에서는 1,600개 이상의 구어(口語)가 사용되고 있다. 그중 가장 널리 분포된 것은 힌디어로, 열 명 중 네 명 이상이 사용하며 영어와 함께 인도의 공용어로 쓰인다. 또한 인도는 다양한 종교를 가지고 있다. 80%의 인도인이 힌두교인이며 15%는 무슬림이다. 이로 인해 인도네시아와 파키스탄의 뒤를 이어 세계에서 세 번째로 많은 무슬림이 사는 국가가 되었다.

아프리카 성장 회랑을 기반으로 인도는 스스로 해당 지역의 초석이 되고자 한다. 이처럼 인도와 일본은 군사적, 경제적 협력을 펼치고 있다.

세 번째 권역: 세계

유엔 회원국으로서 인도는 1950년대 이후부터 유엔의 수많은 활동에 참여해 왔는데 그중에서도 특히 아프리카에서의 평화유지군 활동에도 동참했다. 또한 인도는 중국 역시 소속되어 있는 G20과 브릭스의 회원국이기도 하다. 따라서 중국과는 세계적인 차원에서 경쟁구도가 이어지고 있는 셈이다.

그러나 인도와 중국이 서로 공유하고 있는 이해관계도 존재한다. 우선 인구와 관련한 것이다. 중국과 인도는 세계 인구의 40%와 세계 GDP의 18%를 차지하고 있다. 그 다음으로는 경제적 이해관계다. 20년이 채 안 되는 기간 동안 중국은 인도의 최대 교역 국가로 성장했다. 이러한 상황은 양국의 갈등을 완전히 무마하지는 못했어도 어느 정도 두 국가가 가까워지는 데는 일조했다. 그 결과 2005년 4월 원자바오 중국 총리가 인도를 방문했을 때 인도 정부는 티베트에 대한 중국의 영유권을 인정했고, 중국은 시킴(Sikkim) 지역에 대한 인도의 영유권을 인정했다.

2018년 5월 시진핑과 모디의 만남은 양국의 관계를 더욱 훈훈하게 만들었다. 트럼프의 미국과 한창 무역 전쟁을 벌이고 있던 중국은 전 세계에서 자신들에 대한 지지 세력을 모아야 했고, 모디 총리는 자신이 펼치는 외교정책의 효율성을 당시 유권자들에게 보여줄 필요가 있었기 때문이다.

2017년부터 인도는 중국과 러시아가 설립한 상하이협력기구의 회원국으로 파키스탄과 동시에 가입했다.

하지만 코로나19 감염병으로 중국과의 경쟁구도가 더욱 심화되면서 인도는 미국과의 친화를 위한 정책도 펼치기 시작했다. 중국의 부상 이외에도 인도와 미국은 이슬람 테러 세력과 핵무기와 관련한 공통된 이해관계를 가지고 있으며 인도-파키스탄 갈등으로 인한 불안은 미국의 우려를 자아냈기 때문이다.

인도, 수많은 장점과 커다란 약점

인도는 강대국이 되기 위한 상당한 자원들을 보유하고 있다. 대륙에 비견될 만한 넓은 영토, 세계 1위에 육박하고 있는 인구수, 문화적 유산, 첨단기술, 원자력, 항공 우주기술 등을 보유하고 있으며 엘리트 인재들을 양성해낼 수 있는 능력 또한 가졌다. 게다가 발리우드 영화, 음악, 관광, 힌두교 철학, 요가 등을 통한 문화적 영향력을 행사하고 있으며, 해외 거주 인도인의 수 또한 무려 3,100만 명 이상으로 추정된다. 코로나19 팬데믹 기간 동안에는 '세계의 약국'으로서의 면모도 드러냈다. 백신의 60%와 복제약품의 43%가 인도에서 생산되기 때문이다.

유엔 회원국이자 G20, 브릭스, 상하이협력기구의 일원으로서 국제무대에서도 인도의 존재감은 커지고 있다. 엄청난 인구수를 내세우며 인도는 중국과 같은 자격으로 유엔안전보장이사회의 상임이사국 지위를 요구하고 있다.

이러한 전방위적 외교에도 불구하고 약점 또한 존재한다. 카스트 제도에 불만을 품고 마오쩌둥 사상에서 영감을 받은 인도 내 무장 반군 세력인 낙살라이트가 인도 여러 주들을 위협하고 있다. 2022년 선출된 부족민 출신의 새로운 인도 대통령 드라우파디 무르무의 고향인 북동부 지역에서의 갈등 역시 동일한 양상을 띠고 있다. 여기에 폭력사태를 빚고 있는 종교적 과격화와 극심한 빈곤도 더해진다.

인도가 세계 무역에서 차지하는 비중은 여전히 낮으며 지역 내 외교적 관계는 파키스탄과의 문제로 인해 오명을 얻었다. 결정적으로 경제적, 전략적 경쟁자인 중국의 지배적인 역할이 인도가 국제적인 세력으로 거듭나는 것을 방해하고 있다. 정치적 목적으로 중국과의 외교적 관계는 가까워졌지만, 인도는 강압적인 중국의 힘을 두려워하고 있으며 중국의 일대일로 계획과도 일정 거리를 두고 있다. 이는 파키스탄을 지나가는 일대일로의 한 구간이 인도가 계속해서 영유권을 주장하고 있는 카슈미르 지역을 통과하고 있기 때문인 것으로 보인다. 또한 인도는 2020년 11월 중국이 세계 최대 자유무역 협정으로 추진한 '역내포괄적경제동반자협정'에 조인

하기를 거부했다. 이 협정의 규모가 세계 GDP의 30%, 세계 인구의 20%에 달하는데도 말이다. 게다가 히말라야 산맥의 아크사이친(중국이 실효 지배하고 있는 카슈미르 지역) 국경 분쟁은 인도와 중국 간의 반복되는 군사적 대립을 야기했고 이에 인도는 중국이 자국 영토를 기습했다고 비난했다.

미래에는 인도가 분명 중요하겠지만 지금으로서는 중국이 세계 6위의 경제대국인 인도보다 상당히 앞서나가 있는 상황이다.

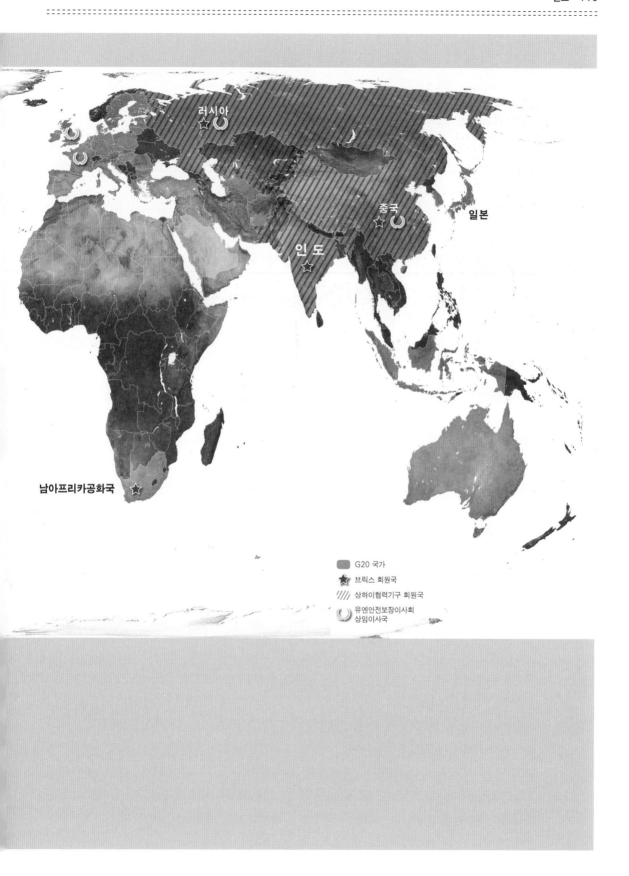

러시아

중국

일본

인도

남아프리카공화국

G20 국가

브릭스 회원국

상하이협력기구 회원국

유엔안전보장이사회
상임이사국

바로사 밸리

이곳은 오스트레일리아에서 가장 오래된 포도 재배 지역 중 하나인 바로사 밸리의 한 포도밭이다. 이곳의 지중해성 기후는 다른 어느 곳과도 비교할 수 없는 맛을 와인에 선사하는 것으로 유명하다. 오스트레일리아산 와인은 전 세계적으로 유명세를 떨치고 있으며 연간 13억 리터가 생산된다. 와인 생산량으로는 세계 5위에 달하며 적어도 2020년까지 최대 고객은 중국이었다.

하지만 2020년 여름 오스트레일리아 당국이 세계보건기구에 코로나19 바이러스의 진원지를 밝히는 독립적인 조사를 요구하면서 중국과 오스트레일리아 사이에 갈등이 심화되었다. 시진핑 정권에게 이 같은 요구는 도발로 여겨졌다. 이후 오스트레일리아에 대한 중국의 제재가 심해지고 있다.

이에 중국은 2020년 말 오스트레일리아산 와인에 높은 관세를 부과하며 와인의 덤핑 문제를 지적했는데 이는 오스트레일리아 와인업계 전체에 커다란 재앙을 불러왔다. 또 다른 보복 제재들도 이어졌는데 이번에는 오스트레일리아산 소고기 수입을 금지했고 보리에 대한 관세도 대대적으로 높였다. 이 두 업종에서도 최대 고객은 바로 중국이다. 문화적으로는 서구권에 가깝지

만 경제적으로는 최대 교역국인 중국에 상당히 의존하고 있는 오스트레일리아는 앞으로 몇 년 안에 '혹독한 시험대'에 오를 것으로 보인다.

양국의 갈등은 오스트레일리아가 중국의 간섭으로부터 자국을 보호하려고 하면서부터 더욱 고조되기 시작했다. 2018년 이러한 상황에서 오스트레일리아에서는 법률 하나가 채택되었다. 그 내용은 특히 외국인의 정치 후원금 기부(중국을 통해 증가함)를 금지하고 중국 최대 통신장비 업체인 화웨이가 오스트레일리아 영토에 5G 망을 구축하는 것을 차단하는 것이다. 중국은 이에 대한 보복으로 언론을 통해 비방 선전을 펼치는 동시에 경제적 제재를 통해 압력을 가했다.

이때부터 오스트레일리아는 인도, 일본, 베트남과 같은 역내의 다른 국가들과 관계를 강화하고자 했고 미국과는 그 어느 때보다도 더 강화된 군사적 협력을 기대하게 되었다. 바로 이러한 맥락에서 2021년 9월 미국, 오스트레일리아, 영국의 삼각동맹인 오커스(AUKUS)가 프랑스와 맺었던 계약을 파기하고 미국의 핵추진 잠수함을 매입하기로 결정하면서 대규모 외교 위기를 불러오게 되었다.

오스트레일리아: "중국은 우리의 고객이고, 미국은 친구입니다!"

서양과는 아득하고, 아시아와는 가깝고

유럽에서 비행기로 하루가 걸리는 오스트레일리아는 760만 제곱킬로미터의 영토를 가진, 세계에서 여섯 번째로 큰 나라다. 국가이자 대륙인 오스트레일리아는 대지의 광활함, 넓게 펼쳐진 야생의 자연, 유명 브랜드 부시(Bush)와 레스토랑 체인인 아웃백(Outback)의 이미지로 전 세계인들을 사로잡고 있지만 초목이 사라지면 메마르고 붉은 토양만이 드러날 뿐이다. 하지만 인구는 단 2,530만 명에 불과하며 이들 중 대다수는 유럽 정착민들이고 원주민은 약 3%에 불과하다.

오스트레일리아의 인구는 계속해서 증가하고 있지만 오늘날에는 중대한 전환점을 맞이했다. 1947년에 이 나라로 이주한 인구의 87%는 유럽 출신이었고 그중에서도 대부분이 과거 대영제국 출신이었던 반면, 오늘날 새로운 이주민의 대다수는 아시아인들이다. 한편 젊고 부유한 오스트레일리아는 영국 국왕이 이끄는 입헌군주국 형태를 취하고 있지만 1901년 영연방 자치 국가로 독립한 이후에는 선출된 총리가 나라를 통치하고 있다.

정치적 역사가 오스트레일리아를 서양에서 아주 멀리 떨어진 말단부에 위치한 국가로 만들었지만 서쪽으로는 인도양, 동쪽으로는 태평양을 둔 지리적 위치는 이 나라를 아시아와 가까워지게 만들었다. 지역적으로는 1945년 이후 세계의 최강대국인 미국과 동맹관계를 유지하며 중진국으로서의 역할을 하고 있다.

미국, 군사적 보호자

국가의 안보를 보장하기 위해 오스트레일리아는 미국에 의지하고 있다. 1951년에 체결된 태평양안전보장조약(ANZUS)이 양국 군사 동맹의 초석이 되었다. 본래 이 조약은 일본 군국주의 부활을 견제하기 위해 탄생했지만 이후 냉전시기에는 아시아에서 공산주의가 확산되는 것을 막기 위한 미국

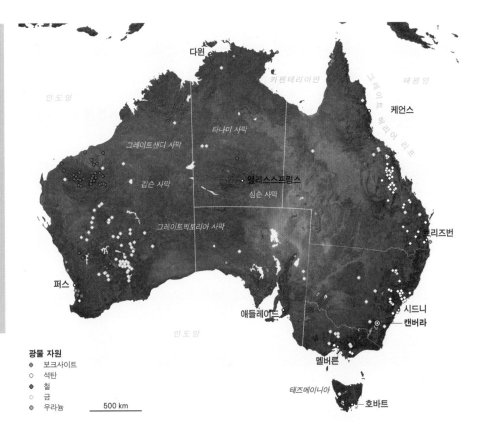

**거대한
미지의 남쪽 땅**

오랫동안 전설로만 여겨진 '테라 아우스트랄리스 인코그니타(미지의 남쪽 땅)'에 처음으로 상륙한 사람은 1606년 네덜란드 항해사 빌럼 얀스존이었다. 하지만 영국의 식민 지배가 시작된 것은 1770년 제임스 쿡의 항해 이후였다. 20세기에는 천연자원이 발견되면서 경제 발전이 이루어졌다. 캔버라가 수도로 채택된 것은 시드니와 멜버른 둘 중 하나로 결정하는 것을 피하기 위해서였다.

다윈
카펜테리아만
태평양
인도양
케언스
타나미 사막
그레이트샌디 사막
깁슨 사막
앨리스스프링스
심슨 사막
그레이트빅토리아 사막
브리즈번
퍼스
애들레이드
인도양
시드니
캔버라
멜버른
태즈메이니아
호바트

광물 자원
- 보크사이트
- 석탄
- 철
- 금
- 우라늄

500 km

의 정책에 맞게 적용되었다. 또한 이 조약은 세 국가(미국, 오스트레일리아, 뉴질랜드)가 태평양 지역의 안보 문제에 대해 협의하는 것을 기본 골자로 한다. 그렇게 미국은 냉전을 이용해 영국을 대신하여 오스트레일리아를 보호하게 되었다.

2000년대에 중국이 부상하면서 오스트레일리아와 미국의 전략적 관계는 훨씬 더 강화되었다. 오바마 대통령이 미국 대외정책의 중심을 아시아-태평양 지역으로 옮기고 해당 지역을 자국의 군사적 최우선 순위에 두기 위해 2011년 '아시아 재균형 전략'을 발표했던 곳이 바로 오스트레일리아의 수도인 캔버라였다. 이후 미군 부대가 오스트레일리아의 다윈항에 매년 순환 배치되었다.

중국, 경제 성장의 조력자

제2차 세계대전 이후 오스트레일리아는 자국의 안보는 미국에 맡겼지만 경제적 측면에서의 상황은 급격히 달라졌다. 지리적으로 훨씬 더 가까운 중국이 오스트레일리아의 최대 교역국이 된 것이다. 거대한 중국의 수요는 오스트레일리아 경제를 끌어올렸고 덕분에 2018년에는 3%에 가까운 연간 경제성장률을 보이며 세계 13위의 경제대국 자리에 올랐다. 또 2015년에는 두 나라 간에 자유 무역 협정을 체결하면서 중국과 오스트레일리아의 교역은 2015년부터 2019년 사이에 실질적으로 25%나 상승했다.

오스트레일리아는 막대한 광물 자원을 보유하고 있는데 2020년까지 주로 중국에 수출되면서 중국 경제의 지속적인 발전에 기여했다. 게다가 농산물, 특히 사우스오스트레일리아, 퀸즐랜드, 뉴사우스웨일스에서 생산된 곡물과 소고기 또한 중국에 수출됐다.

중국은 광산업뿐만 아니라 부동산, 농업, 다윈항을 비롯한 기반시설 등 오스트레일리아에 대대적으로 투자했다. 하지만 두 나라 관계가 악화되면서 중국의 투자가 급감했고 관광객, 유학생, 이민자 수도 급락했다. 2016년 통계에 따르면 오스트레일리아에 거주하는 인구 중 중국 출신은 5%가 넘었다.

오스트레일리아는 10년 전부터 경쟁관계에 놓인 중국과 미국이라는 두 강대국 사이에서 어떻게 해서든 균형을 잡으려 애쓰고 있다. 한쪽에는 경제적 이득이, 다른 한쪽에는 안보가 걸려 있기 때문이다. 하지만 중국과 갈등이 고조되고 있는 만큼 이 균형을 유지하는 것은 점점 더 힘들 것으로 보인다.

남태평양을 둘러싼 갈등

오스트레일리아는 중국과의 지리적 인접성 덕분에 경제적으로 혜택을 보고 있지만 동시에 중국의 지정학적 야심 때문에 안보의 위협을 받는 역설적인 상황에 처해 있다. 중국은 중국해에 대한 영유권 주장이라는 공세적 전략을 펼치고 있는데 오스트레일리아는 이러한 중국의 조치가 해당 지역을 불안하게 만들 것이라 전망하고 있다.

게다가 중국은 지금까지 오스트레일리아가 자신들의 '뒷마당'처럼 여긴 남태평양의 작은 섬국가들로 이루어진 지역에서 오스트레일리아와 직접적인 경쟁을 하기 시작했다. 중국은 그들의 넓은 배타적 경제수역이 보유하고 있는 해양자원에 접근하고 이곳에서 자국의 군사력을 더욱 확장시킬 목적으로 자금을 지원하고 안보 협정을 맺는 등 이들 지역에 대대적으로 영향력을 행사하고 있다.

2018년 4월 《시드니 모닝 헤럴드》는 다음과 같은 질문을 던졌다. "만약 중국이 남태평양에 정착한다면 어떻게 될 것인가?" 이때는 중국이 남태평양의 섬나라인 바누아투의 인프라 건설에 자금을 지원했다는 사실이 밝혀진 직후였다. 《시드니 모닝 헤럴드》가 집계한 중국의 인프라 건설은 최소 일곱 건에 달했다. 그중에는 심해 항만과 군사적 목적을 포함할 수도 있는 이동 통신망도 있었다. 이 사례는 미크로네시아에서 쿡제도에 이르기까지 태평양 지역에서 중국의 외교력을 보여준다. 이는 원자바오와 후진타오가 착수했던 전략으로 시진핑 국가주석과 함께 새로운 국면을 맞이했다.

이에 대응해 오스트레일리아는 왕성한 외교 활동을 벌이는 동시에 태평양 지역 섬국가들에 대한 자금 지원을 늘리면서 해당 지역에서의 상대적 부진을 따라잡으려 노력하고 있다. 하지만 무엇보다도 남태평양에 대한 중국의 욕심을 억누르기 위해서는 충직한 동맹국인 미국의 도움이 필요했다. 그 결과 2018년 말 미국과 오스트레일리아는 파푸아 뉴기니의 마누스섬에 합동 해군 기지를 신설하기로 발표했다.

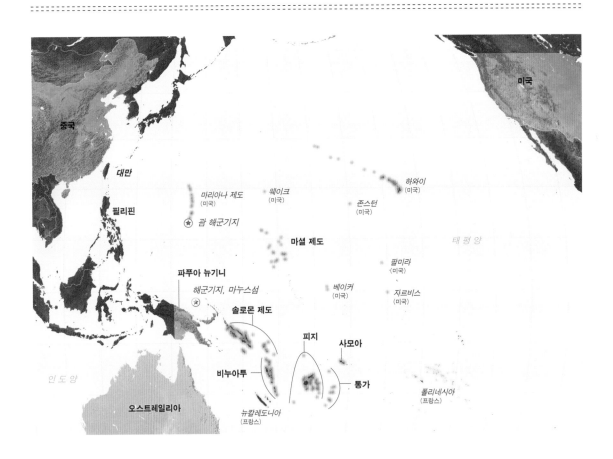

마리아나 제도
(미국)

웨이크
(미국)

존스턴
(미국)

하와이
(미국)

중국

대만

필리핀

⊛ 괌 해군기지

마셜 제도

태평양

팔미라
(미국)

파푸아 뉴기니

해군기지, 마누스섬

베이커
(미국)

자르비스
(미국)

솔로몬 제도

인도양

피지

사모아

비누아투

통가

뉴칼레도니아
(프랑스)

폴리네시아
(프랑스)

오스트레일리아

남태평양 내 고조되는 경쟁

오스트레일리아는 남태평양에서 일어나고 있는 중국의 영토 팽창주의를 견제하고 있다. 중국은 특히 피지, 파푸아 뉴기니, 바누아투와 가까워지고 있다. 이 지역의 3분의 1에 이르는 국가들이 중국의 민족주의를 인정하고 있는 만큼 남태평양에서 중국의 외교정책은 대만의 무력화 또한 노리고 있다는 것을 알 수 있다. 이에 대응하기 위해 미국은 파푸아 뉴기니에 합동 해군기지를 건설하려는 오스트레일리아의 계획에 동조했다.

"중국은 고객, 미국은 친구입니다"

이 지역에 대한 중국의 야심은 오스트레일리아에게 그 어느 때보다도 더 미국이 절실하게 필요하다는 사실을 일깨워주었다. 그러나 고립주의적이며 예측 불가능한 도널드 트럼프 대통령 임기 동안 미국과 오스트레일리아의 관계는 악화되었다. 거기다 미국과 중국 사이에 벌어진 갑작스러운 무역 전쟁 때문에 오스트레일리아는 매우 곤혹스러운 상황에 처하게 되었다.

예를 들어 군사적 측면에서 중국은 오스트레일리아가 남중국해를 두고 벌어지는 분쟁에서 번번이 미국의 편에 섰다며 비난했다. 중국은 영토 분쟁에 간섭하지 말라고 오스트레일리아에 여러 차례 경고했다. 만

약 그럼에도 간섭한다면 중국과의 경제적 관계는 '오염될' 것이고, 중국은 오스트레일리아의 발전을 억제할 수 있는 확고한 대책들을 취할 것이라고 통보했다. 이러한 경고에도 오스트레일리아군은 중국이 통신망을 조작하고 사이버 첩보 행위를 전개했다고 비난하면서 점점 더 중국에 반기를 들기를 멈추지 않았다. 이에 힘을 얻은 오스트레일리아의 역대 정부들은 중국의 화웨이가 자국의 5G 고속통신망 구축과 시드니와 솔로몬 제도 사이의 해저 케이블망 설치에 참여하는 것을 금지했다.

오랫동안 오스트레일리아는 미국산 무기 구입과 미국과의 지속적인 군사적 협력을 통해 자국 안보를 지키고자 하는 동시에 중국이 수많은 분야에서 세계 최강대국이 되

어가고 있다는 사실 또한 고려하고자 했다. 오스트레일리아 총리 스콧 모리슨(2018-2022년 재임)은 여러 차례에 걸쳐 '경제적 이득'과 '전략적 이득' 사이에서 다음과 같은 말로 균형을 유지하고자 했다.

"중국은 우리의 고객이고, 미국은 우리의 친구입니다."

중국과 미국 사이, 제3의 노선?

수년 전부터 미중 경쟁구도에서 벗어나기 위해 오스트레일리아는 아시아의 새로운 파트너 국가들과 관계를 진전시키고자 했다. 즉 제3의 독자노선을 모색하고자 한 것이다. 그렇게 새로운 인도-태평양 동맹을 통해 미국과 중국의 빈자리를 메울 수 있는 두 국가인 일본과 인도와의 관계를 발전시켰다.

인도는 교역에 있어 뉴질랜드나 영국보다 앞선 5위를 차지하면서 오스트레일리아의 주요 경제 파트너로 떠올랐다. 인도와의 관계가 긴밀해짐에 따라 오스트레일리아는 자국 영토 안에서 중국 기업이 산업 스파이 활동을 벌였다는 심각한 비판이 일자 중국에 대한 무역 의존도를 줄일 수 있었다. 그밖에도 2018년에는 이주민 감축 의지에도 불구하고 3만 3천 명의 인도인들이 일자리를 위해 오스트레일리아로 이주했다. 그렇게 인도는 오스트레일리아 신규 이주민들의 최대 출신 국가가 되었다.

일본과는 2020년 11월 중국과의 갈등이 고조되면서 군사 협력을 위한 역사적인 협

아태 지역에 소속

멀리 떨어져 있는 오스트레일리아의 지리적 특성을 대표하는 표현으로 '(유럽의) 오른쪽 하단'을 의미하는 '다운 언더(down under)'라는 말이 있다. 하지만 오스트레일리아는 20년 전부터 아시아의 신흥국가들과 가까운 관계를 맺고자 했고 아시아-태평양 지역으로 소속되기를 원하고 있다. 오스트레일리아는 자국이 두 개의 대양 사이에 위치해 있으며 동시에 인도-태평양 지역의 중심부에 놓여 있다는 사실도 내세우고 있다.

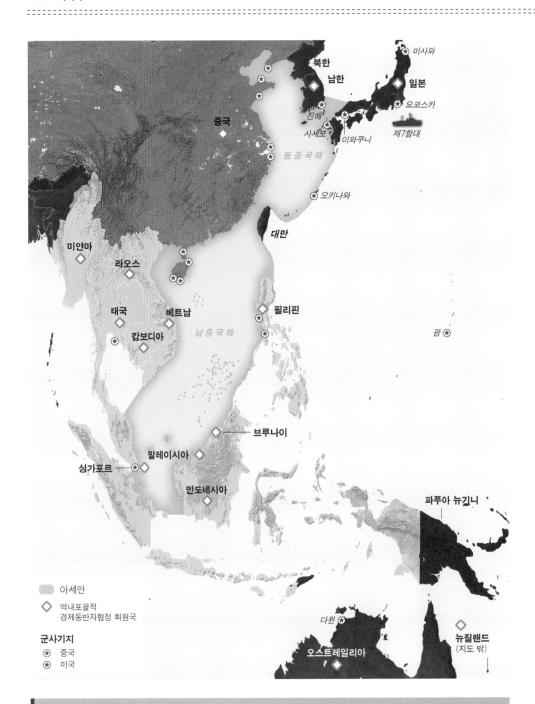

아시아-태평양 지역에서 미국과 중국의 대립

미중 경쟁구도 속에서 중국은 아세안 10개국, 중국, 일본, 한국, 오스트레일리아, 뉴질랜드 사이에 자유 무역 협정 지대를 형성하는 '역내포괄적경제동반자협정'을 체결하면서 아태 지역에서 미국보다 한발 앞서나갔다. 이 지역은 20억 인구를 포함하고 있는 거대한 경제 구역이다. 하지만 인도는 자국 영토로 중국이나 오스트레일리아의 값싼 상품이 유입될 것을 우려해 협정의 조인을 거부했다.

정을 맺기에 이른다. 목표는 각국의 영토
에서 군사작전 조직을 허용(상호 접근 협
정)하고 양국에 군부대를 주둔시키는 것을
포함해 군사력의 상호 운용성을 강화하는
것이다.

　한편 중국의 부상에 맞서 아시아-태평양
지역에서 안전과 안보에 대한 요구가 지속
적으로 커져가고 있지만 그럼에도 오스트
레일리아의 경제적 실용주의는 여전히 살
아 있다. 2020년 11월 15일 중국이 추진한,
15개국을 포함하는 '역내포괄적경제동반자
협정' 체결에 오스트레일리아가 참여한 것
이 이를 잘 보여준다.

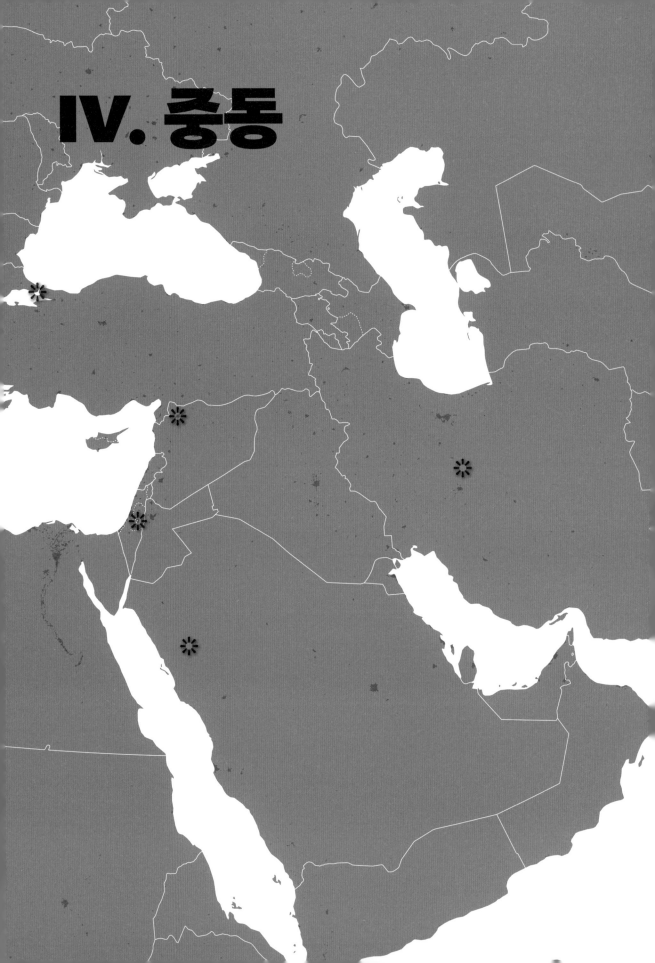

IV. 중동

●

2021년 8월 아프가니스탄에서 서방 세력이 혼란 속에서 철수하자 중동은 변화의 시대를 맞는 것처럼 보였다. 새로운 시대는 러시아를 포함한 새로운 국가들과 함께했다.

중동에 영향력을 끼치는 또 다른 세력은 바로 튀르키예다. 2022년 봄, 튀르키예는 2018년 사우디아라비아 언론인 자말 카슈끄지가 자국 주재 사우디아라비아 영사관에서 피살된 이후 단절되었던 두 나라의 관계를 회복했다. 참고로 에르도안 튀르키예 대통령은 빈 살만 사우디아라비아 왕세자 겸 총리와 함께 우크라이나 침공 이후 러시아에 제재를 가하는 서방의 조치에 동참하지 않았으며 심지어 중재자를 자처하기도 했다.

이스라엘은 이 시기에 국내적으로는 수시로 정권이 교체되면서 어려움을 겪었다. 대외적으로는 팔레스타인과의 갈등은 최고조에 달한 반면 '아브라함 협정'을 체결한 아랍 국가들과의 갈등은 완화되었다.

이란은 경제적 제재를 해제하기 위한 핵무기 협상에 난항을 겪고 있다. 한편 카타르는 2022-2023년에 글로벌 핵심 지역으로 떠올랐다. 탈레반과의 사이에서 중재를 맡았고 월드컵을 개최했으며, 러시아-우크라이나 전쟁으로 천연가스 확보에 혈안이 된 수많은 국가들의 러브콜을 받고 있다. 실제로 이번 전쟁은 중동 지역의 석유와 가스에 대한 관심을 다시 불러일으켰는데 그중에서도 러시아산 탄화수소를 포기할 수밖에 없는 유럽 국가들은 미래에 중동의 자원을 그 어느 때보다도 더 필요로 할 것으로 보인다.

나탄즈

이곳은 이란 이스파한주의 나탄즈다. 이란 핵 프로그램의 핵심인 우라늄 농축시설 중 하나가 이곳에 위치해 있는 것으로 알려져 있다.

2021년 4월 12일 이란 정권은 나탄즈의 지하 우라늄 농축시설에서 일어난 정전 사건의 배후로 이스라엘을 지목하며 적시에 '복수'를 하겠다고 예고했다. 충돌이 끊이지 않는 이란과 이스라엘의 관계에서 비슷한 상황이 수도 없이 되풀이되는 만큼 실상을 정확히 파악하기란 어렵다. 이스라엘은 2005년 10월 25일 마흐무드 아흐마디네자드 당시 이란 대통령이 아야톨라 호메이니 전 이란 최고지도자의 말을 인용해 "예루살렘을 점령하고 있는 정권은 역사의 장에서 사라져야만 한다."라고 한 발언을 아직도 잊지 못하고 있으며, 이란은 그들이 끔찍이도 싫어하는 유럽과 미국이 이스라엘과 동맹 관계를 맺는 것을 지켜보아야만 했다.

2015년 빈에서 체결된 이란 핵합의는 핵개발 프로그램을 동결하는 대가로 이란에 가해졌던 제재 조치를 완화하기로 협의했으나 트럼프 행정부가 이 합의에서 갑작스레 탈퇴하면서 상황이 달라졌다. 하지만 조 바이든 대통령은 이란에 극심한 부담으로 작용한 경제적 제재를 완화할 목적으로 이란과의 핵협상을 재개했다.

한 가지 알아두어야 할 것은 2021년 6월 강경 보수 성향의 에브라힘 라이시(2024년 5월 헬기 추락 사고로 사망)가 새롭게 이란의 대통령으로 선출되었다는 사실이다. 수십 년 전부터 지속되어온 핵무기 문제는 이란을 갈등의 진원지로 만들었다. 1979년 이란 혁명 이후 서구와 미국의 적으로 간주되어온 이란을 둘러싼 갈등은 이제 국제적인 이슈가 되었다. 여기에 지역 내 갈등 또한 존재한다. 중동의 두 거인인 이란과 사우디아라비아는 주도권을 잡기 위해 여러 지역에서 다양한 형태로 대립하고 있다.

2022년 7월 블라디미르 푸틴이 이란-튀르키예-러시아 3자 정상회담을 위해 테헤란을 방문했을 때 미국 정보기관은 이란이 러시아-우크라이나 전쟁에 사용하도록 이란산 드론을 러시아에 판매했다는 정보를 수집하게 된다.

2022년 8월에 발생한 영국 작가 살만 루슈디에 대한 암살 시도는 클레망 테름에 따르면 "이슬람 공화국의 민낯"을 보여준 사건이라고 평가된다.

이란:
미국과의 사이에
남아 있는 것은 제재뿐이다

고대 페르시아,
이란 정체성의 뿌리

이란은 프랑스 면적의 약 세 배에 달하는 150만 제곱킬로미터가 넘는 거대한 영토를 보유하고 있다. 광활한 영토를 가진 이 나라는 튀르키예, 아르메니아, 아제르바이잔, 투르크메니스탄, 파키스탄, 아프가니스탄, 그리고 아랍 국가들과 국경을 접하고 있다. 또한 이라크와, 페르시아만 반대편에 위치한 중동의 또 다른 강대국인 사우디아라비아를 비롯한 걸프만의 군주제 국가들과도 인접해 있다.

가장자리에서 보호막 역할을 해주는 산맥들(엘부르즈 산맥, 자그로스 산맥, 센트럴 마크란 산맥)에 둘러싸인 이란 중앙 고원은 이집트와 더불어 중동에서 가장 오래된 국가를 탄생시킨 요람이기도 하다. 기원전 2천 년경 인도유럽어족인 아리아인들이 바로 이곳에 터를 잡았는데 그중에는 가장 큰 부족 중 하나인 페르시아인들도 있었다. 이들 페르시아인들은 점차 고원 전역을 지배하게 되었고 아케메네스(기원전 559년-기원전 330년), 파르티아(기원전 250년-서기 226년), 그리고 사산(224년-651년)과 같은 명망 높은 왕조를 탄생시켰다.

따라서 이란은 아리아인들의 국가지만 정체성과 단일성의 뿌리는 페르시아에 있다. 오랜 역사 동안 이란이라는 국가는 변방에 위치한 아제르바이잔인(16%), 쿠르드족(10%), 루르족(6%), 아랍인(2%), 발루치족(2%), 튀르키예 및 투르크멘족(2%)이라는 다양한 소수민족들을 통합하면서도 페르시아인과 페르시아어를 중심으로 형성되었다. 오늘날 이란의 8,300만 인구 중 61%가 페르시아어를 사용한다.

이란의 정체성을 이루는 또 다른 뿌리는 국민의 97%가 믿는 이슬람교다. 1501년 이스마일 1세가 시아파 이슬람을 국교로 선포하면서 당시 최대 경쟁자인 수니파 오스만 제국에 맞서 다양한 민족들을 하나로 통일하는 데 기여했다.

망명을 마치고 돌아온 아야톨라 루홀라 호메이니가 1979년 이란 혁명을 일으키면

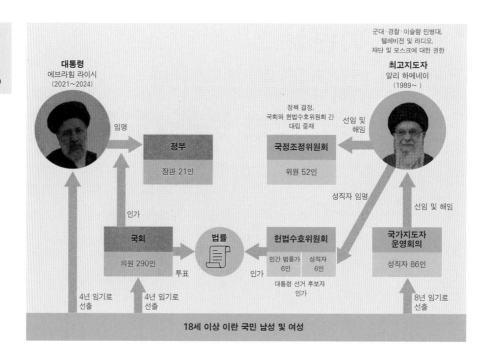

이란이슬람공화국,
세계에서 유일한
정치 형태
(가장 아래부터 화살표 따라)

대통령
에브라힘 라이시
(2021~2024)

최고지도자
알리 하메네이
(1989~)

군대·경찰·이슬람 민병대,
텔레비전 및 라디오,
재단 및 모스크에 대한 권한

정책 결정,
국회와 헌법수호위원회 간
대립 중재

선임 및
해임

임명

정부

장관 21인

국정조정위원회

위원 52인

성직자 임명

선임 및 해임

인가

국회

의원 290인

법률

헌법수호위원회

민간 법률가
6인

성직자
6인

대통령 선거 후보자
인가

국가지도자
운영회의

성직자 86인

투표

인가

4년 임기로
선출

4년 임기로
선출

8년 임기로
선출

18세 이상 이란 국민 남성 및 여성

서 시아파 이슬람은 이란을 지배하게 되었고 대외정책의 수단으로도 사용되었다. 국가원수인 대통령이 통치하지만 실제 권력은 최고지도자(이슬람교 지도자로 주요 국정 운영에 절대적인 영향력을 행사한다)에게 있는 정치 체제를 갖추고 있는 이란은 이러한 정치 형태를 이슬람 세계 전체로 확산시키고자 했다. 이란 혁명은 지정학적 측면에서 중동 지역을 혼란에 빠트렸고 이란과 이웃 아랍 국가들, 또 이란과 미국과의 사이에서 갈등을 야기했다.

급격히 단절된 미국과의 관계

냉전시기 동안 이란은 사우디아라비아와 함께 소련을 봉쇄하려는 미국의 전략에서 핵심에 있었다. 당시 소련과 접하고 있던 이란은 사우디아라비아에 이은 세계 2위의 석유 수출국으로 미국과 서방 국가에 석유를 공급하고 있었다. 이는 미국으로부터 제공받은 무기 덕분에 '걸프만의 경찰' 노릇을 할 수 있었기 때문이다.

하지만 1979년 11월 아야톨라 루홀라 호메이니를 지지하는 이란 혁명주의자 대학생들이 일으킨 테헤란 주재 미국 대사관 인질 사건은 상황을 반전시켰고 양국 간 외교 관계를 단절하는 계기가 되었다. 이에 대한 보복으로 미국은 1980년부터 이란에 제재를 가했다. 자국 외교관들을 구출하기 위해 미국은 자신들의 은행이 보유하고 있는 이란 고위급 인사들의 금융자산을 동결시켰다. 사태가 종료된 이후에도 제재는 끝나지 않았고 이제 두 나라 사이에 남아 있는 것은 오로지 '제재'뿐이다. 1984년부터는 이란으로의 무기 수출 금지, 1995년에는 이란산 석유에 대한 금수조치, 1996년에는 4천만 달러가 넘는 모든 형태의 투자 금지, 2004년에는 과학 분야에서의 모든 협력이

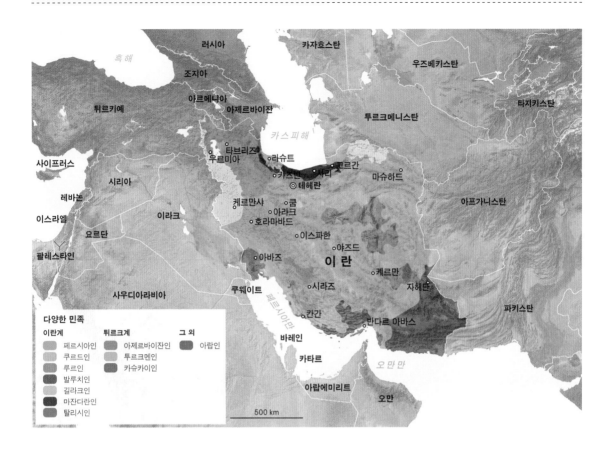

금지되었다. 실제로 이란은 미국 정부로부터 국가 주도하에 테러 행위를 벌이는 불량 국가, 악의 축, 그리고 2000년대 이후로는 핵무기 개발에 주력한다는 비난을 잇따라 받아왔다.

트럼프가 파기한 핵합의

이란이 프랑스와 미국의 도움을 받아 이란 남서부 부셰르에서 민간 핵개발 프로젝트에 착수한 것은 이란이 아직 서방의 동맹이었던 1950년대의 일이었다. 이 계획은 이란 혁명으로 중단되었다가 1990년대에 러시아의 원조로 다시 시작되었다. 하지만 2002년 국제원자력기구가 나탄즈의 우라늄 농축시설을 포함한 두 개의 핵시설을 발견하면서 이란이 핵확산금지조약을 위반함과 동시에 핵개발 계획에 다른 은밀한 군사적 목적을 갖고 있는 게 아니냐는 우려를 낳았다. 당시 이란은 핵무기를 손에 넣기 직전, 즉 수년 내에 실전 배치가 가능한 핵무기를 보유할 수 있는 능력을 가진 것으로 여겨졌다. 이스라엘은 이미 핵무기를 보유하고 있었고, 사담 후세인의 이라크는 핵무기를 보유하기 위해 노력하고 있었던 만큼, 이란의 이러한 가능성은 이 지역 세력 균형에 문제를 제기하는 동시에 중동 및 아랍 세계로 핵확산을 야기할 수 있는 매우 중요한 문제였다.

처음에 이란은 국제 사회와 외교적으로 팽팽히 맞서면서 의혹을 전면 부인했다. 하지만 미국과 유럽연합 국가들을 필두로 한 국제 사회는 이란에 대해 협상과 제재를 번갈아 시행했다. 이후 이란은 자국 영토를 보호하고, 2003년에 국제적으로 어떠한 정당한 이유도 없이 미국에 공격당한 이라크와 같은 운명에 처하지 않기 위해 핵무기를 보유한다는 논리를 펼쳤다.

길고 긴 협상 끝에 비로소 합의점에 도달하기까지 10년이 넘는 기간(2003-2015년) 동안 이란의 핵문제는 중동 지역에서 여러 갈등을 조장했다. 결국 2015년 7월 14일 오스트리아 빈에서 이란과 오바마 행정부, 유엔안보리 상임이사국, 독일이 핵합의를 체결하게 된다. 이 합의에서 이란은 농축 우라늄 저장량을 줄이는 대가로 일부 제재의 해제를 얻어냈다.

하지만 트럼프 대통령이 집권하게 되면서 문제가 제기되었고 2018년 트럼프는 '불공정'하다는 이유를 들며 이란 핵합의를 파기하기에 이르렀다. 그와 동시에 이제 막 해제된 대이란 경제 제재들을 부활시켰다. 사우디아라비아와 이스라엘은 미국의 이 같은 결정을 반겼다. 이들 역시 이란을 자국 안보에 중대한 위협으로 여겼기 때문이다. 결국 트럼프는 이란의 경제 개방에 대한 희망을 철저히 짓밟았고 서방 국가들이 8,300만 명의 소비자를 보유한 거대한 이란 시장에 투자하는 것을 방해했다.

새로운 최대 교역국의 등장

이란은 풍부한 천연자원을 보유하고 있다. 가스 보유량은 세계 2위, 석유 매장량은 세계 4위에 달한다. 석유는 이란 국가 수입의 35%를 차지한다. 하지만 40년 동안 이어진 미국의 제재로 이란의 정유 능력은 크게 악화되었고 육상 교통망은 커다란 피해를 입었다. 실제로 원유만이 유일하게 시리, 라반, 아살루예, 그리고 특히 카그섬 항구를 통해 비밀리에 수출되고 있는데 이러한 상황은 이란 전체의 경제 발전을 상당히 저해하고 있다.

2018년과 2019년에 미국이 시행한 새로운 제재들로 인해 이란은 자국 탄화수소의 수출 국가를 바꿔야만 했다. 현재는 아라비아해 북서쪽에 있는 오만만과 말레이시아 항구나 미얀마를 통과하는 송유관을 통해 최대 교역국인 중국에만 수출하고 있다. 그 덕에 중국은 미국에 대적할 수 있게 되었고 물물교환 방식을 통해 이란으로부터 천연자원을 수입하고 이란으로는 자국 소비재를 수출하면서 금지된 달러 거래를 우회하고 있다. 2021년 3월 말 중국과 이란은 향후 25년간의 협력을 위한 포괄적 전략 관계 협정을 맺었다. 중국은 이란의 교통, 항만, 그리고 특히 에너지 분야에 대한 투자를 통해 이란을 일대일로 프로젝트의 주요 파트너로 만들려는 욕심을 품고 있다.

10년 전부터 이란은 교역 파트너를 다양화하기 위해 이웃 국가들과 가깝게 지내야만 했다. 아프가니스탄, 튀르키예, 아랍에미리트, 이라크는 오늘날 중국 다음으로 이란과 활발히 교역하는 국가들이다. 이들 국가는 이란으로부터 주로 농산물을 수입하면서 이란이 금수조치를 피해갈 수 있도록 도울 수 있다. 아랍에미리트의 두바이 항구는 이란과의 최대 교역항으로 알려져 있고, 이라크의 바스라 석유 터미널은 이라크산 석유와 혼재된 이란산 원유를 받은 뒤 이란이라는 원산지를 명시하지 않은 채 세계 시장에 재수출하고 있는 것으로 추정되고 있다.

이란과 이라크 관계는 해를 거듭하며 돈독해졌다. 1980년대의 이란-이라크 전쟁 이후 처음으로 하산 로하니 이란 대통령이 2019년 3월 이라크 바그다드를 방문한 것이 이러한 친화를 증명한다. 하지만 양국 관계 속에는 갈등의 씨앗이 여전히 남아 있다. 현재로서는 미국이 제재를 한층 더 강화하면서 양국 교류가 깊어질 가능성을 전면적으로 차단하고 있다. 또 2019년 가을 이라크에서는 미군 주둔과 자국 정세에 이란이 영향력을 끼치는 것에 반대하는 대규모 시위가 일어나기도 했다.

이웃 나라들에 대한 군사적 개입을 통해 얻고자 하는 것

중동에서 이란은 경제적 차원에서뿐만 아니라 정치적 차원에서도 자국의 입지를 다지고자 한다. 2003년 사담 후세인의 수니파 정권이 몰락한 후 이라크에서 다수인 시아파가 권력을 장악하자 이란에게도 가능성의 길이 열렸다. 하지만 이란이 진정으로 중동 지역에서 기반을 다질 수 있게 된 것은 2014년 이후 시리아와 이라크에서 수니파 급진 무장단체인 IS에 대항해 싸우게 되면서부터다.

실제로 이란은 미국이 주도하는 IS 소탕 작전에 협력하면서 아르빌의 쿠르드족이 테러 조직과 맞서 싸울 수 있도록 상당한 지원을 제공했다. 또한 2012년부터는 시리아의 바샤르 알 아사드 정권의 주요 동맹국으로, 특히 레바논의 시아파 민병대인 헤즈

미국의 연대별 대이란 제재

● 미국
● 유럽연합
● 유엔

1979
테헤란 미국 대사관에서 인질극 사건 발생
미국 은행 내 이란인 자산 동결

1980

1985

1990

1995
전면적 금수조치

1996
이란 석유 및 가스에 투자한 해외 기업들에 대한 제재

2000

2002
이란 비밀 핵시설의 존재 폭로

2005
2006
유력인사의 금융자산 동결

2007
무기 구매 및 금융 부문

2008
민간 및 군사 목적의 자산
미국 은행 중개 금지

2010
중화기 구매
석유 기술 이전

2011
유력인사의 자산 동결

2012
석유 금수조치

2013
자동차 부문

2014
제재 해제
2015
빈 이란 핵합의

2015
2016
기업에 대한 제재

2018
은행, 원자재 제재

2019
석유 전면 금수조치

2021
미국의 이란 핵합의 복귀를 위한 협상

2020
2020
가셈 솔레이마니
이란 사령관 피살

지역 경쟁구도에 맞서는 이란의 핵

수니파와 시아파 사이의 종파 갈등은 지역 패권을 쥐고자 하는 이란과 사우디아라비아의 경쟁구도를 가장 두드러지게 표현한 것일 뿐이다. 두 나라의 갈등은 두 민족의 역사, 수적으로 열세인 사우디아라비아의 인구(이란에 비해 약 세 배 적음), 그리고 서로 다른 정치 체제에서 기인한다. 이란은 이슬람 국가지만 국민 주권을 구현하는 공화국 체제인데 전제군주제인 사우디아라비아는 이를 못마땅하게 여긴다.

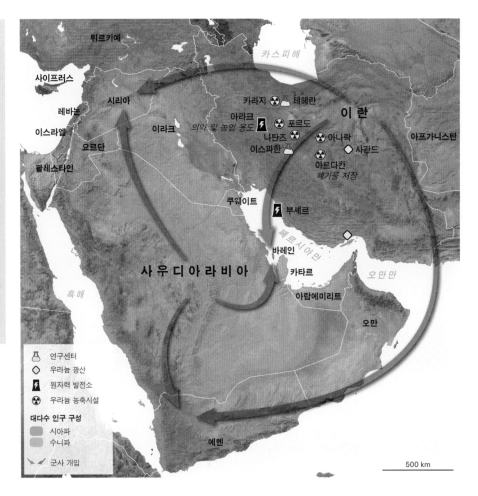

볼라를 통해 아사드 정권을 지원하고 있다.

이란은 1982년 헤즈볼라의 결성에 기여했고 그 이후로도 쭉 자금을 지원하고 있는데, 당시 이란의 목표는 적국이자 유대 민족주의 국가인 이스라엘에 맞서 싸우는 팔레스타인 저항세력을 레바논을 통해 지원하는 것이었다. 이란은 주기적으로 이스라엘을 무너뜨리겠다고 위협하고 있다. 골란고원 가까이 주둔하고 있는 이란 병력은 오늘날 이스라엘에게 커다란 위협이 되고 있는데 이스라엘은 그런 이란군을 주기적으로 공습하고 있다. 또한 이란은 2015년 예멘 정부군을 지원한 사우디아라비아와 아랍에미리트가 개입하면서 시작된 예멘 내전에서 임시정부를 끌어내린 시아파 세력의 후티 반군에게 군사를 지원했다.

이러한 군사 개입을 통해 이란이 얻고자 하는 것은 중동 지역에서 경쟁국인 사우디아라비아에 맞서 자국의 힘을 과시하고 동맹국들을 통해 미국과 대립하는 것이다. 자국의 군사력이 미국에 비해 제한적이라는 사실을 인식하고 있는 이란 정권은 그래서 오히려 간접적인 대립 전략을 내세우고 있다. 여기엔 오만과 공동으로 통제하고 있는 호르무즈 해협에서의 대립도 포함된다.

호르무즈 해협에서 이란혁명수비대는

2019년 미국의 전면적인 대이란 원유 금수 조치 이후 '히트앤런(Hit and run)' 전술에 따라 그곳을 지나가는 유조선에 대한 공격 훈련을 늘려가고 있다. 이 작전의 주요 목적은 무엇보다도 호르무즈 해협의 봉쇄가 국제 원유 시장에 심각한 수급 문제를 야기할 수 있다는 사실을 적국인 미국에 상기시키려는 것이다. 러시아-우크라이나 전쟁으로 인해 중동의 탄화수소에 의존할 수밖에 없는 현 상황에서 이 문제는 자칫하면 더욱 심각한 결과를 불러올 수 있다. 결국 이러한 전략은 미국과 중동 지역 내 미 동맹국에 대한 이란의 방해 전술의 일환이라 할 수 있다.

레바논, 강대국들에게 시달리는 여전히 취약한 나라

레바논은 중동 지역 경쟁관계의 영원한 인질이 될 것인가? 이 나라의 지리, 역사, 위치는 레바논을 피난처이자 교역의 장소인 동시에 강대국 사이의 완충지대로 만들었다.

지중해 동쪽 해안에 위치한 레바논은 1만 제곱킬로미터의 영토를 보유하고 있는데 이는 프랑스의 지롱드 지방에 준하는 크기다. 또한 수많은 팔레스타인과 시리아 난민을 포함하여 620만 명의 인구가 살고 있다. 그 이름을 본따 나라 이름을 지은 해발 3천 미터 이상의 레바논 산맥과 시리아와의 국경을 형성하고 있는 안티레바논이라는 두 개의 산맥이 레바논을 가로지르고 있다. 서쪽 해안에는 좁은 평원이 펼쳐져 있는데 그곳에 수도 베이루트를 포함한 도시들이 위치해 있고 동쪽에는 곡창지대인 베카 평원이 펼쳐져 있다.

서기 1000년부터 지중해 동쪽 해안의 산맥들은 기독교 소수 종파, 이후에는 무슬림들의 피난처가 되었다. 수니파, 시아파(다수), 마론파, 그리스 가톨릭, 그리스 정교, 드루즈파 등 레바논에 다양한 인구와 18개에 달하는 종교 공동체가 존재하는 이유가 바로 여기에 있다. 정치적으로 불안정한 레바논은 아랍이라는 동일한 정체성과 공통의 언어로 뭉친 집단 간에 적절한 권력 안배를 하고 동맹관계를 형성할 때 안정될 수 있다. 그러나 이러한 종교적 공동체들은 대부분 도구화되어 왔다. 19세기에 프랑스는 마론파 가톨릭에 대한 후견을 자처했고, 영국은 드루즈파를 지원했다.

제1차 세계대전 이후에는 대(大)레바논이 형성되면서 시리아와 함께 하나의 영토를 이루었다. 1948년에 이스라엘이 탄생하면서 레바논은 다수의 팔레스타인 난민을 수용했고 이후 1970년대에는 팔레스타인해방기구(PLO) 일원들을 받아들였다. 정부가 팔레스타인 측의 대의를 지지하게 되면서 레바논 내 공동체는 더욱더 분열되었고 이는 결국 1975년 4월 내전의 도화선이 되었다.

그 이후로 레바논은 해외 강대국들의 각축장이 되었다. 1980년에 레바논 영토에 입성한 시리아군은 2005년까지 레바논을 강제 통치했으며, 1982년에 침공한 이스라엘군은 남부 지방을 2000년까지 점령했다. 여기에 서구 강대국(프랑스, 미국)과 사우디아라비아를 비롯한 일부 아랍 국가들도 가세했다. 한편 이란은 1982년부터 헤즈볼라에 자금을 지원하면서 레바논 내 시아파를 지지했다.

2011년 이후 레바논은 시리아 내전의 여파로 발생한 약 150만 명의 난민을 자국 땅에 수용했다. 이 시기 동안 헤즈볼라는 시리아의 바샤르 알 아사드 정권 측에 섰다. 사실상 국가 속의 국가인 '신의 정당' 헤즈볼라는 레바논이라는 국가의 취약성과 공동체주의 체제로 인한 부정부패로부터 이득을 취했다. 여기에 더해 코로나19 팬데믹과 2020년 8월 베이루트 항구 폭발 사건은 레바논을 한층 더 취약하게 만들었다.

지 중 해

홈스

트리폴리

레 바 논

바알베크

베이루트

자흘레

시돈

다마스쿠스

시리아

티르

비무장지대(FNUOD)

골란 고원
(이스라엘이 점령)

하이파

이스라엘

나사렛

이르비드

요르단강 서안지구

요르단

25 km

대다수 인구 구성
- 시아파
- 수니파
- 드루즈인
- 마론교도

영토 점령 국가
- 시리아(1980~2005)
- 이스라엘(1982~2000)
- 팔레스타인 난민 캠프
- 레바논평화유지군(FINUL)
  감시 지역

아프가니스탄, 탈레반의 귀환

19세기부터 강대국들이 서로 경쟁을 벌인 아프가니스탄은 65만 2,230 제곱킬로미터의 면적에 3,500만 명의 인구가 살고 있는 내륙 국가로, 식민 지배를 해오던 영국이 국경선을 정했다. 듀랜드 라인(Durand line)이라는 이름으로 널리 알려진 이 국경선은 1893년에 확정되었는데 아프가니스탄과 파키스탄의 경계 역할을 하고 있다. 이로 인해 아프가니스탄 국민 대다수이자 탈레반의 주축이기도 한 파슈툰족이 살던 지역이 두 나라로 갈라지면서 절반의 파슈툰족은 파키스탄 영토에 속하게 되었다.

이후 1979년 소련이 침공하자 아프가니스탄의 무장 게릴라 조직인 무자헤딘은 저항운동을 일으켰다. 이들은 파키스탄으로부터 지지를 받았고 사우디아라비아와 미국으로부터 자금과 무기를 지원받았다.

침공한 지 10년이 지나면서 결국 소련은 아프가니스탄에서 철수했지만 군 파벌 간의 경쟁 때문에 국내에서의 갈등은 아직 끝나지 않았다. 1992년 사령관 아흐마드 마수드가 이끄는 북부 동맹이 수도 카불에서 권력을 잡았다. 이에 대항하기 위해 파키스탄은 이슬람 종교학교에서 모집한 젊은 아프가니스탄 파슈툰족 난민들로 민병대를 꾸리는 것을 지원했는데 여기서 탈레반('종교를 배우는 학생들'이란 뜻)이라는 이름이 유래했다. 1996년에 탈레반은 아프가니스탄을 장악한 뒤 '아프가니스탄 이슬람 토후국'을 수립했다. 탈레반은 도덕 경찰을 만들어 여성들을 공적인 삶에서 배제하고 여학교를 없애기도 했다.

오사마 빈 라덴을 포함한 이슬람 극단주의자들을 보호한 탈레반 정권은 9·11 테러 이후 유엔 안보리 결의하에 아프가니스탄에 군사적으로 개입한 미국과 나토 동맹국에 의해 무너졌다. 하지만 '탈레반 정권'은 무너졌지만 아프가니스탄 국내외로부터 지원을 받은 '탈레반 세력'은 사라지지 않았다. 이들의 게릴라 전술은 나토 병력을 약화시켰고 미군이 철수하는 데 일조했다. 결국 2021년 8월 탈레반이 재집권하자 혼란스러운 상황 속에서 서구 진영은 서둘러 아프가니스탄에서 철수했다. 그러나 탈레반은 IS의 존재를 제거하지 않았다.

현재 아프가니스탄의 경제적 상황은 끔찍한 수준이다. 또한 여성들은 부르카를 반드시 착용해야 했고 집 안에만 머무는 등 숨 막히는 억압을 또다시 겪고 있다.

100 km

도로 인프라
┈┈┈┈ 듀랜드 라인

민족·언어 집단

파슈툰인
타지크인
발루치인
하자라인
투르크멘인
우즈베크인
키르기스인
이스마일파
누리스탄인

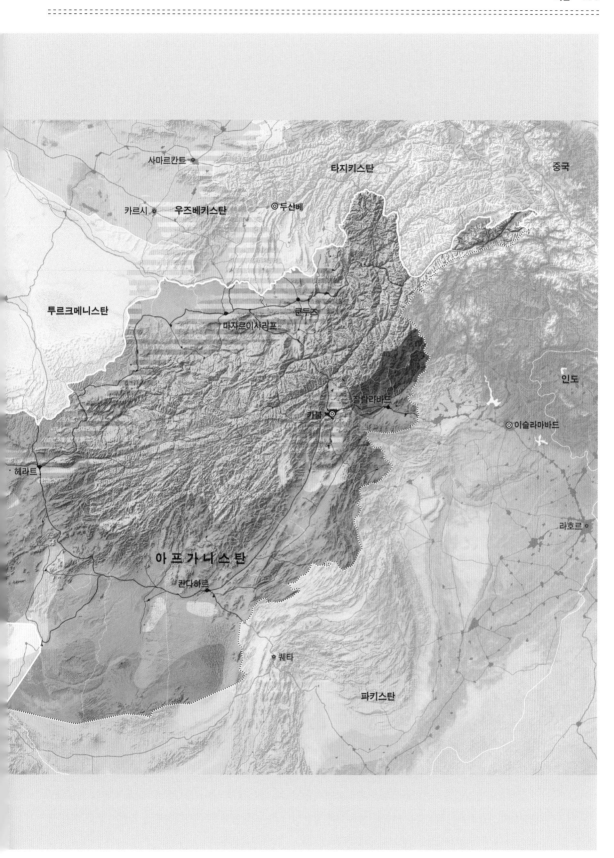

알울라

이곳은 사우디아라비아의 알울라다. 2019년 가을 사우디아라비아 왕국은 전 세계 기자들을 이곳 알울라로 초청해 황갈색과 붉은색이 섞인 거대한 사막, 협곡, 계곡, 그리고 무엇보다도 요르단의 페트라(Petra, 붉은 바위산을 깎아 만든 유적)를 연상시키는 장엄한 바위들이 연출하는 장관을 보여주었다.

당시 기자단 초청은 명확한 목적하에 이루어졌다. 바로 사우디아라비아가 앞으로 '관광비자'를 발급할 것이라는 사실을 전 세계에 알리려는 것이다. 이는 본래 메카 성지순례를 위해 방문하는 무슬림들에 한해서만 발급하고 그 외에는 비자를 내주지 않는 등 세계에서 가장 폐쇄적인 국가 중 하나로 알려져 있던 사우디아라비아에게 커다란 전환점과 같았다.

석유 의존에서 탈피하는 것을 꿈꾸고 이웃 국가인 아랍에미리트의 경제 성장을 다소 흠모했던 무함마드 빈 살만(MBS) 사우디아라비아 왕세자는 자신의 나라에 대해 크나큰 경제적 야망을 품고 있다. 하지만 이는 자국 언론인 카슈끄지 피살 사건이 일으킨 파문으로 얼룩졌다.

그럼에도 빈 살만은 자신의 나라가 단지 석유와 이슬람만으로 한정되지는 않는다는 사실을 전 세계에 알리고 싶어 하며 이제부터라도 관광객들에게 자국의 이야기, 문화, 역사를 들려주기 위해 노력하고 있다. 또한 알울라에 남아 있는 나바테아 문명은 물론 심지어 로마제국과 이슬람교 탄생 이전 시대 흔적들도 재조명받게끔 하려고 한다. 알울라는 '비전 2030'의 일환으로, 사우디아라비아의 거대하고 야심찬 관광 및 문화 개발 프로젝트의 중심에 서 있다. 빈 살만 일가가 내세운 또 다른 계획으로는 두바이와 헷갈릴 정도로 비슷하지만 그보다 더욱 첨단화된 '네옴시티' 건설과 홍해 해안 지역의 관광 개발 프로젝트가 있다.

사우디아라비아는 새로운 관광 지역에 대한 거대한 구상을 그리고 있는데 알울라에서만 2035년까지 2백만 명의 관광객을 유치할 것으로 예상하고 있다. 하지만 2020년은 빈 살만의 개혁에 대한 열정에 찬물을 끼얹은 한 해가 되었다. 유가 폭락, 중동 지역 갈등, 코로나19 팬데믹, 경제 불황, 그리고 여기에 2020년 11월 도널드 트럼프의 대선 참패까지 더해졌다. 그러나 러시아-우크라이나 전쟁은 사우디아라비아를 중요한 위치로 다시금 올라서게 했다. 러시아산 탄화수소를 수입하지 않기 위해서는 사우디아라비아의 석유가 절실해진 서구 국가들이 빈 살만의 비위를 맞추기 위해 애를 쓰고 있기 때문이다.

사우디아라비아: 종교가 정치를 좌우하는 나라, 개혁의 기로에 서다

칼과 코란, 그리고 석유

아라비아 반도에는 총 7개 국가가 위치해 있는데 사우디아라비아는 전체 면적의 5분의 4를 차지하고 있다. 2백만 제곱킬로미터의 면적을 가진 사우디아라비아는 크기로만 보면 프랑스의 네 배에 달하지만 인구수는 절반에 불과하다. 총 3,300만 명이 채 안되는 인구 중 38%는 외국인이다.

수도 리야드는 현 사우디아라비아 왕조인 사우드 왕가가 탄생한 곳이다. 사우드 왕가는 아라비아 반도의 부족들을 정복한 뒤 1925년에 4세기 동안 오스만제국의 지배하에 있던 헤자즈 지역을 정복한 후 1932년에 사우디아라비아 왕국을 세웠다. 통치 가문의 이름을 따서 국가 이름을 지은 것으로는 세계에서 유일하다.

18세기부터 무함마드 이븐 사우드는 엄격한 이슬람교로의 회귀를 설파한 이슬람 학자 무함마드 이븐 압둘 와하브의 도움으로 아라비아 반도의 부족들을 정복하고자 했다. 사우드 왕가의 군사력과 와하브파의

이데올로기 연합은 또 다른 말로 '칼과 코란'이라고도 불리며 사우디아라비아 국기에서도 엿볼 수 있듯이 이 나라 정체성의 근간을 이루고 있다. 이 연합은 문자 그대로의 성서 해석, 대중적 이슬람의 거부, 빈번한 성전 촉구라는 특징을 가진다.

이슬람교는 7세기에 헤자즈 지역의 도시 메카와 메디나에서 탄생했다. 이 두 도시는 오늘날 대표적인 무슬림 성지다. 사우디아라비아가 내세우는 국제적 정당성은 바로 이러한 유산에 일부 기대고 있다. 따라서 스스로를 '성지의 수호자'라 칭하고 있으며 이슬람 수니파의 리더 역할을 자임하고 있다. 이슬람교의 다수파에 속하는 수니파는 법적으로 예언자 마호메트의 언행록 모음집인 순나(Sunnah)를 기반으로 한다. 이슬람교는 여성과 남성의 엄격한 구분, 외국인을 포함한 여성의 베일 착용, 알코올 전면 금지 등을 특징으로 하는 사우디아라비아 사회를 세웠다.

사우디아라비아 왕국의 또 다른 정체성은 오랫동안 세계 1위를 고수했으며 오늘날

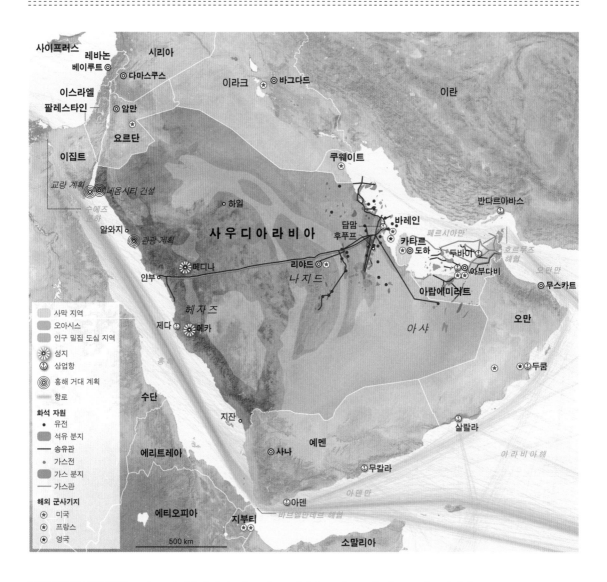

아라비아 반도의 검은 황금의 나라

에는 베네수엘라의 뒤를 잇는 탄화수소(석유의 주원료) 매장량(세계 매장량의 22%)에 기반을 두고 있다. 동부의 하사 지역에 분포되어 있는 탄화수소는 본래 아라비아 반도의 번영을 이끈 원천이었다. 풍부한 탄화수소는 이 나라에 명성을 가져다주었고 국제적으로는 석유수출국기구의 핵심 일원으로 세계 석유 시장을 지배하는 생산자이자 조절자의 역할을 하게끔 해주었다. 1930년대에 발견된 석유는 전통적인 유목생활을 하던 이 나라의 민족을 정착생활을 하는 도

시 인구로 변모시켰다.

사우디아라비아의 정치와 경제 중심지는 수도 리야드이지만 왕국이 가진 권력의 원천은 역동적인 두 지역인 헤자즈와 하사에 있다.

종교의 영향을 받는 정치

오일머니는 사우디아라비아의 급격한 발전과 함께 모든 대륙으로 코란을 대대적으로 배포하고, 제다에 본사를 둔 이슬람협력기

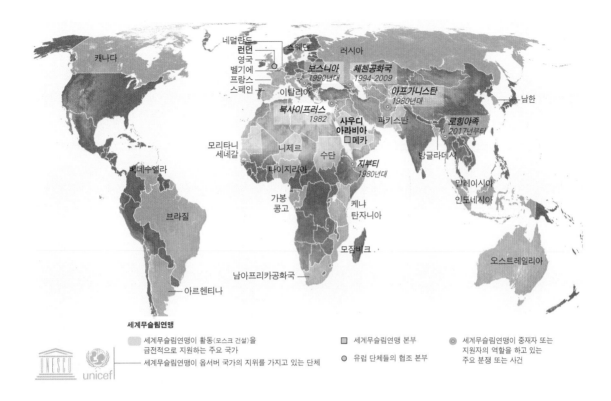

세계무슬림연맹

세계무슬림연맹이 활동(모스크 건설)을
금전적으로 지원하는 주요 국가

세계무슬림연맹이 옵서버 국가의 지위를 가지고 있는 단체

세계무슬림연맹 본부

유럽 단체들의 협조 본부

세계무슬림연맹이 중재자 또는
지원자의 역할을 하고 있는
주요 분쟁 또는 사건

구에 자금을 지원하고, 세계무슬림연맹을 통해 모스크와 이슬람 센터를 건립할 수 있게 해주었다. 1962년 메카에서 창설된 세계무슬림연맹은 아랍 세계에서 커져가는 세속주의 및 사회주의 운동, 그리고 무엇보다도 나세르 이집트 대통령이 앞장서서 추구했던 범아랍주의를 차단하는 것을 목표로 했다. 초반에는 아프리카와 아시아에 한정되었던 활동이 점차 무슬림 공동체가 살고 있는 유럽 국가들로까지 확대되었다.

연맹은 대표적인 근본주의 이슬람 이념인 사우디아라비아의 와하비즘을 전파했는데 이로 인해 종교의 영향을 받는 사우디아라비아 정치가 국제적인 이슬람 테러 활동을 부추긴다는 비판을 받게 되었다. 실제로 9·11 테러를 일으킨 19명의 테러리스트 가운데 14명이 사우디아라비아 국적이며 여기에는 알카에다 설립자이자 테러 주범인 오사마 빈 라덴도 포함되어 있었다.

빈 살만 왕세자의 등장

석유는 사우디아라비아가 전적으로 의존하고 있는 만큼 국가 발전의 주요 원동력인 동시에 약점이 되기도 한다. 국가 예산의 83%가 석유 수출로 인한 수입에서 발생한다. 석유로 벌어들인 수입은 사우디아라비아라는 관대한 복지국가의 자금줄이 되어주는데 국가는 이를 활용해 국민에게 무상 교육, 무상 의료, 공공분야 일자리 등을 제공하고 주거, 식료품, 에너지에 대한 보조금도 지원한다.

그러나 2014년부터 유가가 폭락하면서 정치적으로도, 사회적으로도 나라의 안정

**이슬람교에 대한
사우디아라비아의
영향력**

성이 문제가 될 위기에 놓였다. 이러한 상황은 영문 앞글자를 따 MBS라고도 불리는 젊은 왕세자 무함마드 빈 살만이 제시한 최근의 정치적, 경제적 개혁 정책을 이해하게끔 해준다. MBS는 2015년에 국왕이 된 부친 살만 빈 압둘아지즈의 뒤를 이어 왕세자에 오른 인물이다.

MBS의 왕세자 즉위는 새로운 세대로 권력이 교체되었음을 알리는 동시에 왕국의 보수적인 이미지를 변화시키려는 목적을 가진다. MBS는 거리에서 도덕 경찰을 없애고, 공공장소에서의 성별 분리를 완화하고, 여성들의 운전을 허용하고, 영화관을 세우고, 관광업의 문을 활짝 열었다. 또 경제적으로는 2016년에 공식적으로 '비전 2030'을 출범시켰다. 이는 투자자들을 유치할 목적으로 더욱 다양하고 경쟁력을 갖춘 경제 시스템을 구축하고, 석유 이후의 세상을 준비하고, 일자리를 창출하기 위한 거대 개혁 프로그램이다.

사우디아라비아는 2030년까지 석유 이외의 수입을 여섯 배로 늘리고 45만 개의 민간 일자리 창출을 기대하고 있다. 현재 이 나라의 평균 실업률은 12%이지만 젊은층에서는 30-40%에 달한다. 여기에 덧붙여 부패 혐의로 기소된 재계를 숙청함으로써 MBS는 왕족이나 부자가 아닌 사우디아라비아 국민의 수호자라는 이미지를 구축하고자 한다.

그러나 젊은 개혁가의 모습 뒤에는 대대적인 억압과 탄압을 통해 모든 반대 의견을 묵살할 준비가 되어 있는 권위적인 정치인의 면모 또한 숨겨져 있다. 2018년 10월 MBS는 정권에 맞서 신랄한 비판을 쏟아내는 것으로 유명했던 자국 언론인 자말 카슈끄지를 이스탄불의 사우디아라비아 영사관에서 암살한 배후로 지목되고 있다. 이런 끔찍한 행위 때문에 2021년 1월 조 바이든 미국 대통령은 임기를 시작한 바로 다음날부터 왕세자와는 거리를 두고 살만 국왕과의 관계를 우선시했다. 이는 양국 간 동맹 관계를 내세우면서 MBS가 정적을 암살했다는 의혹을 줄곧 부인해 왔던 도널드 트럼프와의 급격한 단절을 꾀한 것이다.

MBS가 이토록 억압적인 정책을 펼치는 것은 2011년 아랍의 봄 이후 더욱 커진 사우디아라비아 왕정에 대한 불신을 두려워하기 때문이라고 풀이된다. 사우디아라비아는 왕정의 안정을 위협하는 것에 맞서 싸우는 것을 대내외적 우선순위에 두고 있다. 한편 MBS는 이 지역에서 아랍에미리트의 대통령인 무함마드 빈 자이드 알 나하얀(줄여서 MBZ)과 든든한 동맹관계를 맺고 있다.

아랍에미리트가 롤모델?

일부 전문가들은 MBZ가 MBS의 멘토이자 나아가 롤모델이라고 평가한다. MBZ는 2014년부터 아랍에미리트의 수장을 맡고 있다. 1971년 12월에 건국된 작은 군주국인 아랍에미리트는 이 지역에서 두 번째로 큰 경제대국이며 다양한 분야에서 두각을 나타내고 있다. 이는 석유 수익의 재분배와 효율적인 교통 인프라를 기반으로 한 경제 발전에서 기인했다. 두바이 제벨알리항은 컨테이너 물동량에서 세계 9위, 두바이 공항은 국제선 승객수에서 세계 1위를 차지했다. 프랑스 소르본 대학교와 루브르 박물

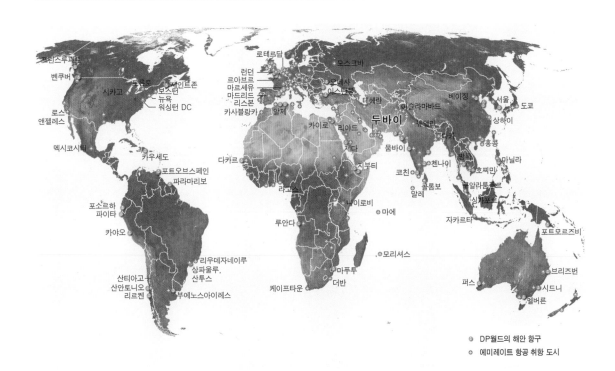

포츠머스루파튼
벤쿠버
시카고
토론토
세인트존
보스턴
뉴욕
워싱턴 DC
로스
앤젤레스
멕시코시티
쿠우세도
포트오브스페인
파라마리보
포스두르하
파이타
카야오
산티아고
산안토니오
리르켄
부에노스아이레스
리우데자네이루
상파울루,
산투스
로테르담
런던
르아브르
마르세유
마드리드
리스본
카사블랑카
알제
다카르
라고스
루안다
케이프타운
모스크바
오데사
이스탄불
테헤란
카이로
리야드
제다
지부티
나이로비
마푸토
더반
두바이
이슬라마바드
뭄바이
코친
콜롬보
말레
마에
모리셔스
베이징
서울
도쿄
상하이
다카
홍콩
타이베이
첸나이
쿠알라룸푸르
싱가포르
자카르타
마닐라
호찌민
퍼스
브리즈번
시드니
멜버른
포트모르즈비

⊙ DP월드의 해안 항구
⊙ 에미레이트 항공 취항 도시

관을 아부다비에도 설립한 것은 아랍에미리트의 매력을 국제적으로 드높이는 데 기여했다. 또한 세계에서 가장 높은 타워이자 이제는 세계적인 상징이 된 부르즈 할리파를 비롯한 화려한 건축물, 관광업의 발전, 2021-2022년에 두바이에서 개최된 엑스포 등 아랍에미리트 소프트파워의 최첨단에는 항상 두바이가 있다.

오랫동안 지역 안보 문제에 있어서는 소극적인 태도를 취해온 아랍에미리트는 2011년 아랍의 봄 이후로 훨씬 개입주의적인 대외정책을 펼치기 시작했다. 목표는 그것이 무슬림형제단(1928년 이집트에서 창설된 단체로, 세계에서 가장 오래되고 가장 규모가 큰 이슬람 운동 단체)이든 이란이든, 지역의 안정을 해치는 모든 위협을 저지하는 것이다. 그 정책의 일환으로 2011년 3월 걸프협력회의(GCC)는 바레인으로 사우디아라비아 병력을 보내면서 최초로 '반도 방위군' 작전을 시행했다. 이 작전은 작은 군주제 국가인 바레인 인구의 대다수를 차지하는 시아파의 시위를 차단하고 수니파 국왕인 알 칼리파의 권력을 공고히 하려는 목적을 가지고 있었다.

경쟁국 이란에
맞서기 위한 새로운 전략적 축

2015년 3월 예멘에서 군사작전을 펼친 것은 당시 각국의 국방장관이었던 MBZ와 MBS의 견해가 수렴된 결과였다. 이들은 모두 예멘 임시정부를 전복시켰던 시아파 분파인 자이드파에 속하는 후티 반군이 이란의 지원을 받았다고 확신했고, 따라서 이란의 팽창주의를 억제하기 위해서는 이들을 무찔러야만 한다고 여겼다. 사우디아라비

**두바이,
매우 세계화된 장소**

자국의 에미레이트 항공을 통해 세계적으로 항공망을 갖추고 제벨알리의 자유 무역 지역을 발전시키면서 두바이는 상품과 관광객들이 반드시 거쳐가야만 하는 장소가 되었다. 아랍에미리트의 다국적 물류회사인 DP월드(Dubai Ports World)의 항구 개발 전략은 잠정적으로 군사적 목적을 지닌 '거점 외교'와 비슷한 양상을 띤다. 이는 아랍에미리트가 점점 더 개입주의적인 대외정책을 펼칠 수 있는 '해상 제국'을 건설하기 위함이다.

시아파 초승달 벨트, 지정학적 상징

요르단, 이집트, 사우디아라비아 등 수니파 아랍 정부들에 따르면 이 지역의 안정을 위협하는 것은 이들 국가의 국경지대를 따라 형성되고 있는 시아파 초승달 벨트다. 이라크에서 시아파가 집권하면서 지역의 세력 균형이 변화했기 때문이다. 이라크 내 다수인 시아파 세력은 2003년 사담 후세인의 수니파 정권이 몰락하면서 성장했다. 시아파 종주국인 이란이 레바논의 헤즈볼라와 시리아의 바샤르 알 아사드 정권을 지지하는 것도 이러한 맥락에서 설명될 수 있다.

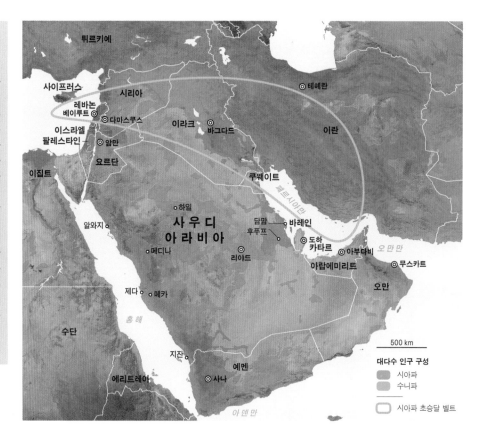

대다수 인구 구성
시아파
수니파
시아파 초승달 벨트

아는 지역의 불안을 키우는 시아파 종주국이자 경쟁국가인 이란의 영향력이 자국 영토에까지 뻗칠 것을 우려하고 있다. 사우디아라비아 국민 대다수는 수니파이지만 시아파 인구 또한 10-15%에 이르기 때문이다. 이들은 페르시아만을 따라 석유 매장지와 가스전 대다수가 몰려 있는 하사 지역에 주로 거주하고 있는데 이곳의 불안정은 사우디아라비아 전체와 국가 경제를 위태롭게 만들 수도 있다.

아랍에미리트와 사우디아라비아 사이에 형성된 새로운 전략적 축은 2017년 카타르와의 외교 단절을 가속화했다. 당시 카타르는 무슬림형제단 및 이란과 지나치게 가운 관계를 맺고 있다는 비판을 받았다. 이에 두 나라의 새로운 전략적 관계는 이라크에서 IS를 무찌르기 위한 군사작전에 참여하고, 이집트에 자금을 지원하고, 칼리파 하프타르가 이끄는 리비아국민군(LNA)에게 무기를 지원하는 것으로 이어졌다. 이러한 새로운 전략적 축은 양국이 주요 군사 동맹국이었던 미국과의 관계에서 조금은 벗어날 수 있게 해주었다.

조 바이든 미국 대통령은 전임 대통령과 대조적인 행보를 보이며 걸프만의 안정과 안전을 회복하고자 했다. 이는 예멘의 전쟁 종식, 따라서 사우디아라비아의 군사작전에 대한 미국의 지원 중단, 이란과의 대화 재개, 덜 급진적이며 다자주의에 뿌리를 내린 사우디아라비아의 통치를 통해 이루어질 수 있다. 이를 잘 이해하고 있었던 사우디아라비아는 2021년 1월부터 카타르와의

관계를 회복했고, 2021년 2월 초에는 여성
인권운동가인 루자인 알하틀룰을 석방했으
며, 3월에는 후티족에게 휴전을 제안했다.
자말 카슈끄지 피살 사건이 세간의 관심에
서 멀어지게 하기 위해서는 최소한의 정치
적, 군사적 태세 전환이 필요했던 것이다.

    2022년 여름 MBS와 조 바이든의 관계는
다시 훈훈해졌다. 양국이 언급한 주요 쟁점
으로는 중동 원유의 생산, 미국의 중동 지
역 보호, 이스라엘과의 관계 정상화 등이
있다.

예멘, 수많은 주변 국가들의 개입

오랫동안 '행복한 아라비아'라고 불렸던 예멘은 1990년에 통일되었는데, 2014년부터는 끔찍한 분쟁의 현장이 되어 각각의 지역 강대국들과 동맹을 맺은 여러 분파로 나뉘어 서로 대립하게 된다. 오랜 역사를 지닌 갈등을 반영하고 있는 만큼 상황 해결이 쉬워 보이지는 않는다.

아라비아 반도 남쪽에 위치한 예멘에서는 2011년 아랍의 봄 당시 민중봉기가 일어나 대통령이었던 알리 압둘라 살레가 사임하고 부통령이었던 압드라보 만수르 하디가 대통령 권한대행을 맡았다. 하지만 이후 과도정부가 들어서면서 또다시 반발이 일어났다. 특히 북부의 자이드파 부족인 후티족이 반란을 일으켰다. 후티족은 예멘의 시아파 분파에 속한다. 새 정권에게 홀대받고 새롭게 편성된 선거구에 만족하지 못한 후티 반군은 2014년 7월 수도 사나로 진군했고 그 과정에서 살레 전 대통령 동맹들의 도움을 받았다. 결국 2015년 1월 하디 대통령은 어쩔 수 없이 사임하면서 사우디아라비아로 피신해 군사적 지원을 요청했다.

이에 2015년 3월 사우디아라비아는 예멘을 향해 자국 주도의 아랍연합군과 함께 '단호한 폭풍 작전'을 개시했다. 하지만 작전은 기대만큼 성공에 이르지 못했고 오히려 국가의 모든 부문에 침투한 후티 반군 세력이 힘을 갖게 되면서 하디 대통령의 신뢰도를 떨어뜨리는 결과를 낳았다. 이 기간 동안 예멘의 임시수도인 아덴을 장악하고 있던 남예멘에서는 분리주의 운동이 일어났다. 남부 분리주의 세력은 아랍에미리트로부터 지원을 받아 하디 정부군과 대립하고 있는데 아랍에미리트는 본래 사우디아라비아와 동맹관계였다.

예멘 영토에는 대립하고 있는 이들 세 세력 외에도 네 번째 세력이 존재한다. 바로 알카에다 아라비아 반도 지부(AQAP)다. 이들은 스스로 2015년 1월 프랑스에서 일어났던 풍자 전문 잡지《샤를리 에브도》테러의 배후라고 주장하기도 했다.

예멘에서 일어나고 있는 분쟁을 설명할 수 있는 요인은 다양하지만 예멘 영토를 경쟁을 위한 각축장으로 만든 이란, 아랍에미리트, 사우디아라비아의 개입이 없었다면 이 같은 사태가 지속되지 않았을 것임은 분명하다. 미국, 유럽과 같은 세계의 강대국들 또한 걸프만의 군주국가들에게 무기를 공급하면서 공모했다는 비난을 피할 수 없다.

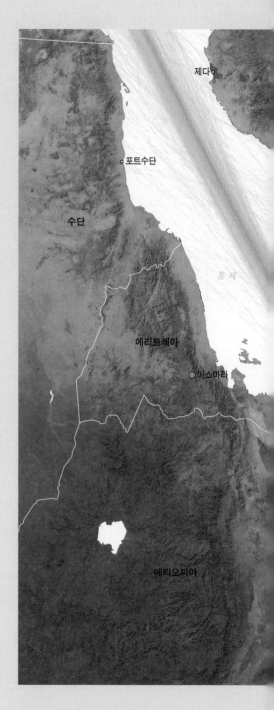

알레포

이곳은 내전이 일어나기 전 알레포의 모습이다. 과거에는 나무로 지어진 전통가옥을 감상하고 여유롭게 시장을 산책하는 게 가능했지만 지금은 이를 떠올리는 것조차 어려워졌다. 당시 시리아의 정치와 금융의 수도는 다마스쿠스, 알레포는 경제와 산업의 수도처럼 여겨졌다. 제2의 도시 알레포는 튀르키예 국경에서 겨우 수십 킬로미터 떨어진 시리아 북서쪽에 위치해 있으며 지금까지도 전략적 요충지로 여겨지고 있다. 특히 구시가지에 풍부한 문화유산을 간직하고 있어 유네스코 세계문화유산으로 등재되기도 했다.

알레포는 시리아의 다른 도시들과 마찬가지로 세련되고 부유한 구역과 동쪽의 빈곤한 구역으로 구분되는 불평등한 사회 구조가 특징이다. 2011년 아사드 독재 정권에 대한 반정부 시위가 시작되었던 곳도 바로 이곳이었다. 알레포에서는 10년간 이어진 시리아 내전의 모든 진행 과정을 엿볼 수 있다. 먼저 2012년부터 2016년 사이에 발생한 알레포 전투가 있다. 당시 알레포는 정부가 장악한 서부 지역과 반란군이 점령한 지역으로

나뉘어 있었다. 2013년에는 IS가 출현했다. 반군은 처음에는 IS와 협력했지만 2014년 초부터는 서로 전쟁을 벌였다. IS는 결국 국제적 개입으로 무너졌다.

러시아의 군사 개입은 2016년 시리아 정부군이 도시를 탈환하도록 도왔다. 알레포 전투는 현지의 다양한 병력에 의한 대규모 폭격과 화학무기 사용으로 민간인 2만 명 이상이라는 최다 희생자를 발생시켰다. 시리아라는 국가가 증명하듯 알레포는 자유를 갈망하는 운동이 어떻게 내전으로, 나아가 국제적 분쟁으로 번지는지 보여준다.

내전이 시작된 지 10년이 지난 뒤에도 아사드 일족은 동맹인 러시아의 지원을 받아 여전히 권력을 쥐고 있다. 2022년 3월 시리아는 러시아의 우크라이나 침공을 비난하지 않은 국가 중 하나였으며 시리아군은 러시아군에 협력하기 위해 우크라이나에 투입되었다. 구소련은 과거 바샤르 알 아사드의 부친인 하페즈 알 아사드 전 시리아 대통령을 지지하는 등 러시아와 시리아의 협력은 역사가 깊다.

시리아: 한 나라의 내전인데 온갖 나라들이 참전하다

지중해와 사막 사이에

시리아는 지중해 동쪽 끝에 위치해 있다. 북쪽은 튀르키예, 동쪽은 이라크, 남쪽은 요르단, 서쪽은 이스라엘 및 레바논과 국경을 접하고 있다. 18만 5천 제곱킬로미터의 면적을 가진 이 나라는 주로 거대한 석회암 대지로 형성되어 있으며 북동쪽에는 튀르키예에서 발원하는 유프라테스강이 흐르고 있다. 상부 메소포타미아 혹은 아랍어로 알자지라('섬'이라는 뜻)라 불리는 동부 지역은 스텝 지대로, 시리아 사막과 튀르키예와의 국경선을 따라 관개농업을 하는 지역 사이에 위치해 있다. 서부 지역은 알라위파의 터전으로, 지중해를 따라 위치한 자블라 평원과 알가브 평원이라는 강수량이 풍부한 두 인접한 평원의 혜택을 보고 있다. 전체 영토의 30%는 경작이 가능한 반면 다른 지역은 대부분 건조하다.

시리아 경제는 2011년 내전이 일어나기 전까지는 경제활동인구의 25%가 종사한 농업에 주로 의존했다. 양이 감소하고 있기는 하지만 석유가 국가 수입의 4분의 1을 담당했다. 1960년대부터 국가 주도로 발전한 산업은 정유, 인산염 처리, 시멘트 제조에 주로 기반을 두고 있다.

다양한 민족과 공동체

내전이 발발하기 전까지 서부 지역에 주로 집중되어 있던 시리아의 인구는 2,100만 명으로, 그중 수도 다마스쿠스와 교외 지역에 5백만 명이 거주하고 있었다. 시리아 인구는 민족 면에서나 종교 면에서 매우 다양하다.

인구의 약 90%는 아랍인인데 그중 수니파는 64%, 알라위파는 10%, 드루즈파는 3%, 이스마엘 시아파는 1%, 그리고 다양한 종파를 가진 기독교인(그리스 정교, 그리스 가톨릭, 마론파, 네스토리우스교 등)이 5%를 차지한다. 알라위파와 드루즈파는 전통적으로 시아파에 속하지만 서로 구별되며 일부 무슬림 사이에서는 이단으로 여기기도 한다. 아사드 일족(하페즈 알 아사드는

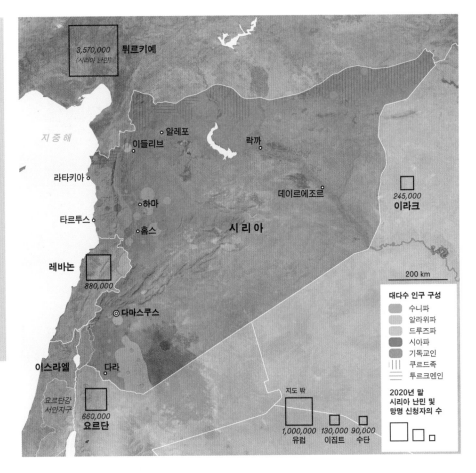

1971년 시리아의 대통령이 되어 사망한 2000년까지 집권했고 아들인 바샤르 알 아사드가 대통령직을 승계했다)이 바로 이 알라위파에 속한다.

여기에 수니파 민족 집단 또한 존재한다. 수니파는 시리아의 북동부 지역에 집중되어 있는데 전체 인구의 14%를 차지하는 쿠르드족과 대략 1%를 차지하는 투르크멘인도 여기에 포함된다. 마지막으로 아르메니아 기독교 공동체 또한 존재한다.

쿠데타로 집권한 정권

시리아는 이웃 국가 레바논과 마찬가지로 1920년부터 프랑스의 지배를 받았고 1946년에 독립했다. 시리아에는 다양한 민족과 종교가 모여 있는데 이를 통합할 만큼 효율적인 정부를 수립하는 데 난항을 겪었다. 당시 국민들은 프랑스 위임통치 기간 동안 시행된 권력 안배주의 체제에 익숙해져 있었다. 거기다 알레포와 다마스쿠스 간의 경쟁이 국가의 필연적인 중앙집권화를 가로막았다.

이러한 상황 속에서 독립한 시리아는 만성적인 불안정에 시달렸고, 군대는 정치에서 주요 역할을 수행했는데 1970년 11월 하페즈 알 아사드의 쿠데타에 이르기까지 일련의 쿠데타를 일으켰다. 하페즈 알 아사드는 1963년에 집권당이 된 바트당의 힘을 빌어 시리아에서 절대적인 권력을 행사하면서 국민을 통제했다. 아사드 정권은 육군과 행정부의 주요 직책에 군 수뇌부의 대다수를 이루는 알라위파 일족을 앉혔다.

내전이 발발하기 전까지 시리아는 지속적으로 '비상사태'를 유지했다. 이는 검열, 무카바라트(시리아의 비밀경찰)의 엄격한 감시, 5인 이상 모임 금지, 투옥 등을 뜻했다. 모든 반대세력 또한 진압되었는데 1982년에 하마에서 수니파 무슬림형제단이 일으킨 반란 또한 정권에 의해 무참히 진압되며 수많은 사상자를 낳았다.

경제적인 측면에서는 2000년대에 바샤르 알 아사드 대통령이 자유화를 펼쳤는데 이로 인해 특히 대통령의 최측근들이 이득을 보았다. 그중에는 은행, 이동통신, 석유, 건설 분야에서 국가 최초의 민간인 투자자가 된 대통령의 사촌 라미 마클루가 있다. 나머지 국민들은 발전의 혜택을 거의 누리지 못했다.

2011년 내전이 일어나기 전까지 시리아인의 30%는 빈곤 한계선 아래에서 살고 있었고, 실업률은 20-25%를 오르내렸으며, 청년 실업률은 중장년의 실업률보다 여섯 배나 높았다. 20세 미만 인구는 시리아 인구 중 절반을 차지했다. 2011년에는 가뭄이 5년 동안 지속되어 농산물 가격이 급등하고 극심한 이농현상이 발생하면서 경제 상황이 더욱 악화되었다.

내전으로 향하는 길목

2011년 초 아랍의 봄이 튀니지에서 이집트,

리비아, 바레인, 예멘으로 확산되는 동안 독재적이고 부패하고 불평등한 시리아 사회는 그야말로 폭발하기 일보 직전이었다.

시리아의 민중봉기는 요르단과의 접경지대인 남부의 소규모 농업도시 다라에서 시작되었다. 10대 청소년들이 도시 벽면에 "민중은 정권의 붕괴를 원한다"라는 낙서를 했는데 이들은 곧바로 비밀경찰인 무카바라트에 체포되어 고문을 당했다. 이에 대한 반발로 변화를 촉구하는 시위가 일어나면서 전국으로 확산되었다. 평화로운 시위였음에도 시리아 군대는 시위대를 향해 발포하고 대대적으로 체포하고 고문하는 등 또 다른 반발을 불러일으켰다. 하지만 정부의 잔혹한 탄압에도 불구하고 2011년 한 해 동안 시위의 물결은 계속되었다.

2011년 7월 말 튀르키예로 망명했던 시리아 장교들이 자유시리아군(FSA, 시리아 반정부 군사 조직)을 창설했다. 그 이후 시리아는 내전이라는 연쇄적 악몽에 빠진다. 2012년 여름을 지나면서 정부군이 특히 알레포에서 자유시리아군에 의해 밀려났다. 정부군은 수십 년 전부터 정권의 박해를 받아온 쿠르드족에게도 굴복했다. 그렇게 쿠르드족은 시리아 북서부의 거의 전역을 점령하게 되었다.

하지만 벤 알리 튀니지 대통령이나 이집트의 무바라크 대통령과 달리 바샤르 알 아사드는 권좌에서 물러날 생각이 없었다. 오히려 그는 더욱 극심한 탄압을 가했다. 그렇게 민중의 봉기는 내전으로 바뀌었다. 알 아사드는 민중을 상대로 전차, 헬리콥터, 전투기, 심지어 탄도미사일까지 동원했다. 그는 민간인들의 정상적인 삶을 방해할 요

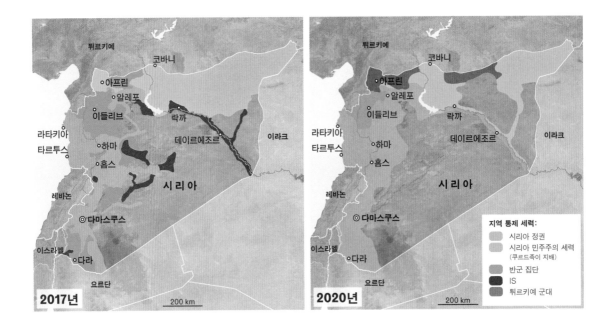

량으로 반군이 점령한 지역 안에 있는 빵
집, 식량 창고, 병원, 학교 등을 겨냥하여
폭탄을 투하했다. 남부의 저항세력에 직면
한 알 아사드는 2013년 8월 21일, 특히 다
마스쿠스 외곽에 있는 동구타 지역에서는
화학무기까지 사용했다. 버락 오바마 미국
대통령은 화학무기 사용을 마지노선으로
삼고 있었음에도 시리아에 대한 군사 개입
에는 미온적이었다. 따라서 바샤르 알 아사
드는 상황이 악화되면서 반군의 저항이 과
격해졌을 때에도 계속해서 탄압을 이어나
갈 수 있었다.

한 나라의 내전인데
온갖 나라들이 참전하다

자유시리아군에게는 물자와 결속력이 거의
없었다. 따라서 점차 아라르 알샴(극보수 강
경 반군 조직), 자이쉬 알 이슬람(이슬람주의
성향의 반군 단체), 또는 알카에다의 분파인

알누스라 전선과 같은 수많은 이슬람주의
지하디스트 단체들에 의해 밀려나게 되었
다. 이들 단체는 카타르, 사우디아라비아,
튀르키예로부터 자금을 지원받았다. 시리
아는 또한 수많은 외국 국가들까지 전쟁에
끌어들였는데 그중에는 튀니지, 리비아, 튀
르키예, 사우디아라비아뿐만 아니라 프랑
스, 벨기에, 독일과 같은 유럽 국가들까지
속해 있었다.

여기에 IS까지 더해졌다. '이라크-레반트
이슬람국가(ISIL 혹은 ISIS)'에서 2014년 여
름에 IS(이슬람국가)로 이름을 바꾼 이들은
시리아 내전을 기회로 삼아 이 나라에 발을
들였다. 이후 그들은 알누스라 세력과 힘을
합치고자 했지만 알누스라는 이를 거부하
고 알카에다에 충성했다. 그렇게 두 지하디
스트 단체 사이에 동족상잔의 전쟁이 벌어
졌다. 승리한 IS는 시리아 동부와 이라크 북
서부를 점령했고 2014년 6월 29일 이슬람
지도자 칼리프(Caliph)가 통치하는 독립국가

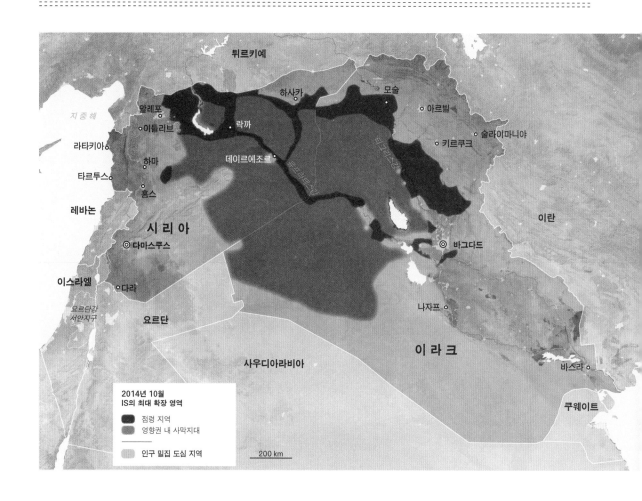

2014년 10월
IS의 최대 확장 영역

점령 지역
영향권 내 사막지대

인구 밀집 도심 지역

200 km

수립을 선포하기에 이른다.

이에 대응해 2014년 9월부터 IS에 대항하는 미국 주도의 국제동맹군이 결성되었다. 여기에는 유럽의 주요 국가와 오스트레일리아, 캐나다, 사우디아라비아, 요르단, 카타르, 바레인, 아랍에미리트 등이 가담했다. 2014년부터 2016년 사이 동맹군은 시리아에서 4천 회 이상의 공습을 감행했고 현지에서는 쿠르드족 민병대인 쿠르드 인민수비대(YPG)에 의존했다. 2015년 1월 쿠르드족은 코바니에서 첫 승리를 거두었고 2017년 10월에는 IS가 시리아에서 수도처럼 여기던 락까를 함락했다.

한편 시리아 정부군은 내전 초기부터 이란과 레바논의 헤즈볼라로부터 재정적, 군사적 지원을 받았고 이후에는 대외적으로 러시아의 지원을 받아왔다. 러시아는 시리아 내전에 IS가 참전하자 2015년 9월 시리아에 대한 개입을 결정하면서 세력 균형에 변화를 가져왔다. 아사드 정권이 몰락할 수도 있을 위험을 무릅쓰고 푸틴은 특히 알레포, 다라, 다마스쿠스 인근 동구타 등 저항세력의 본거지를 우선적으로 겨냥하면서 시리아 정부군이 '유용한' 핵심 지역들을 탈환할 수 있도록 도왔다.

시리아와 800킬로미터가 넘는 국경을 접하고 있는 이웃 국가 튀르키예는 분쟁의 또다른 주체다. 내전 발발 직후 튀르키예는

IS의 시리아 진출

이라크-레반트 이슬람국가는 시리아 내전을 기회로 영토를 확장했고, 2014년에 이슬람국가(IS)로 거듭나면서 '칼리프가 통치하는 국가의 수립'을 선포했다. 세력이 절정에 달했을 당시 이들은 영국 면적에 준하는 영토를 지배했고 테러 행위를 벌이며 전 세계로 진출하기도 했다.

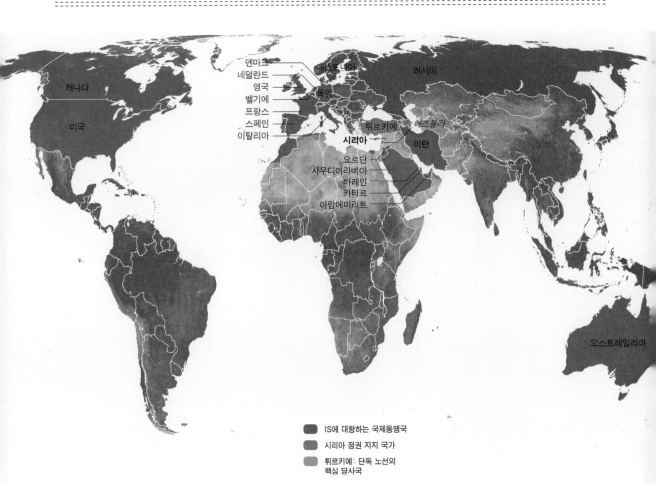

덴마크
네덜란드
영국
벨기에
프랑스
스페인
이탈리아
에스토니아
독일
러시아
캐나다
미국
튀르키예
헤즈볼라
시리아
이란
요르단
사우디아라비아
바레인
카타르
아랍에미리트
오스트레일리아

■ IS에 대항하는 국제동맹국

■ 시리아 정권 지지 국가

■ 튀르키예: 단독 노선의
핵심 당사국

분쟁의 국제화

미국은 시리아 내전에 참전한 IS에 맞서 자신들의 주도로 국제동맹군을 창설했다. 러시아와 튀르키예는 공식적으로는 테러 조직과 맞서 싸우고 있지만 자국의 이권 또한 수호하고 있다. 러시아는 이란과 함께 아사드 정권을 지원하는 주요 국가이며, 튀르키예는 자국의 국경지대에 쿠르드족 자치구가 들어서는 것을 막고자 한다.

자유시리아군을 지지하면서도 군사 물자와 수천 명의 지하디스트 세력이 자국 국경을 통과해 전쟁 지역으로 향하는 것을 그냥 내버려 두었다. 2016년부터 에르도안 튀르키예 대통령은 러시아와 더 가까워졌다. 튀르키예는 공식적으로는 'IS와의 전쟁'을 선포하며 시리아에 군사 개입하기로 결정했지만 진짜 속셈은 자신들의 나라에 위협이 되는 쿠르드족의 '무장해제'에 있었다. 그들이 원하는 것은 자국 국경을 따라 쿠르드족이 자치구를 설립하는 것을 막는 것이었다. 2018년 튀르키예군은 쿠르드족이 점령했던 아프린을 탈환했다. 또 2019년 도널드 트럼프가 미군을 철수하자 튀르키예군은 새롭

게 공세를 가하며 쿠르드 인민수비대가 장악한 지역을 반으로 갈랐다. 그 결과 2020년 4월 바샤르 알 아사드 정부군과 그 동맹군은 절반 이상에 달하는 시리아 영토의 통제권을 되찾을 수 있었다.

시리아 국민들에게
아직 봄은 오지 않았다

내전이 발발한 지 10년이 지난 2021년, 전쟁은 여전히 끝날 기미를 보이지 않았다. 겉으로는 계속해서 권력을 유지하고 있는 바샤르 알 아사드가 승리한 것처럼 보였다. 하지만 아사드 일족의 내부 갈등이 심각했

고, 이란과 러시아에 대한 의존도는 갈수록 높아졌으며, 2020년 6월 발효된 '카이사르법'(인권 탄압을 저지른 시리아 정부에 대해 미국이 경제 제재를 선언한 법령)'에 따른 미국의 제재는 시리아의 경제 회복에 대한 모든 희망을 짓밟았다.

시리아 내전은 50만 명에 가까운 사망자를 냈다. 화학무기 공격, 대량 학살, 전쟁범죄, 반인도적 범죄가 주로 시리아 정권, 그 다음에는 IS에 의해 자행되었다. 또한 시리아 국민 7백만 명이 나라를 떠났다. 이는 전체 인구의 3분의 1에 해당하는 숫자다. 유엔은 8백만 명에 가까운 시리아 국민이 식량 부족을 겪고 있다고 집계했는데 이는 남은 인구의 절반에 가까운 숫자다.

끝나지 않은 쿠르드족 문제

시리아와 이라크에서 쿠르드족은 IS와 전쟁을 치르거나 각국의 영토를 수호하는 데 있어 중요한 역할을 해왔다. 하지만 쿠르드족의 자치권이 커지면서 튀르키예 정부의 불안감이 높아지고 있다.

쿠르드족은 아랍인도, 투크르족도, 페르시아인도 아니지만 페르시아어에 가까운 언어를 사용한다. 이들 대다수는 수니파 이슬람교도이지만 소수의 시아파, 예지디족, 심지어 기독교인도 존재한다. 기원전 9세기 무렵 자그로스 산맥 지역에 정착했던 쿠르드족은 이후 메디아로 이동했고 오늘날에는 이란, 이라크, 시리아, 튀르키예 등 4개 국가의 접경지대에 2,500-3,500만 명의 인구가 하나의 공동체를 형성하며 살아가고 있다.

이들은 팔레스타인인과 마찬가지로 국가가 없는 민족이다. 제1차 세계대전 직후에 조인된 세브르 조약은 쿠르드족의 자치구 설립을 약속했다. 그러나 튀르키예 초대 대통령 무스타파 케말은 튀르키예 민족주의를 이유로, 유럽 열강들은 자신들의 이해관계를 이유로 쿠르드족의 요구를 외면했다. 반면 이라크의 쿠르드족은 거의 완전한 자치권을 얻어냈다. 오늘날 앞서 언급한 4개 국가에 주로 모여 살고 있는 쿠르드족은 그들이 속한 국가의 헌법, 법치주의에 대한 존중 여부, 최근의 지정학적 변화에 따라 천차만별의 대우를 받고 있다.

쿠르드족이 가장 많이 사는 곳은 튀르키예다. 튀르키예 인구 다섯 명당 한 명은 쿠르드족(즉 1,500만 명)이며 이들은 튀르키예 영토의 30%에 거주하고 있다. 2000년대 초반까지 튀르키예는 이들을 '산에 사는 투크르족'이라고만 규정했다. 이런 상황 속에서 1970년대 말 튀르키예 정부에 대항하여 게릴라전을 펼치는 쿠르드노동자당(PKK)이 창설되었고 이에 튀르키예 정부는 이들을 군사적으로 억압하고 강제로 이주시켰다. 그러던 중 2003년 미국의 이라크 침공으로 바트당이 붕괴하면서 이라크 내 쿠르드족 자치구(쿠르드족 500-600만 명 거주)가 정치적, 경제적으로 자치권을 누리게 되자 튀르키예는 이것이 자국의 쿠르드족에게 희망을 줄까 두려워했다. 이러한 이유로 튀르키예는 시리아 전쟁에 뛰어든 것이다. 그러나 10년 넘게 이어진 시리아 내전은 쿠르드족의 자치권을 더욱 강화했고 시리아 내 쿠르드족 자치구를 '연방 민주주의' 지역으로 선포하기에 이르렀다. 쿠르드족은 IS 전투원들에 맞서 싸웠고, 따라서 서구 진영에게는 없어서는 안 될 중요한 동맹으로 자리매김했다. 하지만 2019년 미군이 시리아에서 철수하자 그들의 힘은 약해질 수밖에 없었다.

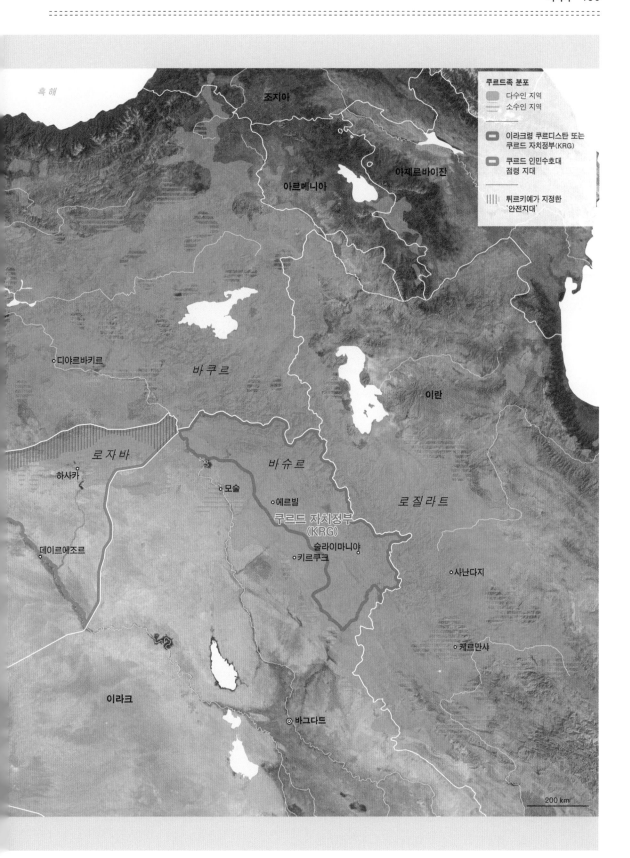

흑 해

조지아

아제르바이잔

아르메니아

디야르바키르

바 쿠 르

이란

로 자 바

하사카

바 슈 르

모술

에르빌

로 질 라 트

쿠르드 자치정부
(KRG)

술라이마니야

키르쿠크

사난다지

데이르에조르

케르만샤

이라크

바그다드

200 km

Destination #19

보스포루스 해협

이곳은 바로 지중해에서 이스탄불의 중심을 지나 흑해로 연결되는 보스포루스 해협으로, 지구상에서 가장 전략적인 해상 항로 중 하나다. 러시아-우크라이나 전쟁이 벌어진 직후 에르도안 튀르키예 대통령은 보스포루스 해협과 다르다넬스 해협을 폐쇄하면서 러시아군의 해상 전략을 방해했다. 특히 2022년 3월 2일 전쟁 초기에 에르도안은 유엔에서 러시아의 우크라이나 침공을 규탄하는 데 찬성표를 던짐으로써 서구 진영으로 복귀하겠다는 분명한 인상을 남겼다. 하지만 2022년 봄 스웨덴과 핀란드가 나토의 새로운 회원국이 되고자 문을 두드렸을 때에는 이를 반대했다.

이유는 다음과 같았다. 스웨덴과 핀란드가 튀르키예의 적인 쿠르드족에게 우호적이기 때문이다. 두 나라의 나토 가입을 막는 것은 시리아 북부의 쿠르드족을 공격하기 위해 튀르키예에게 꼭 필요한 것이면서 동시에 블라디미르 푸틴의 마음에도 쏙 드는 일이었다. 실제로 에르도안은 자국 국경선을 따라 쿠르드족 자치구가 들어서는 것을 막고 그곳에 2015년 이후 튀르키예가 수용한 시리아 난민들을 정착시키기를 원했다. 에르도안의 이 같은 계획은 2023년 험난한 대선 전에 튀르키예 유권자 대다수를 현혹시킬 만한 것이었다. 그러나 결국 기나긴 협상을 거친 뒤 튀르키예는 2022년 6월 마드리드에서 열린 나토 정상회의에서 스웨덴과 핀란드의 가입을 지지하는 쪽으로 선회했다.

튀르키예는 푸틴의 눈치를 보고 있다. 하지만 우크라이나 항구에 갇혀 있는 곡물이 다시 수출될 수 있도록 흑해의 통로를 여는 등 주기적으로 중재자 노릇도 자처하고 있다. (이후에 러시아가 다시 흑해를 봉쇄했다.) 동시에 여러 대륙과의 세력망도 구축하고 있다. 특히 사우디아라비아와의 관계를 회복하기 위해 노력하고 있다. 이 나라와의 관계는 이스탄불에서 사우디아라비아 정보요원에 의해 언론인 자말 카슈끄지 피살 사건이 발생한 이후 단절되어 있었다.

이제 튀르키예는 서양과 동양의 교차로에 위치한 전략적 '강국'으로 자리매김하길 원하고 있다.

튀르키예: 기회주의적인 태도로 자국의 이득을 취하는 데 능숙하다

"이웃 나라들과 절대 문제를 일으키지 않는다!"

지리적 위치 때문에 튀르키예는 세계 지도에서 유럽과 아시아를 잇는 다리처럼 보인다. 과거 로마제국 시대에는 콘스탄티노플로 불린 이스탄불은 공식적으로 유럽과 아시아 대륙의 경계선 역할을 하는 보스포루스 해협을 양쪽에 끼고 있다. 78만 3천 제곱킬로미터에 달하는 광대한 국토의 95%가 아시아 대륙에 위치하고 있지만 그 지리적 입지는 튀르키예를 유럽, 지중해, 튀르키예 언어권, 아랍 세계가 교차하는 장소로 만들었다.

오스만제국의 뒤를 이어 무스타파 케말이 1923년 튀르키예공화국을 수립한 이후 튀르키예는 서구에 비해 이슬람 국가들의 발전이 더딘 것은 이슬람교의 유산 때문이라고 생각했다. 따라서 국가를 현대화하기 위해 서구화를 실시했다. 이에 1924년에 칼리프 제도를 폐지한 민족주의 지도자인 무스타파 케말은 튀르키예어를 로마문자로

표기하는 방식을 채택했고, 1949년부터는 이스라엘을 국가로 인정했으며, 1952년에는 나토에 가입했고, 이후에는 유럽 공동체로 방향을 틀었다.

그러나 2002년 레제프 타이이프 에르도안이 이끄는 정의개발당(AKP)의 온건 이슬람주의자들이 권력을 차지한 이후 튀르키예는 특히 대외정책 측면에서 중대한 변화를 겪게 된다. 오스만제국 치하에서 약 500년 가깝게 지배했던 중동 지역과 다시 관계를 맺은 것이다.

튀르키예 대외정책의 쇄신에는 국제관계 전문가이자 외무부 장관을 역임한 학자 출신 아흐메트 다부토글루의 공이 컸다. 다부토글루는 모든 이웃 국가들과 좋은 관계를 구축하면서 동양과 서양 사이에 위치한 전략적이고 지정학적인 입지를 활용해야 한다고 주장했다. "이웃들과 절대 문제를 일으키지 않는다"라는 슬로건이 나온 것도 바로 이런 이유에서다.

튀르키예의 이 같은 새로운 대외전략은 곧 '신오스만주의'라는 평가를 받게 되었

튀르키예, 유럽과
아시아의 교차로

모로코

지 중 해

알제리

튀니지

리비아

루마니아

몰도바

우크라이나

러시아

카자흐스탄

키르기스스탄

중국

불가리아

흑 해

조지아

우즈베키스탄

타지키스탄

스

튀르키예

아르메니아

아제르바이잔

투르크메니스탄

북사이프러스

시리아

레바논

이스라엘
팔레스타인

이라크

이란

아프가니스탄

파키스탄

요르단

쿠웨이트

이집트

바레인

카타르

사우디아라비아

아랍에미리트

오만

수단

에리트레아

예멘

400 km

오스만제국의 최대 확장 영역

쿠르드족 거주 지역

튀르키예 언어권

튀르키예 동맹국

튀르키예와 분쟁 지역

유럽연합

군사기지:

나토

튀르키예(현존 혹은 건설 예정)

다. 또한 대부분의 이웃 국가들과 자유 무역 협정을 맺으면서 경제적 측면에서도 발전을 이루었다. 그러나 튀르키예가 중동 국가들과 관계를 회복할 수 있게 해준 변화된 새로운 정책은 2011년 아랍의 봄으로 인해 악화되었고, 결과적으로 튀르키예는 자국의 야심을 재검토해야만 했다.

열강에 올라서고 싶어 하다

이러한 대외정책은 중동 지역에만 국한되지 않고 튀르키예는 세계 열강의 위치에 올라서고 싶어 했다. 따라서 239개 대사관과 영사관을 통해 외교망을 확장했는데 에르도안 대통령의 임기 동안에는 세계 5위의 외교 네트워크를 구축하게 되었다. 이는 튀르키예의 언어 및 문화에 대한 홍보와 함께 아프리카와 아시아의 빈곤 국가에 개발 원조를 제공하는 데도 활용되었다. 이러한 소프트파워는 텔레비전 드라마 제작으로도 이어졌는데 튀르키예는 현재 미국 다음으로 세계 2위의 드라마 수출국이 되었다.

게다가 튀르키예는 세계 주요 경제국들의 모임인 G20이나 이슬람협력기구(OIC) 활동에 점점 더 집중하고 있다. 이들 기구에서 미얀마의 로힝야족과 시리아 난민 사태에 대한 국제 이슬람 연대를 장려하기도 했다. 그렇게 온건한 이슬람 정치 모델을 제안하면서 경쟁국가인 사우디아라비아와 이집트에 맞서 이슬람 수니파 연합을 결성하기를 희망한다.

시리아 내전이 불러온 전략의 전환

2011년 아랍의 봄 당시 튀르키예는 '이슬람 민주주의 국가'의 모델처럼 여겨졌다. 튀르키예의 정의개발당은 튀니지 엔나흐다당의 이슬람주의자들과 이집트의 무슬림형제단을 지원했다.

시리아 내전에서 튀르키예는 민중봉기 초반부터 바샤르 알 아사드 정권에 대항하는 반대세력 측에 가담했다. 하지만 버락 오바마가 미국이 마지노선으로 정한 시리아 정부군의 화학무기 사용 사실이 확인되었음에도 직접적인 군사 개입을 주저하자 튀르키예는 독자적인 노선을 취하기 시작했다. 에르도안은 다음과 같은 다양한 쟁점이 걸려 있는 시리아 내전 상황에서 자국의 이권을 수호하는 쪽으로 행동한다.

■ 난민 문제: 튀르키예는 시리아와 약 9백 킬로미터에 달하는 국경을 맞대고 있다. 3백만 명 이상의 시리아 국민이 국경을 넘어 튀르키예로 피난을 왔고 튀르키예의 젊은 광신도들은 IS나 알누스라 지하디스트 민병대에 가담하기 위해 시리아로 넘어갔다.

■ 안보 문제: 2015년부터 2017년 사이 이슬람 무장단체들의 테러가 연이어 발생했는데 그중 쿠르드노동자당에 의해 일어난 테러가 튀르키예를 혼란에 빠트렸다. 지척으로 다가온 쿠르드족 자치 세력을 매우 우려한 에르도안은 2016년부터 2018년 사이에 세 차례에 걸쳐 이라크와 시리아 내 쿠르드족 거주 지역에 대한 군사작전을 펼쳤다. 1980년대에 그랬던 것처럼 쿠르드족

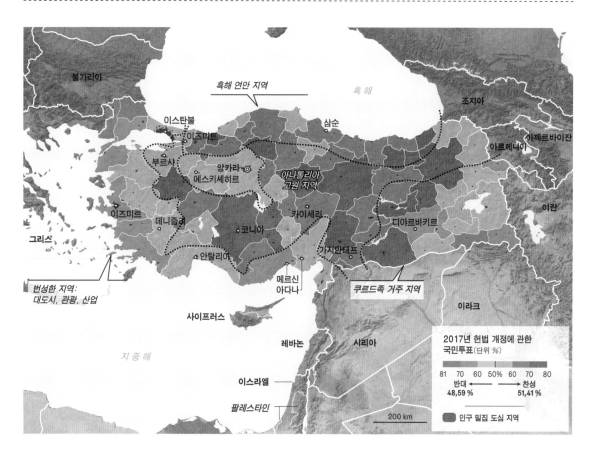

불가리아

흑해 연안 지역

흑 해

조지아

이스탄불

삼순

아제르바이잔

이즈미트

아르메니아

부르사

앙카라

에스키세히르

아나톨리아
고원 지역

이즈미르

데니즐리

카이세리

이란

데니즐리

코니아

디야르바키르

번성한 지역:
대도시, 관광, 산업

안탈리아

가지안테프

쿠르드족 거주 지역

이라크

메르신
아다나

사이프러스

레바논

시리아

지 중 해

**2017년 헌법 개정에 관한
국민투표**(단위 %)

이스라엘

81 70 60 50% 60 70 80
반대 ←   → 찬성
48,59 %   51,41 %

팔레스타인

200 km

인구 밀집 도심 지역

자치구는 쿠르드노동자당 게릴라들의 근거지가 될 수 있기 때문이다.

■ 지정학적 문제: 2015년 11월 러시아 전투기가 튀르키예 영공에서 격추되면서 위기감이 감돌았던 두 나라 관계가 가까스로 마찰을 피하자 에르도안은 방향을 틀어 시리아 정권의 주요 지원국과 동맹을 맺기로 했다. 그 결과 에르도안은 2017년 아스타나에서 열린 평화협상에 이란과 함께 참석했다. 그러나 2020년 2월 시리아 정부군의 공습을 지원하던 러시아 전투기의 폭격으로 시리아에 주둔하고 있던 튀르키예 군사 33명이 사망하는 사건이 발생하자 러시아와 튀르키예가 전면전을 벌일 위기에 처한다. 러시아는 영토 전체를 수복하려는 시리아 정부의 든든한 지원군이었다. 당시 러시아와 튀르키예가 전면전을 피할 수 있었던 것은 냉전 이후 교역이나 에너지 문제 차원에서 두 나라가 다양한 형태로 단단한 협력을 이어오고 있었기 때문이다. 러시아는 튀르키예에 가스와 석유를 제공했고 튀르키예 남부 아큐유에 1호 원전을 건설했다.

이란은 튀르키예의 나토 가입으로 전략적 대립을 겪기도 했지만 사실상 시리아 영토 안에서는 튀르키예의 동맹국이다. 하지만 이란과 튀르키예가 맺고 있는 관계는 무엇보다도 경제적인 관계이며 금과 가스, 석유의 교환에 기반하고 있다. 이는 이란에 내려진 금수조치를 우회하기 위한 방법이다.

정치적으로 분열된 국가

의원내각제 국가인 튀르키예에서 대통령직을 수행한 에르도안은 아예 대통령 중심제로 바꾸고 2029년까지 권력을 유지할 수 있도록 헌법을 개정하는 국민투표를 2017년 4월에 실시했는데 그 결과는 분열된 튀르키예의 모습을 생생히 보여준다. 아나톨리아 고원의 농촌 지역에서는 찬성표를 던졌지만, 도시이며 해안지대이자 산업화되고 번성한 서쪽 지역은 반대표를 행사했다. 대다수 주민이 쿠르드족인 아나톨리아 동부 역시 반대표를 던졌다.

주변 국가들과의 복잡한 게임

대외정책에 있어 이 같은 전략의 전환은 튀르키예가 2016년에 군사기지를 세운 카타르와의 가까워진 관계를 설명해 준다. 그러나 이는 사우디아라비아, 아랍에미리트, 이집트와 갈등 관계를 조성하는 데에도 기여했다. 보수주의 수니파 국가인 이들은 튀르키예가 이집트, 리비아, 튀니지, 모로코 등에서 지원을 아끼지 않는 무슬림형제단의 공공연한 적이다. 또 에르도안은 자말 카슈끄지 암살 사건을 강력히 비난했다. 이 사건은 사우디아라비아와의 갈등을 더욱 악화시켰는데 2022년 러시아-우크라이나 전쟁으로 빈 살만과 에르도안의 관계가 회복되기까지 긴장을 고조시켰다.

이스라엘과는 1996년 군사협정을 체결한 이후로 전략적, 군사적 동맹관계를 맺고 있었지만 튀르키예가 공공연하게 팔레스타인 명분을 수호하고 하마스를 지지하면서 양국 관계는 악화되었다.

이웃 캅카스(영어로는 코카서스) 국가들과의 관계는 조금 더 복잡하다. 1915년부터 1923년 사이에 발생한 튀르키예 내 아르메니아인 대량 학살 사건 이후 지금까지 관계가 단절되어 있는 아르메니아를 봉쇄하기 위해 튀르키예는 캅카스 지역에서 아제르바이잔을 지원하고 있다. 지난 수십 년간 아르메니아인 대량 학살 사건이 계획적으로 진행된 것이라며 튀르키예 당국을 비난하는 국제적인 캠페인이 활발히 진행되었다. 하지만 튀르키예는 이를 부인하는 입장을 고수하고 있다. 또 본래 아제르바이잔 자치주였던 나고르노카라바흐 지역의 경우 주민 대다수가 아르메니아인이며 1994년 전쟁 이후 아르메니아가 이곳을 점령했다. 하지만 2020년 가을 튀르키예로부터 군사 지원을 받은 아제르바이잔이 이 지역을 탈환했다.

서방과의 관계 악화

중동 지역의 강대국이 되고자 하는 튀르키예의 야심에는 이면이 존재한다. 이 야심이 튀르키예와 서구 및 유럽과의 관계를 악화시킬 뿐만 아니라 동지중해 지역에서 발생하는 갈등의 근원이 되고 있다.

튀르키예는 나토 회원국이며 냉전시기에는 소련을 봉쇄하기 위한 미국의 전략에서 핵심 역할을 수행했지만 최근 수년간 미국과의 관계는 악화되었다. 2003년에는 이라크를 폭격하려는 미군이 자국의 공군기지를 사용하는 것을 금지했고, 시리아 내전 기간에는 오바마 정부가 시리아 내 쿠르드족을 지원한 일을 비난했으며, 2016년에는 쿠데타의 배후로 지목된 페툴라 귤렌(튀르키예의 저명한 교육가이자 이슬람 사상가)을 미국이 튀르키예에 인도하는 것을 거부하자 이를 맹렬히 비난했다.

또한 에르도안 대통령은 도널드 트럼프가 결정한 텔아비브에 있던 미국 대사관을 예루살렘으로 이전한 것과, 이스라엘에게 지나치게 우호적이라는 평가를 받은 중동 지역의 평화 계획안을 비난했다. 미국에 대한 에르도안의 도발은 러시아제 S-400 신형 지대공 미사일 구입으로 정점에 달했다. 이는 나토의 결의안과도 양립할 수 없는 결정이었다.

유럽연합과의 관계 또한 복잡해졌다. 2005년에 시작된 튀르키예의 유럽연합 가입을 위한 협상은 2006년 이후로 중단되어 있다. 1974년부터 튀르키예가 점령하고 있는 사이프러스 북부 지역에서의 갈등이 주된 이유다. 그럼에도 유럽연합과 튀르키예는 무역과 에너지 교역, 또한 2016년 3월에 체결된 난민협정으로 시리아 및 중동 난민 문제에 있어서 서로 밀접하게 연관되어 있다는 사실도 잘 알고 있다. 게다가 튀르키예 출신 이주민 7백만 명이 유럽에 거주하고 있고 이들이 유럽연합 안에서 최대 규모의 외국인 공동체를 이루고 있으며, 에르도안과 그가 속한 정당은 유럽에서 세력을 확장하기 위해 이들을 활용할 수 있다는 사실 또한 잊어서는 안 된다.

2019년 이후 갈등이 커지고 있는 동지중해에서 유럽연합이 신중한 태도를 보이고 있는 이유를 이와 같은 양측의 이해관계로 이해할 수 있다.

동지중해에서의 갈등

사이프러스 해역의 아프로디테 가스전을 비롯해 지중해에서 거대 가스전들이 발견되면서 튀르키예와 사이프러스의 갈등, 그리고 그보다 더 오랜 역사를 지닌 그리스와의 해상 경계선에 대한 분쟁이 또다시 수면 위로 떠올랐다.

이스라엘, 이집트와 함께 사이프러스 또한 지중해의 가스 개발과 유통에 있어 주요 당사국이 되었는데 이는 특히 유럽 시장에 가스를 공급하기 위해 이스라엘과 그리스가 추진한 이스트메드 가스관 건설 계획을 통해 이루어졌다.

이스트메드 가스관 건설 계획과 역내 협상에서 배제되었던 튀르키예는 2019년부터 더욱 공세적인 입장을 취했다. 튀르키예가 자국 영토에 속한다고 여기는 북사이프러스튀르크공화국 해상에서 유럽과 미국 기업들이 벌이는 탐사와 시추 작업을 방해한 것이 그 예다.

1994년에 유엔해양법협약이 발효된 이후 튀르키예는 동지중해에서 그리스의 배타적 경제수역에 대해 이의를 제기해 왔다. 그것이 "튀르키예를 해양 안에 가두는" 결과를 초래한다는 것이 이유였다. 하지만 가스를 둘러싸고 양국이 갈등을 빚는 상황에서 튀르키예는 그보다 훨씬 더 넓은 면적(약 46만 제곱킬로미터)을 자국의 배타적 경제수역이라고 주장하기 시작했다. 이에 대해 튀르키예가 내세운 근거는 2006년 자국의 전직 해군 소장인 쳄 구르데니즈가 이론화한 '푸른 조국(Mavi Vatan)' 독트린이다. 구르데니즈는 배타적 경제수역의 설정과 해양법의 적용은 양자 협상의 대상이 되어야 한다고 주장했다. 에르도안 대통령은 이 독트린을 이용해 2019년 11월 군사적 지원을 대가로 리비아 정부와 해양 경계 확정 조약을 체결하기에 이르렀다. 그렇게 튀르키예는 그리스와 사이프러스가 정한 배타적 경제수역과 동지중해에서의 힘의 균형에 문제를 제기했다. 튀르키예의 이러한 조치에 맞서 프랑스와 이탈리아는 동맹인 그리스와 사이프러스를 지지하고 나섰다.

군사 무기, 경제적 자산, 8,300만 명의 인구를 가진 튀르키예는 중동에서 무시할 수 없는 국가이자 낮은 신뢰도에도 불구하고

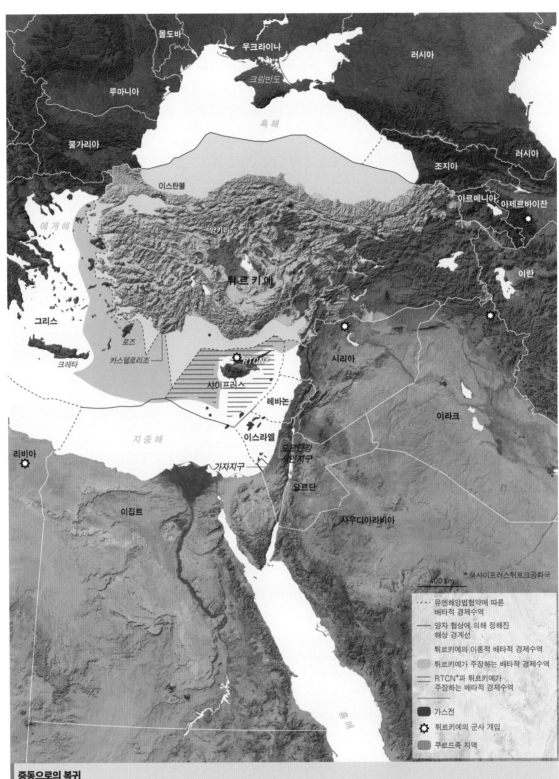

몰도바
우크라이나
크림반도
러시아
루마니아
불가리아
흑 해
러시아
조지아
이스탄불
아르메니아
아제르바이잔
에 게 해
앙카라
튀 르 키 예
이란
그리스
로즈
카스텔로리조
RTCN*
시리아
크레타
사이프러스
레바논
이라크
지 중 해
이스라엘
요르단강
서안지구
리비아
가자지구
요르단
이집트
사우디아라비아

* 북사이프러스튀르크공화국

400 km

- - - - 유엔해양법협약에 따른
배타적 경제수역

―― 양자 협상에 의해 정해진
해상 경계선

튀르키예의 이론적 배타적 경제수역

튀르키예가 주장하는 배타적 경제수역

RTCN*과 튀르키예가
주장하는 배타적 경제수역

가스전

튀르키예의 군사 개입

쿠르드족 지역

중동으로의 복귀

아랍의 봄은 튀르키예한테도 기회였다. 리비아와 시리아에서 튀르키예는 자국의 안보와 이익을 위해 자신의 위치와 동맹국을 활용할 수 있었다.
또한 동지중해에서 발견된 가스전은 사이프러스, 그리스와의 갈등에 다시 불을 붙였고 튀르키예가 유엔해양법협약에 모순되는 해상 경계를 주장하게 만들었다.

유럽연합이 반드시 교섭해야 하는 국가로 자리매김했다. 그러나 코로나19 팬데믹 이후 심각한 경제적 난관에 처한 최근 상황에서 에르도안 대통령이 취한 갈등 전략은 국제적으로 이 나라를 더욱 고립시키고 있을 뿐이다.

자국만의
수완을 발휘할 줄 안다

2021년 6월 조 바이든 미국 대통령이 취임 후 처음으로 참석한 나토 정상회의에서 에르도안은 종종 그래왔듯이 서구 동맹국들 속에 단단히 자리 잡는 동시에 독자적인 대외정책을 펼치며 기회주의적인 태도를 보였다. 특히 튀르키예가 시리아와 리비아에서 러시아를 저지할 수 있는 유일한 국가라는 사실을 서방에 설득하기 위해 노력했다. 그러나 에르도안이 튀르키예 국민들에게 선전한 반서구적 담화를 제외하면 설득의 신뢰도는 떨어진다.

그럼에도 2021년 6월의 나토 정상회의 직후 미국, 유럽연합, 튀르키예 사이의 외교적 관계가 회복되고 있음을 확인할 수 있었는데 유럽연합은 시리아 난민 370만 명을 수용한 튀르키예에게 60억 유로 이상의 지원금을 새로이 할당했다.

튀르키예는 언제나 유럽과 아시아 사이에 놓인 자국의 지정학적 위치를 활용해 이득을 취하는 데 능숙하다. 나토 회원국으로서의 지위를 누리는 동시에 러시아와의 관계를 유지하는 등 에르도안은 러시아-우크라이나 전쟁 틈바구니 속에서 자신의 수완을 증명했다. 러시아로 인해 흑해에 봉쇄된 채 수출되지 못하고 있는 우크라이나산 곡물 문제를 협의하기 위해 2022년 7월 19일 테헤란에서, 그리고 같은 해 8월 5일 소치에서 블라디미르 푸틴과 만남을 가졌던 것이 이를 단적으로 보여준다.

예루살렘

이곳은 2021년 1월 예루살렘의 코로나19 백신 접종 현장이다. 조기에 발빠르게 진행된 백신 접종으로 이스라엘은 2021년 4월 거의 완벽한 일상으로의 복귀를 전 세계에 알리며 나머지 세계에 희망을 주었다. 마스크 착용은 해제되었고, 모든 상점은 영업을 재개했고, 문화생활은 다시 시작되었으며, 텔아비브의 거리 풍경은 예전의 분주하고 축제 같은 분위기를 되찾았다.

이러한 성과는 이스라엘의 소프트파워를 강화하는 데는 기여했지만 총리인 베냐민 네타냐후의 지위를 굳건히 하는 데는 충분하지 않았다. 지난 12년 동안 (2009-2021년) 집권한 네타냐후 총리는 급격한 포퓰리즘 정책과 부패 사건으로 거센 비판을 받았다.

그리하여 2021년 6월 이스라엘 역사는 새로운 정치적 국면을 맞이했다. 네타냐후의 뒤를 이어 극우 민족주의자 나프탈리 베네트가 총리에 오른 것이다. 하지만 2019년부터 2022년 11월 사이 다섯 번의 선거가 치러지는 극심한 정치적 불안정 속에서 중도파 야이르 라피드로 교체되었다가 다시 네타냐후가 재선에 성공하며 총리 자리에 복귀했다.

그리고 이 시기에 이스라엘-팔레스타인 분쟁 또한

재개되었다. 2021년 5월 하마스와 이스라엘 공군 사이에 11일간의 격전이 일어나면서 양쪽 진영에서 많은 사상자가 나왔다. 특히 2022년 5월 팔레스타인계 미국 언론인 셰린 아부 아클레가 사망한 후 '저강도 분쟁'(정치적, 사회적, 경제적 또는 심리적 목표 달성을 위해 실시되는 제한된 정치 군사적 투쟁)이 국제뉴스의 전면에 다시금 등장했다. 유엔의 조사를 통해 아클레 죽음의 책임이 이스라엘 보안군에 있음이 밝혀졌다.

결국 이스라엘은 자국 정치 체제의 불안도, 팔레스타인 내에 파타(팔레스타인 정당), 하마스, 지하디스트 세력 등의 공존으로 심화된 불안도 해결하지 못했다. 게다가 이란의 지원을 받는 지하디스트 세력은 공격을 늘려나가며 모든 협상을 거부하고 있다.

그럼에도 이스라엘은 미국의 비호 아래 일부 아랍 국가들과 새로운 관계를 맺는 데 성공한다. 또한 러시아의 우크라이나 침공 이후 이스라엘 국민은 우크라이나를 강력히 지지하고 나섰고, 여기에 덧붙여 러시아산 천연가스를 대신해 유럽 국가에 자국의 천연가스를 공급하기로 합의했다.

이스라엘:
국내 정치는 불안하고,
대외적으로는 트럼프라는
든든한 동맹자를 잃다

이스라엘 건국,
팔레스타인 분할

이스라엘은 지중해 동부, 레바논과 이집트 사이에 위치해 있다. 동쪽에는 시리아와 요르단과 국경을 이루는 요르단강이 있다. 이스라엘이 이러한 영토를 갖게 된 것은 제2차 세계대전 이후 시온주의 프로젝트와 함께 진행된 길고 긴 국제 협상의 결과 때문이다. 시온주의 프로젝트는 그로 인한 분쟁 때문에 아직도 완결되지 못한 채로 남아 있다.

1947년 11월 29일, 유엔은 팔레스타인을 아랍인 국가와 유대인 국가로 나누고 예루살렘 주변을 국제적 정권이 관할하는 특별지역으로 정하는 분할안을 발표했다. 아랍인들은 이에 크게 반발했지만 1948년 5월 14일 유대 국가 건국위원회 의장이자 새롭게 수립된 유대 국가의 초대 총리가 된 다비드 벤구리온이 일방적으로 이스라엘 건국을 선포했다. 팔레스타인인들은 이날을 '나크바'라고 부른다. 이는 아랍어로 '대재앙'을 뜻하는 말이다. 약 75만 명에 달하는 팔레스타인 사람들이 이웃 국가나 아랍의 지배를 받는 팔레스타인 영토로 강제 이주를 해야 했기 때문이다.

그리고 바로 다음날 제1차 중동전쟁이 발발했다. 이웃 아랍 국가들(이집트, 요르단, 시리아, 이라크, 레바논)이 이스라엘을 공격했지만 이스라엘은 이들을 물리치고 유엔 분할안이 규정했던 당초 국경선까지 영토를 확장하기에 이른다. 그렇게 이스라엘은 예루살렘의 서부 지역을 점령하게 된다. 1949년 전쟁이 중단되었을 때 아랍인들이 거주하는 팔레스타인 지역과 이스라엘의 경계를 나누는 전선에는 '그린라인'이라는 이름이 붙었다. 또한 서안지구는 요르단이 통제하게 되었고, 가자지구는 이집트가 통제하게 되었다.

이스라엘이 현재의 영토와 지정학적 입지를 갖게 된 것은 바로 1967년 6월 5일부터 10일까지 이어졌던 6일 전쟁(제3차 중동전쟁) 때문이다. 이집트, 시리아, 요르단에 맞서 이때에도 이스라엘은 승리를 거두었

팔레스타인 분할안

팔레스타인을 유대 민족의 이주 및 정착지로 정한 상징적인 결정은 1897년 바젤에서 열린 최초의 세계시온주의자 의회에서 이루어졌다. 이는 1917년, 팔레스타인에 유대 민족을 위한 보금자리를 만들어주겠다는 아서 밸푸어 영국 외무장관의 선언으로 구체화되었다. 하지만 실제로 이스라엘을 탄생시킨 것은 1948년 5월 14일 제2차 세계대전 종식 이후 유엔의 주도하에 이루어진 팔레스타인 분할안이었다.

1947년 유엔의 분할 계획안
- 유대 국가
- 아랍 국가
- 국제 구역 예루살렘

고 1947년 당시의 팔레스타인 영토에 더해 이집트의 시나이 반도, 시리아의 전략적 요충지인 골란 고원까지 차지하면서 새로운 지역을 추가했다. 이에 크게 모욕감을 느낀 이집트는 보복을 결심한다. 그렇게 일어난 것이 바로 1973년 10월 6일 유대인 최대 명절인 욤 키푸르(속죄의 날) 기간에 벌어진 전쟁이다. 하지만 이집트는 이 전쟁에서도 참패했고 결국 1979년 이스라엘과 단독으로 평화협정을 맺게 된다. 그 대가로 시나이 반도를 되찾게 되었다. 이때부터 미국의 주도하에 이스라엘과 팔레스타인 사이의 평화 프로세스가 진행되기 시작했고 1993년 오슬로 협정으로 발전한다.

하지만 1995년 11월 4일 이스라엘 총리 이츠하크 라빈이 사망한 테러로 인해 두 민족 사이에 최초의 평화적 도약이 싹 틔운 희망은 사라지고 말았다. 평화 회복을 위한 수많은 시도가 있었지만 협상은 끝내 '팔레스타인 국가 수립'이라는 결과를 이끌어내지 못했다. 이러한 답보상태의 원인으로는 두 진영 간의 힘의 불균형, 일부 단체와 정당의 과격화, 테러, 그에 따른 계속된 탄압 등으로 설명될 수 있다. 그 밖에도 이스라엘에 의해 가속화된 요르단강 서안지구의 식민지화, 장벽 건설, 2007년 선거 승리 이후 하마스에 의한 가자지구 통제로 이어진 팔레스타인 운동의 와해 등이 주된 이유로 지적된다.

첨단기술 강국의 스타트업 국가

국제적으로 인정되는 영토, 즉 합병된 골란 고원과 동예루살렘을 제외한 이스라엘의 영토는 2만 770제곱킬로미터에 달하며 오늘날 약 9백만 명의 인구가 살고 있다. 그중 아랍인은 160만 명에 달한다. 이스라엘 헌법상 수도는 예루살렘이며 의회를 포함한 정부 주요 기관들이 그곳에 있다. 그러나 미국 대사관을 제외한 각국 대사관이 위치해 있는 텔아비브가 국제 사회에서는 실제적인 수도 역할을 하고 있다. 미국 대사관은 2018년 도널드 트럼프 대통령의 지시로 예루살렘으로 이전했다.

오늘날 이스라엘 경제는 첨단기술(항공, 전자, 통신, IT, 소프트웨어, 바이오기술), 관광, 금융, 인근 해역에서 발견된 천연가스 등이 주요 동력이다. 경제활동인구의 약 10%가 첨단기술 분야에 종사하고 있으며 이는 OECD 국가 중 가장 높은 수준에 속한다. 디지털 보안, 데이터 관리, 사이버 분야 등 기술 관련 수출 또한 막대한 수준에 달한다. 이 분야들은 코로나19 팬데믹의 영향을 거의 받지 않았다.

역사상 최악의 경제 불황 속에서도 '스타트업 국가'인 이스라엘은 서구 국가들에 비해 경제적으로 위기를 잘 극복해 왔다는 평가를 받는다. IMF는 2021년 이스라엘의 경제성장률을 5%로 전망했고, 2019년 3.8%였던 실업률은 코로나19 팬데믹으로 2020년 15.7%라는 기록을 경신했으나 2021년 상반기 들어서는 감소세를 보이기 시작했다. 코로나19 위기 이전 이스라엘은 2000년 이후 평균 3.5% 성장률을 보였고 국민 1인당 GDP는 4만 4천 달러로 프랑스와 영국과 비슷한 수준이었다.

2년간 네 차례의 총선, 만성적인 국내 정치 불안

이처럼 역동적인 경제 상황 덕에 이스라엘 국민은 베냐민 네타냐후 총리가 진행한 대규모 코로나19 백신 접종 캠페인에 높은 신뢰를 보였다. 하지만 경제 호조가 이스라엘의 사회적, 정치적 문제까지 해결해 주지는 못했다.

첨단기술 분야를 제외한 업종들은 임금 수준이 낮고 생산성도 매우 낮다. 이로 인해 이스라엘의 불평등은 매우 심각한 수준을 보인다. 국민의 5분의 1에 가까운 인구가 빈곤 한계선 아래에서 살고 있는데 여기엔 아랍인들과 극단적 정통 유대교도들이 속해 있다.

그런가 하면 정치적 불안은 만성적이다. 네타냐후 총리가 속한 리쿠드당은 2021년 3월 총선에서 연정을 주도하여 52개 의석을 차지할 수 있었지만 과반 의석 확보에는 실패했다. 그렇게 이스라엘은 2년 동안 네 차례의 총선을 치렀음에도 또다시 교착상태에 빠지고 말았다.

결국 베냐민 네타냐후 총리가 물러나고 나프탈리 베네트가 이끄는 새로운 정부가 수립되었다. 베네트 총리는 역사상 전례 없는 다양한 성향의 정당을 연합한 '무지개 연정'(反네타냐후 연정)을 이끌었지만 연정은 2022년 6월에 이르러 해산되었다. 그리고 2022년 11월 치러진 총선에서 베냐민 네타냐후가 다시 승리하면서 총리로 복귀했다.

레바논

골란 고원
(이스라엘이 점령)

시리아

나하리야

키랴트 아타

하이파

갈릴리
호수

나사렛

지 중 해

움알팜

제닌

하데라

네타냐

툴카름

케파르 사바

나블루스

헤르츨리야

칼킬리야

텔아비브

살피트

바트얌

홀론

리숀레지온

요르단강 서안지구

라믈라

로드

레호보트

라말라

아슈도드

예리코

에루살렘

요르단

베트셰메시

베들레헴

아슈켈론

사 해

헤브론

가자지구
(하마스가 통제)

라핫

베르셰바

이 스 라 엘

이집트

50 km

에일라트

요르단강 서안지구

**팔레스타인 자치 정부가
통제하는 영토**

A 지역

B 지역

팔레스타인 도시 및 마을

이스라엘이 통제하는 영토

C 지역

이스라엘 정착촌

이스라엘 장벽

— 건설 완료

— 건설 중 또는 건설 예정

실리콘 와디
(첨단기술, 정보, 바이오기술)

급유항

원자력 발전소

— 그린라인(1967년 국경)

삼각 지구,
이스라엘의 아랍인들이 주로
거주하는 지역

이스라엘, 스타트업 국가

이스라엘 건국 당시에는 경제의 중심이 농업 공동체인 '키부츠'에 있었다. 하지만 오늘날 이스라엘의 경제 발전은 첨단기술(전자, 소프트웨어, 바이오기술)을 통해 이루어지는데 실리콘 와디 지역에 집중된 스타트업 기업들이 발전을 주도하고 있다. 2019년 이스라엘은 GDP의 4.3%를 R&D(세계 2위)에 투자했다. 이 분야의 역동성 덕분에 코로나19로 인한 위기에도 이스라엘 경제가 잘 버텨낼 수 있었다.

아브라함 협정,
팔레스타인을 배척하다

건국 73주년을 맞이한 해에 이스라엘은 코로나19와의 전쟁에서 위대한 승자처럼 국제무대에 위용을 드러냈고 동시에 아랍 국가들과는 관계 정상화를 이뤄내는 듯 보였다. 이집트(1979년)와 요르단(1994년) 이후, 미국의 중재로 2020년 9월 15일 백악관에서 이른바 '아브라함 협정'을 체결하면서 이스라엘은 두 걸프 국가인 아랍에미리트와 바레인과도 수교하게 된다. 이 협정의 명칭은 유대교, 이슬람교, 기독교가 공통의 조상으로 여기는 '아브라함'의 이름에서 유래했다. 수개월 뒤에는 수단과 모로코와도 관계 정상화가 이루어졌다.

아브라함 협정이 지니는 이슈에는 여러 가지가 있다. 먼저 전략적인 이슈다. 이스라엘은 2000년대 초 핵무기 개발을 시도한 이란을 중동 지역 안보를 위협하는 주요 요인으로 여겼는데 사우디아라비아를 포함한 걸프 국가들 또한 동일한 관점을 공유했다. 공동의 적에 대한 인식은 이들 국가가 안보에 있어 서로 비공식적으로 긴밀한 관계를 맺도록 해주었다. 뒤이어 이들은 동지중해와 시리아에서 드러나는 튀르키예의 개입주의 정책을 일종의 팽창주의로 간주하며 걱정스럽게 바라보았다. 또한 이들은 무슬림형제단 역시 지역 불안을 발생시키는 위험 요인으로 여기고 있다. 무슬림형제단에서 떨어져 나온 팔레스타인 무장단체 하마스 역시 걸프만 군주국가들과 이스라엘 모두에게 위험 요소다.

군사적인 이슈 또한 존재하는데, 이 관점

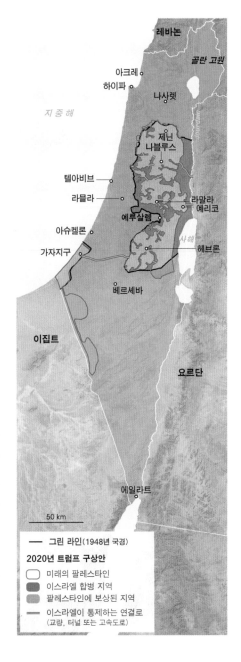

트럼프가 구상하는
미래의 팔레스타인

레바논

골란 고원

아크레
하이파

나사렛

지중해

제닌
나블루스

텔아비브

라믈라

라말라
예리코

예루살렘

아슈켈론

사해

가자지구

헤브론

이집트

베르셰바

요르단

에일라트

50 km

―― 그린 라인(1948년 국경)

2020년 트럼프 구상안

⬭ 미래의 팔레스타인
■ 이스라엘 합병 지역
■ 팔레스타인에 보상된 지역
―― 이스라엘이 통제하는 연결로
      (교량, 터널 또는 고속도로)

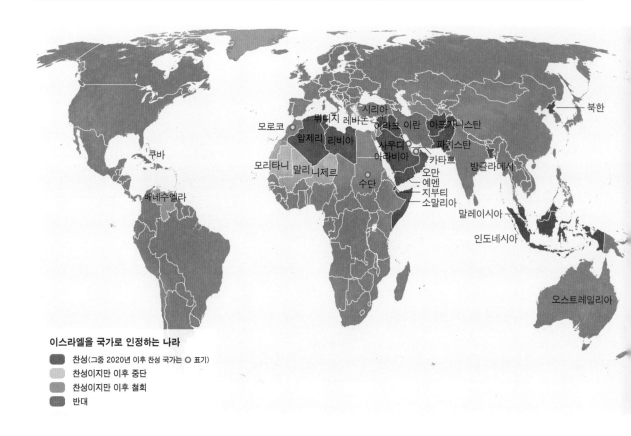

이스라엘을 국가로 인정하는 나라

- 찬성(그중 2020년 이후 찬성 국가는 ○ 표기)
- 찬성이지만 이후 중단
- 찬성이지만 이후 철회
- 반대

아브라함 협정의 범위

2020년 아브라함 협정의 체결로 이스라엘은 걸프만과 아프리카 북서부의 마그레브 지역 아랍 국가들과 점점 더 많은 동맹을 맺게 되었다. 미국이 대대적으로 추진한 평화 프로세스인 아브라함 협정은 이란과의 긴밀한 관계로 인해 가능성은 낮지만 쿠웨이트까지 포함할 수도 있다. 사우디아라비아 또한 이스라엘과 관계 정상화를 논의 중에 있다.

에서 본다면 아브라함 협정으로 인한 군사적 이득은 미 전투기 F-35를 구매할 수 있게 된 아랍에미리트가 취했다. 이때까지 이 지역에서 미국의 무기 판매 정책은 언제나 이스라엘의 이득을 우선시하는 방향으로 이루어져 왔다.

마지막으로 경제적인 이슈가 있다. 아랍에미리트는 이제 안보 분야에서 매우 유용한 이스라엘 신기술에 접근할 수 있게 되었고 이스라엘은 석유 수급 경로를 다양화할 수 있게 되었다. 또한 양국의 관계 회복으로 2020년 11월 텔아비브와 두바이 사이, 2021년 4월 초에는 아부다비와의 항공로가 개설되면서 관광을 위한 관계 또한 발전하게 되었다.

실제로 아브라함 협정은 아랍 세계(그리고 전 세계)에서 팔레스타인 대의를 배척하고, 이스라엘-팔레스타인 분쟁을 해결할 목적으로 트럼프가 내세운 평화 프로세스를 인정할 수밖에 없게끔 만들려는 의도로 보인다. 트럼프의 계획은 네타냐후 총리가 주장한 이스라엘의 안보적 시각을 공고히 하는 것으로, 가장 인구가 많은 서안지구(42만 8천 명), 동예루살렘, 그리고 요르단 계곡 등을 이스라엘로 편입시킬 수 있게끔 만든다. 이 협정을 토대로 본 미래의 팔레스타인은 무력화되고 제한된 주권을 지닌 채 도시와 지역은 분절되어 언제 통행이 차단될지 모르는 교량과 터널로 이어져 있으며 예루살렘마저 빼앗긴 모습일 것이다. 이 지역 전문가인 프랑스 정치학자 장 폴 샤놀로에 따르면 이 같은 트럼프의 계획은 유엔 안보리 제242호(1967년)부터 제2334호(2016년)에 이르는 모든 결의안들을 위반하며 국제법을 모욕하는 것이나 다름없다.

트럼프-네타냐후 시대의 종말

2020년 말 조 바이든 미국 대통령이 당선되면서 네타냐후 이스라엘 총리는 도널드 트럼프라는 든든한 동맹자를 잃었다. 2021년 6월, 이번에는 베냐민 네타냐후가 권좌에서 물러날 차례였다. 하지만 2022년 11월 선거에서 그는 복귀했다. 이와 동시에 이스라엘-팔레스타인 분쟁은 하마스와 이스라엘군, 그리고 서안지구에서 팔레스타인인과 이스라엘 정착민 사이의 끔찍한 대립으로 인해 주요 국제 현안으로 떠올랐다.

이 지역 전문가들은 현재로서는 '두 국가 해법'(이스라엘과 팔레스타인이 각각 독립된 국가로 존재하면서 평화롭게 공존하는 것) 이외의 다른 시나리오는 존재하지 않는다고 말하지만 이 문제의 당사자 중 그 누구도 이 말을 더는 믿지 않는 듯하다.

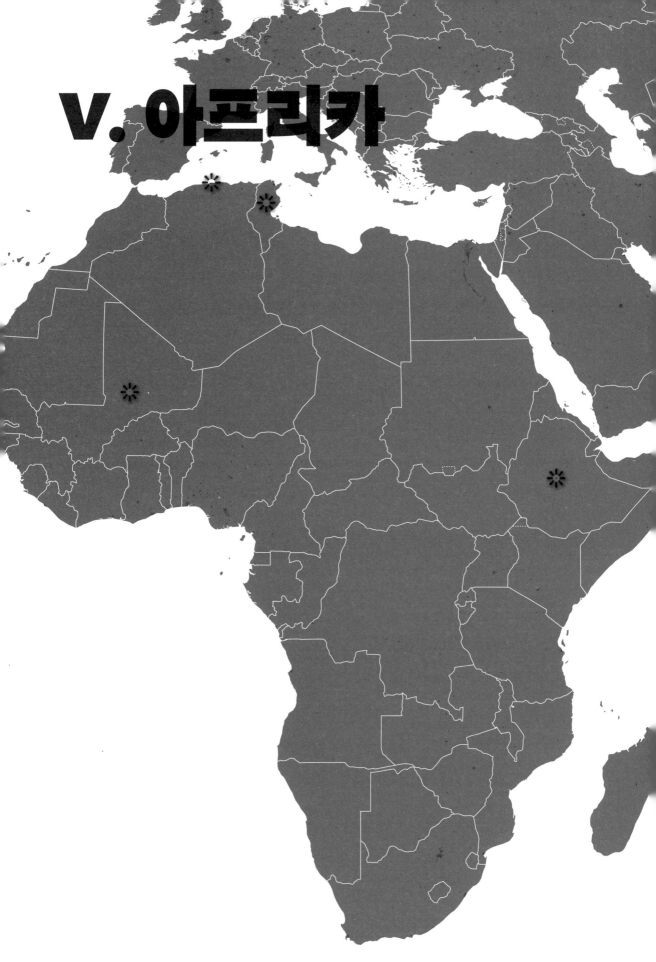

V. 아프리카

위기에 직면한 아프리카는 현실적 재앙(정치적 불안정, 테러, 부정부패, 기아 등)과 유리한 지표(경제성장률, 천연자원, 인구, 해외 자본 투자 등) 사이에서 여전히 불안한 모습을 보이고 있다. 이곳 신흥국가들의 사례는 20세기 말 아시아가 그랬듯 아프리카 대륙의 미래가 밝다고 전망하는 '아프리카 낙관주의'를 퍼뜨렸다.

하지만 일부 국가들은 그와는 반대로 수렁에 빠져 있다. 아랍의 봄 이후 10여 년이 훨씬 지난 지금, 희망이 모두 사라진 마그레브 지역(리비아, 튀니지, 알제리, 모로코 등 아프리카 북서부 일대의 총칭)이나 지하디스트의 위협이 산재하는 사하라-사헬 지역이 대표적인 예다.

아프리카는 암암리에 열강들의 세력 다툼이 벌어지는 격전지로 전락했다. 특히 러시아는 프랑스를 대신해 아프리카 대륙의 수호자 노릇을 하려는 욕심을 갖고 있지만 2021년 러시아의 아프리카 투자 비율은 1%에 불과했다. 반면 아프리카의 러시아산 무기 수입은 30%에 달했다. 2022년 3월 러시아의 우크라이나 침공에 대한 유엔 결의안 표결 당시 모스크바는 아프리카가 갖고 있는 서구에 대한 반감을 이용해 17개 국가가 기권표를 행사하게끔 유도했다.

알제의 카스바

알제의 카스바(알제리의 수도인 알제 중심부에 있는 옛시가지)는 고대부터 시작해 오스만제국, 프랑스 식민 지배까지의 역사를 동시에 담고 있는 특별한 곳이다. 알제리 현대사를 연구하는 프랑스 사학자 벵자맹 스토라는 이곳을 다음과 같이 묘사한다.

"알제의 카스바는 바로크 시대의 흥가만큼이나 무게감을 자아내는 작은 건물들, 계단, 공터, 절반은 비어 있는 주택, 놀랍도록 새것 같은 중정들이 어지럽게 얽혀 있다. 해발고도 118미터에 위치해 있는 이곳은 오스만제국이 세운 도시인 알제에서도 가장 오래된 지역이다."

1992년 유네스코 세계문화유산에 등재된 카스바는 복잡한 알제리의 역사를 들려준다. 카스바는 알제리의 독립을 주장하는 알제리민족해방전선(FLN)의 독립주의자들을 받아들였고, 10여 년간 이어진 알제리 내전 기간에는 이슬람구국전선(FIS)의 근거지로도 쓰였다. 또한 2019년 봄에는 카스바에서 그리 멀지 않은 순교자 광장에서 '히라크'라 불리는 민중 저항운동이자 압델아지즈 부테플리카 대통령에 반대하는 시위가 일어나기도 했다.

이곳은 아름다운 만큼 황폐화되어 있다. 보수 공사를 위해 약 1억 7천만 유로(2,430억)에 달하는 예산안이 책정되었으나 국가는 여전히 혼란스럽다. 가옥들은 주기적으로 무너져 내리고 있으며 깨끗한 주거지를 찾는 것은 더 이상 어려운 상태다.

알제리 전역과 마찬가지로 카스바 또한 새로운 시대가 열리기를 고대하고 있다. 부테플리카 대통령의 시대는 막을 내렸지만 총리 출신의 새로운 대통령 압델마드지드 테분은 절반에 가까운 인구가 25세 이하인 젊은 알제리 국민들의 변화에 대한 갈증을 해소해 주지 못하고 있다. 국민들은 히라크 지도자들과 권력에 맞서는 반체제 인사들에 가해지는 탄압을 더는 참지 않는다. 2022년 7월 5일 알제리는 독립 60주년을 맞이했다. 현 정권은 거대한 퍼레이드를 통해 국민 통합을 보여주고자 했지만 히라크 민중 저항운동은 계속해서 또 다른 정치적 인사와 함께 새로운 민주적 시대를 맞이하기를 열망하고 있다.

한편 러시아-우크라이나 전쟁으로 러시아산 탄화수소 사용을 중단하려는 수많은 국가들 덕분에 알제리의 석유와 가스에 대한 관심이 그 어느 때보다도 높아지고 있는데 이는 알제리 정부에 득이 되고 있다.

알제리:
잘못된 통치,
그로 인한 후유증에 시달리다

아프리카에서 가장 큰 나라

240만 제곱킬로미터에 가까운 면적을 가진 알제리는 수단이 두 개의 국가로 분리된 이후로 아프리카와 아랍 세계에서 가장 커다란 국토를 가진 나라가 되었다. 인구는 4,200만 명으로 99%가 무슬림이다. 인구 대다수가 아랍어를 사용하지만 3분의 1은 베르베르어(타마지트어)를 사용한다. 하지만 자신의 정체성을 베르베르인(북아프리카 토착 원주민)이라고 주장하는 사람들이 현저히 더 많다. 이 지역에서 베르베르인들은 아랍 정복 이전부터 살아왔으며 이들의 존재는 정치적으로 깊은 영향을 끼쳐왔다.

광활한 국토로 인해 알제리는 매우 다양한 자연환경을 갖게 되었다. 지중해로 둘러싸인 북부 지역은 길이 1,200킬로미터, 너비 약 100킬로미터에 달하는 해안지대를 형성하고 있는데 온난한 기후 덕분에 알제리의 3대 도시인 오랑, 알제, 콩스탕틴 모두 이곳에 위치해 있다. 이 세 도시에 알제리 인구 약 90%가 모여 살고 있다. 그 밖에도 전혀 다른 환경의 두 지역이 존재하는데 한 곳은 산악 지역과 반건조 기후의 높은 고원 지대이며, 다른 한 곳은 국가의 3분의 2를 뒤덮고 있는 사하라 사막이다. 사막 지역은 탄화수소뿐만 아니라 풍부한 광물 자원도 보유하고 있다.

탄화수소, 경제의 중심

알제리의 땅 밑에는 풍부한 자원이 매장되어 있는데 1973년부터 유가가 상승함에 따라 나라의 부도 축적할 수 있었다. 오늘날에는 탄화수소가 알제리 전체 수출의 98%를, 국가 소득의 60%를 차지한다. 따라서 탄화수소는 알제리의 주요 '연금'인 셈이다. 하지만 의존도가 높은 만큼 유가의 변동에 따라 경제가 취약해질 수밖에 없는 구조다. 게다가 석유로 인한 수입은 시간이 지남에 따라 제한될 수밖에 없다. 알제리의 예상 석유 매장량은 향후 20년 정도 보장해주는 수준이며, 가스의 경우는 50년에 불과하다. 하지만 든든한 자원을 가지고 있음에

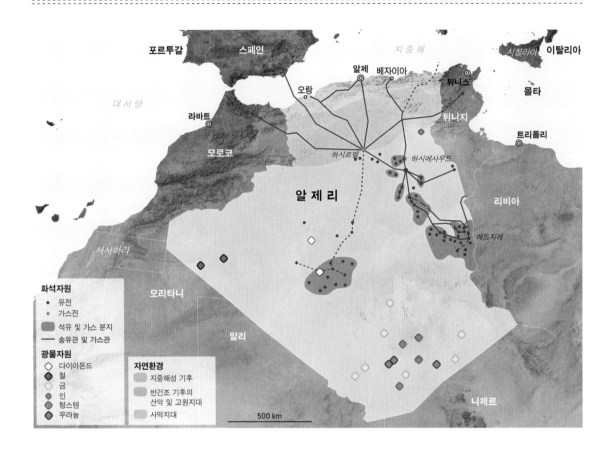

화석자원
- 유전
- 가스전
- 석유 및 가스 분지
— 송유관 및 가스관

광물자원
◇ 다이아몬드
◆ 철
◇ 금
◇ 인
◆ 텅스텐
◆ 우라늄

자연환경
- 지중해성 기후
- 반건조 기후의 산악 및 고원지대
- 사막지대

500 km

풍부한 천연자원, 알제리 발전의 강점

알제리 해안 지역에는 거의 전체에 달하는 인구가 집중되어 있는 반면, 광활한 사하라 사막은 매우 풍부한 광물자원과 탄화수소를 보유하고 있다. 알제리는 이 같은 자원을 유럽으로 수출하는 파이프라인 연결망을 갖추고 있으며 정유 및 액화 시설들이 해안가를 따라 들어서 있다. 현재는 러시아-우크라이나 전쟁으로 인해 알제리 천연자원에 대한 수요가 증가하고 있다.

도 혼란한 정치적 상황으로 인해 알제리의 경제와 국가 발전은 아직도 도약하지 못하고 있다.

독립 이후 국가 재창조?

알제리는 132년에 걸친 프랑스 식민 지배와 이후 8년에 걸친 유혈 전쟁 끝에 독립했다. 1962년 3월 에비앙 협정이 체결되면서 프랑스와 알제리민족해방전선 사이의 전쟁이 끝이 났다.

당시 알제리의 경제는 역사적으로 뛰어났던 농업(포도, 곡물, 감귤류 등)과 성장하는 석유 산업이 지탱하고 있었다. 석유는 국가 산업 생산량의 절반에 가까운 비중을 차지했다. 알제리는 기본적인 경제적 인프라도

갖추고 있었다. 하지만 그럼에도 경제 구조를 개편해야만 했다. 식민 지배 국가로부터, 그리고 북부의 거대 도시와 그곳에 거주하는 백만여 명의 유럽인들 입맛에 맞게 설계된 해외 지향적인 경제로부터 탈피해야 했던 것이다. 무엇보다도 새로운 국가를 세우고, 프랑스 사학자 벵자맹 스토라의 표현을 빌리면 알제리를 '재창조'해야 했다.

알제리민족해방전선의 공동 창립자이자 독립 알제리의 첫 번째 대통령이 된 아메드 벤 벨라는 사회주의 국가를 건설하고자 했고 알제리민족해방전선을 유일한 합법 정당으로 내세웠다. 하지만 그의 심복이자 국방장관과 총사령관 출신인 우아리 부메디엔이 1965년 6월 19일 쿠데타를 일으켜 벤 벨라 정권을 전복시켰다. 이후 부메디엔 정

부는 강력한 행정 조직과 군사 기구를 설치했고 경제는 구소련 모델에 따라 국유화했다. 또한 토지개혁을 단행했고 탄화수소로 벌어들인 수입으로 농업 분야 개혁과 산업화 정책을 시행하기 시작했다. 정권은 천연자원으로 벌어들인 수익을 국민들에게 재분배하겠다고 약속했다. 부메디엔은 '비동맹운동'(Non-Aligned Movement, 비동맹주의를 외교 기조로 삼는 나라들의 조직)의 주요 기수를 맡는 동시에 독립 직후부터 시작되었던 구소련과의 군사 협력을 이어나갔다.

부메디엔이 세운 정치 시스템뿐 아니라 알제리 동부의 제철 단지, 아르쥬 정유 단지, 알제 지역의 기계공업 단지를 비롯한 알제리 산업지구는 부메디엔보다 더 오랜 기간 살아남았다. 1968년에 석유의 유통과 판매를 국유화한 것도 부메디엔이었다. 그는 1971년 여전히 프랑스 소유였던 하시메사우드의 석유 시설과 하시르멜의 가스전을 국유화하면서 프랑스와 외교 갈등을 초래했다. 이에 반발해 프랑스는 알제리산 와인의 대규모 수입을 중단했다. 새로운 판로를 모색하는 데 어려움을 겪자 와인 산업이 탄화수소의 뒤를 이어 알제리 2위의 수출 규모를 차지함에도 불구하고 부메디엔은 40%에 달하는 포도밭의 포도나무를 뽑아버렸다.

1978년에 부메디엔이 사망하자 알제리민족해방전선의 유일한 후보인 벤제디드 샤들리가 그의 뒤를 이어 대통령이 되었다. 벤제디드는 생산성을 높이기 위해 온건한 경제 자유화를 시작했고 프랑스어, 알제리 방언, 베르베르어 사용을 금지하면서 아랍화 정책을 이어나갔다. 이러한 결정은 베르베르인들의 격렬한 반발을 불러일으켰다. 벤제디드의 대외정책은 1976년 이후 서사하라 지역을 둘러싸고 대립 중인 모로코와의 대화 재개와 미국, 프랑스를 비롯한 서구 열강들과의 관계 회복을 특징으로 한다. 1983년에는 미테랑 대통령의 초청으로 프랑스를 방문했는데 그는 프랑스 땅을 밟은 최초의 알제리 국가 수장이 되었다. 마지막으로 그는 이웃 국가인 모로코, 리비아, 모리타니, 튀니지와 함께 지역 내 단일 공동 시장 창설을 목표로 1989년에 '아랍마그레브연합(AMU)'을 결성하기도 했다.

암흑의 10년

1980년대에 알제리는 투기, 부정부패, 알제리민족해방전선의 정치적 정당성 약화로 인해 더욱 심화된 구조적인 경제 위기를 겪어야 했다. 그러자 민족(베르베르인) 및 종교(이슬람교)를 기반으로 한 반발이 사방에서 터져나오기 시작했다. 1986년에는 유가 폭락으로 독립 이후로 시행되어온 국가 수익의 재분배 정책에 제동이 걸렸고 인구수는 1965년 이래 거의 두 배로 증가했다. 이러한 상황은 도시 간 불균형과 청년층 및 노동자 계층의 불만을 키웠다. 이 모든 것들이 어우러져 폭동과 파업으로 이어졌고 1988년 가을에 정점에 달했다. 이는 독립 이후에 일어난 최초의 민중봉기이며 정부는 탄압으로 대응했다. 하지만 결국에는 정권이 한발 물러나면서 다당제를 도입했다. 그 결과 1991년 총선 1차 투표에서 이슬람구국전선이 승리를 거두었다. 그러자 알제리 정부군은 총선을 중단시키고 계엄령을

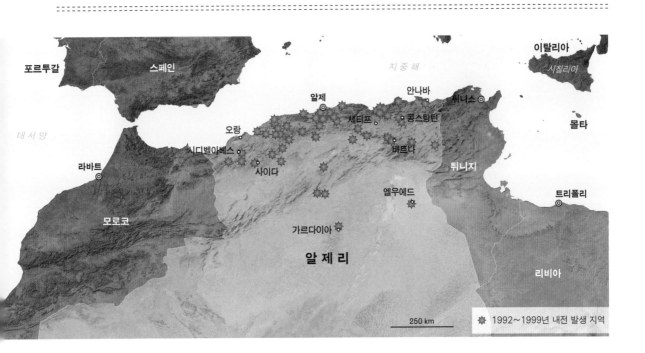

250 km ✸ 1992~1999년 내전 발생 지역

알제리 내전

1992년부터 1999년 사이 내전은 알제리 북부 지역에서 집중적으로 발생했고, 이곳에서 알제리 정부와 다양한 신념을 가진 무수히 많은 이슬람 단체들이 맞붙었다. 비극적인 내전으로 20만 명에 달하는 사망자가 발생했다.

선포했다. 하지만 이 같은 결정은 끔찍한 내전의 불씨가 되었다.

관광객들이 꺼리는 나라가 되다

이때부터 이슬람구국전선은 정권에 저항해 싸우기 시작했다. 내전은 10년 동안 이어지면서 20만 명의 사망자를 발생시켰다. 1999년 점차 내전이 잦아들기 시작할 무렵 압델아지즈 부테플리카가 혼란스러운 정국에서 대통령으로 당선되었다. 그는 민족을 화합하고 10년간 내전에서 싸웠던 이슬람 원리주의 세력을 사면하는 정책을 펼쳤다. 그의 이러한 정책은 일종의 평화와 안정을 회복하는 데는 기여했으나 알제리의 구조적인 문제를 해결하는 데는 미흡했다.

석유로 벌어들인 수입 덕분에 부테플리카는 자급자족을 위한 대규모 토지개혁을 시작할 수 있었고 농식품, 금속, 자동차, 기계, 전자, 관광업 분야를 위한 정책을 펼칠

수 있었다. 실제로 알제리는 인기 있는 관광지가 될 만한 모든 장점을 갖추고 있음에도 제대로 활용하지 못했다. 2010년 한 해 동안 평균 3백만 명의 외국인 관광객이 알제리를 찾았는데 이는 각각 1천만 명과 7백만 명이 방문한 모로코와 튀니지에 비하면 턱없이 적은 숫자다.

내전으로 인해 대부분의 관광 지역 개발이 중단되었고 그 결과 알제리는 오랫동안 여행객들이 꺼리는 나라가 되었다. 현재는 홍보 부족과 관광 비자 발급의 어려움, 관광 인프라 부족 등이 겹쳐 더 힘든 상황이다.

잘못된 통치, 그로 인한 경제 성장 방해

부테플리카 정권이 단행한 개혁의 성과가 저조한 이유는 잘못된 국가 통치로 설명될 수 있다. 첫째, 대부분의 자본이 인프라 개

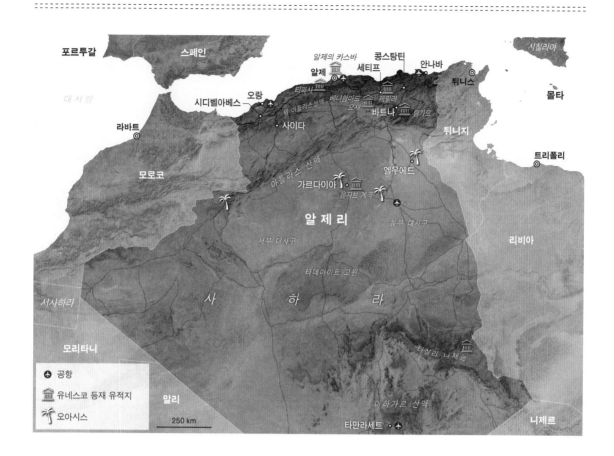

발에 할애되었다. 둘째, 국가와 대기업 기업주와의 갈등이 존재했는데 국가는 민간 분야를 자신의 이익을 빼앗아갈 경쟁자로 인식하면서 민간 부문의 발전을 억제하기 바빴다. 게다가 탈세부터 석유 수익의 불공정한 분배에 이르기까지 알제리의 부정부패 또한 매우 심각했다. 마지막으로 알제리 정부는 유럽연합과의 관계, 아랍 자유 무역 지대 구축, WTO 가입 등을 염두에 두고 관세를 낮추었다. 하지만 관세 인하 정책은 오히려 대대적인 수입 장려와 국가의 탈산업화를 불러왔다. 알제리의 경제는 그렇게 외국과의 경쟁에서 밀리게 되면서 점점 더 취약해졌다.

하지만 발전을 저해한 최후의 요인은 따로 있다. 알제리에는 외국인이 투자할 때 알제리 현지인의 최소 지분 비율을 51%, 외국인의 최대 지분 비율을 49%로 제한하는 외국인 투자법이 존재한다. 이 법은 실제로 외국인의 투자를 막는 효과를 냈으며 알제리의 경제가 성장하는 것을 방해했다. 그렇게 2000년부터 2010년까지 알제리의 경제성장률은 평균 3%에 그쳤는데 다른 신흥국들은 5%, 중국의 경우에는 심지어 10%를 이루기도 했다.

러시아-우크라이나 전쟁은 알제리 경제에 호재인 동시에 악재였다. 왜냐하면 탄화수소 가격이 급상승하면서 사실상 국고를 채워주긴 했지만 동시에 경제 다각화를 위한 그간의 노력을 중단시킬 위험 또한 있기 때문이다.

잠재력을 가진 미개발된 관광지

알제리는 1,200킬로미터 이상 펼쳐진 해안지대와 화려한 자연 풍경까지, 관광지로서는 부인할 수 없는 이점들을 지니고 있다. 음자브 계곡, 아하가르 산맥, 광활한 사하라 사막도 빼놓을 수 없다. 고대 로마시대의 도시였던 팀가드나 11세기에 함마드 왕조 최초의 수도로 건설된 베니함마드 요새도시를 비롯한 일부 장소들은 유네스코 세계문화유산에 등재되기도 했다. 프랑스 식민지 시절 '알제리의 샤모니'라는 별명이 붙은 크레아에서는 스키를 탈 수도 있다.

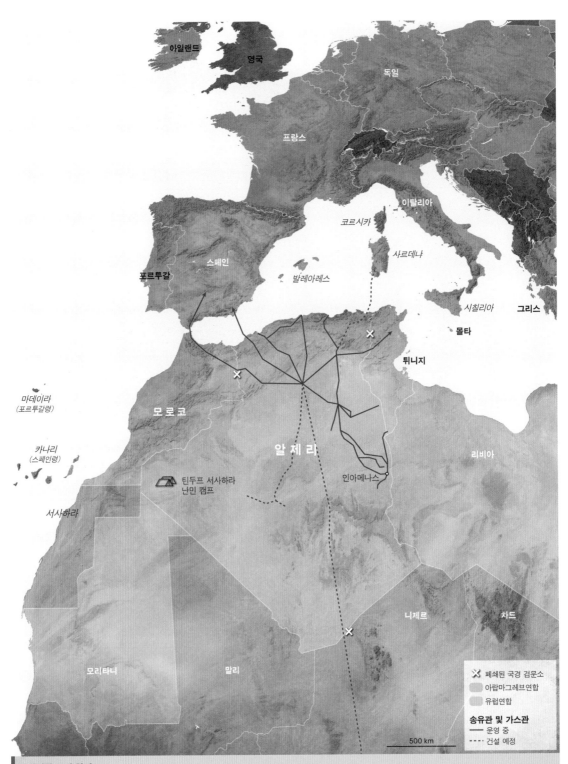

불안정한 주변 환경

알제리는 2011년 아랍의 봄 이후 더욱 불안정한 지정학적 환경에 처해 있다. 알제리 서쪽 모로코와의 국경은 1994년 이후 서사하라 지역을 둘러싼 갈등으로 인해 폐쇄되었다. 남쪽의 사헬 지역은 이슬람 마그레브 알카에다와 IS가 활동하는 곳이 되었는데 이들은 투아레그족 자치주의 세력과 협력하고 있다. 동쪽의 리비아는 카다피 몰락 이후 여전히 아랍의 강대국들, 튀르키예, 유럽 국가들이 벌이는 세력 다툼 속에 처해 있다.

시디부지드

이곳은 튀니지의 수도 튀니스에서 차로 네 시간 걸리는 내륙 지방 시디부지드다. 이곳에는 우체국 건물 전면부에 걸려 있는 무함마드 부아지지의 초상화가 유명하다. 2010년 12월 노점상이었던 젊은 가장인 부아지지는 자신이 판매하는 물건을 압수하려는 경찰에 저항하기 위해 분신자살을 시도했다.

그의 분신은 튀니지의 민주화 혁명인 '재스민 혁명'의 시작을 알리는 신호이자 벤 알리 대통령의 임기 동안 튀니지를 좀먹었던 빈곤과 부정부패에 대항하는 절박한 행위였다. 이후 이웃 국가 리비아에서 저 멀리 시리아에 이르기까지 중동 지역 전역으로 퍼져나간 '아랍의 봄' 발원지가 바로 이곳이다.

그 모든 것이 시작된 시디부지드는 바다와 관광지와는 멀찍이 떨어진 내륙의 '또 다른 튀니지'다. 민주주의 발전을 환영하는 곳이지만 경제에 있어서는 비탄이 끊이지 않는 곳이기도 하다.

그러나 튀니지 내륙의 이 소외된 지역에 사는 젊은 서민층에게는 2019년 말 새롭게 당선된 카이스 사이에드 대통령의 인기가 드높았다. 사이에드 대통령은 대선 결선 투표에서 70%가 넘는 득표율을 획득했다. 그는 소속 정당도, 실제적인 선거 정책도 없었던 법무장관 출신의 복잡한 인물이었다.

하지만 아랍의 봄이 시작되었던 이곳 튀니지는 10년이 훨씬 지난 지금도 여전히 불안정한 정치와 주요 사회적, 경제적 문제들로 인해 혼란스럽다. 정치적으로는 그 어느 때보다도 분열되었고 코로나19 팬데믹의 영향으로 사회적 문제들은 더욱 악화되었다.

2022년 7월 카이스 사이에드 대통령의 권한을 대폭 강화하는 헌법 개정안이 통과되었다. 이는 튀니지의 민주주의를 위협할 정도였고 이로 인해 튀니지 정치 역사는 중대한 전환점을 맞이하게 되었다. 또한 우크라이나산 곡물 수입에 의존하던 경제는 전쟁의 영향을 정면으로 받으며 국민들을 힘들게 만들고 있다.

튀니지:
아랍의 봄이 시작된 곳이지만
아직도 봄은 오지 않았다

해안 지역 vs. 내륙 지역

단 16만 3,600제곱킬로미터의 면적을 지닌 튀니지는 마그레브 지역에서 가장 크기가 작은 국가다. 거대한 두 국가인 리비아(튀니지 면적의 10배 이상)와 알제리(약 15배) 사이에 낀 튀니지는 북아프리카의 작은 색종이 조각처럼 보인다. 각 지역에 고르지 않게 분포된 1,150만 명의 인구가 이러한 인상을 더욱 심화시킨다. 남부의 사막지대와 중부의 반건조 고원지대에는 매우 적은 인구가 거주하는 반면 1,200킬로미터의 좁고 긴 해안지대에는 인구 대다수가 집중되어 있다. 이곳에 수도인 튀니스를 포함한 주요 도시들과 가장 중요한 도로망들이 연결돼 있다.

아랍의 봄이 일어나기 전까지 매년 전 세계 수백만 명의 관광객들이 지중해 해안가로 펼쳐진 튀니지의 긴 모래사장을 찾았다. 따라서 1970년대 이후 튀니지는 관광업을 위해 길게 늘어선 대규모 해변 휴양지들을 개발해 왔는데 이는 해안 지역과 나머지 지역 간의 구조적 불균형을 더욱 심화시키는 결과를 초래했다.

가난한 시골 지역인 '튀니지 내륙'은 해안 지역에 위치한 중앙 권력으로부터 여전히 버려진 듯하다. 고대의 카르타고부터 튀니지까지, 아랍의 정복자들은 늘 해안가에 수도를 정해 왔다. 따라서 오랜 역사를 지나는 동안 중앙 정부에 맞서 일어난 민중봉기는 늘 중서부 지역에서 시작되었고 이러한 현상은 오늘날까지도 이어졌다. 2010년 12월 시작되어 국가 전역, 이후에는 아랍 세계 전체로 퍼져나간 시위 역시 내륙 지방 도시인 시디부지드에서 처음 일어났다.

프랑스 보호령에서 독립까지

'작은' 튀니지는 오래전부터 아랍 세계 전체의 롤모델이었다. 19세기 중엽부터 튀니지는 친서구적 성향의 베이(튀니지 총독 칭호)가 다스리는 오스만제국의 자치 정부를 형성해 왔다. 튀니지는 이슬람 국가 중에서 최초로 노예제를 폐지하고 유대인들을 해방시킨 국가였고, 1861년에는 역시 이슬람 국가 최초로 입헌군주제 헌법을 제정했다. 하지만 막대한 국가부채로 인해 알제리를 지배하고 있던 프랑스에 내정간섭을 허용하고 말았다. 프랑스는 알제리 영토 침공을 빌미로 튀니지를 기습했고 1881년에 튀니지를 '프랑스 보호령'으로 만들었다.

프랑스의 튀니지 지배는 지금도 활발히 활동하고 있는 튀니지노동조합총연맹(UGTT)이 일으킨 혁명이 하비브 부르기바가 이끄는 독립주의 정당 네오데스투르당을 지지하면서 1956년에 끝이 났다. 이어 1957년 7월 25일, 하비브 부르기바는 베이가 통치하는 군주국을 폐지하고 튀니지공화국을 선포하고 스스로 초대 대통령에 취임했다.

1957년부터 1987년까지 30년 동안 부르기바는 전력을 다해 튀니지 사회를 근대화했다. 무엇보다도 여자아이들의 취학을 장려했고, 일부다처제와 일방적인 이혼 및 강제 혼인 금지, 1973년부터는 배우자 간의 평등한 이혼 제도의 수립, 어떠한 제한도 없는 임신 중단과 같은 기본적 권리를 여성에게 부여했다. 하지만 이러한 중대한 사회적 진보에도 불구하고 부르기바 정권은 점점 독재적으로 변해가면서 종신집권을 시도했고, 좌파 야당과 이슬람주의 정당의 의견도 묵살하면서 정권의 강력한 치안 기관을 대대적으로 이용했다.

독재에 이은 또 다른 독재

군 조직의 중심에서 성장한 제인 엘아비디네 벤 알리 장군은 부르기바 정부에서 총리직을 수행했는데 1987년 11월 7일 무혈 쿠데타를 일으켜 부르기바를 대통령 자리에서 끌어내렸다. 그는 경제를 자유화하면서도 부르기바의 억압적인 정책 기조는 계승했는데 심지어는 더 강화하기도 했다. 경제적 이득의 대부분 또한 부인인 레일라 트라벨시를 비롯한 벤 알리 가문이 취했다. 이처럼 어디에나 존재하는 군부 세력과 일상화된 부정부패는 2011년 재스민 혁명에 불을 붙였고 벤 알리는 결국 퇴진했다.

2011년 1월 14일 벤 알리와 그 일당이 축출되면서 약 25년간 이어진 독재가 막을 내렸다. 하지만 재스민 혁명 이후로 또다시 불확실성과 갈등이 지배하는 시기가 도래하면서 튀니지는 오늘날까지도 회복하지 못하고 있다.

시험대에 오른 민주주의

정치적 불안정, 이슬람 테러리즘 세력의 출현, 경기 침체는 혁명 이후의 튀니지가 극복해야 할 주요 장애물이었다. 이와 같은 상황이 펼쳐지게 된 배경에는 부르기바 정권 집권기에 이루었던 사회적 진보에 강한 반감을 갖고 있는 이슬람주의 정당들의 득세가 깔려 있다.

복귀한 종교 세력들의 선봉장에는 새로운 튀니지의 중앙 정치 세력을 자처하고 나선 엔나흐다('르네상스'라는 뜻)당이 있다. 1980년대 초반에 탄생한 이슬람 정당인 엔나흐다당은 벤 알리 대통령의 퇴진 이후에 비로소 불법 정당에서 벗어날 수 있었다. 2011년에는 집권당이 되기도 했지만 2014년에 라이벌인 세속주의 성향의 니다투니스당에 자리를 내주었다. 하지만 2019년 10월 총선 때까지 집권당이었던 니다투니스

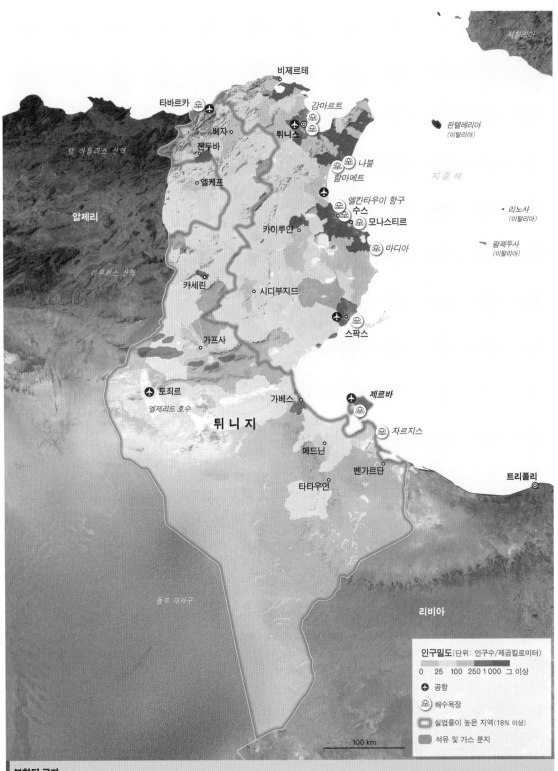

비제르테

타바르카 ✈

감마르트

메자

튀니스 ✈

젠두바

나불

엘케프

함마메트

지 중 해

판텔레리아
(이탈리아)

카이루안

엘칸타우이 항구
수스

모나스티르

리노사
(이탈리아)

마디아

람페두사
(이탈리아)

알제리

텔 아틀라스 산맥

카세린

시디부지드

스팍스 ✈

가프사

토죄르 ✈

튀 니 지

엘제리드 호수

가베스

제르바 ✈

자르지스

메드닌

벤가르단

타타우인

트리폴리

동부 대사구

리비아

100 km

인구밀도(단위: 인구수/제곱킬로미터)

0   25   100   250   1 000   그 이상

✈ 공항

🏖 해수욕장

◻ 실업률이 높은 지역(18% 이상)

▪ 석유 및 가스 분지

분할된 국가

튀니지는 해안지대와 내륙 지역이 구조적인 불균형을 겪고 있는 국가다. 해안지대에는 대다수의 인구와 경제활동이 집중되어 있는 반면, 내륙 지역은 중앙 정부로부터 소외되어 있으며 도시화도 제대로 이루어지지 않았다. 하지만 아랍의 봄을 탄생시킨 저항운동이 시작된 곳은 바로 내륙 도시인 시디부지드다.

당은 총선 이후에는 217개 의석의 4분의 1에도 채 못 미치는 의석수를 보유하게 되었다. 자신들의 이익을 위해 국가 경제가 파탄이 나도 그냥 내버려 두었던 정당들에 튀니지 국민들이 점차 등을 돌리기 시작한 것이다.

높은 실업률, 취약한 경제

2010년 말 벤 알리 정권이 퇴진하기 이전 튀니지의 실업률은 10%였다. 코로나19 감염병이 창궐하기 전인 2019년 상반기 실업률은 튀니지의 공식 통계 자료에 의하면 15.3%에 달했다. 실업률은 주로 청년층(2020년 기준 15-29세의 36%)에서 높았고, 여기에는 고학력 청년(28%)들도 포함되었으며, 2011년 재스민 혁명에 환멸을 느낀 남부 지역에서 특히 더 높았다. 상황이 비교적 더 나은 북부 지역에서는 10%대를 기록한 반면 남부 지역에서는 20%대를 훌쩍 뛰어넘은 것이다.

이러한 경제적 취약성 때문에 고학력자들이 유럽과 아라비아 반도로 떠나면서 튀니지의 인재 유출은 우려되는 수준에 달했다. 그 외 계층은 불법 이민 루트를 통해 대거 튀니지를 빠져나가고 있다. 2018년 한 해 동안 무려 6천 명의 튀니지인이 이탈리아에서 체포되었고 7,200명은 시칠리아 해협을 건너려다 저지당했다. 알제리와 리비아와의 국경지대에서 밀수가 전례 없는 증가를 기록한 것 역시 이러한 상황에서 기인한다. 불법 밀수 행위는 탈세의 온상이 되었고, 특히 섬유, 탄화수소, 소비재 및 가전제품 등의 핵심 분야에서 국가의 생산력을 좀먹었다.

2011년 이후 튀니지 경제의 주요 동력인 인산염 생산과 관광업이 위축된 상황에서 산업 구조의 축소는 국가 전체에 커다란 손실을 입혔다. 가프사, 레데예프, 메틀라위 등 인산염 채굴 지역의 개발은 혁명 이후의 사회적 위기로 인해 점차적으로 축소되었고 그 결과 가프사에서 채굴한 인산염의 주요 수출 경로인 스팍스 공업 지역도 간접적인 영향을 받았다.

튀니지 제2의 도시인 스팍스는 오늘날 높은 실업률과 제대로 관리되지 못한 화학공장에서 발생한 환경오염 등으로 고통받고 있다. 게다가 다른 해안 도시들과 마찬가지로 혁명 이전의 주요 일자리 공급원이었던 관광업이 해외 관광객 감소로 위축되면서 더욱 비참한 상황에 처해 있다.

취약한 안전 문제

2000년대에 지속적인 성장세를 보인 튀니지의 해외 관광객 수는 2011년 이후, 특히 2015년 지하디스트 세력이 일으킨 테러 이후 급격히 감소했다. 2015년 3월 18일 튀니지의 국립 바르도 박물관에서 일어난 테러로부터 얼마 지나지 않은 6월 26일, 수스 해변에서도 테러가 일어나 대규모 인명 피해가 발생했다. 그 결과 오늘날에는 튀니지가 직면한 또 다른 문제로 안전 문제가 대두되게 되었다.

2013년부터 2018년까지 튀니지는 IS에 전투원을 가장 많이 보급한 국가가(러시아 다음으로) 되었다. 오늘날 시리아에서 송환된 지하디스트의 수가 가장 많은 곳도 튀니지다. 게다가 이웃 국가들의 상황도 매우 불안정해서 역내에 도사리는 위험 또한 그 어느 때보다도 많은 우려를 자아낸다. 먼저 튀니지 동쪽에 있는 리비아는 2011년 카다피 축출 이후 국정이 혼란스럽고, 서쪽에 있는 알제리는 2019년 압델아지즈 부테플리카 대통령이 사임하면서 지속적인 위기에 처해 있다.

'예외적 튀니지'의 종말?

시리아, 예멘, 리비아와는 다르게 튀니지는 2011년 아랍의 봄 이후 내전으로 치닫지 않았다. 2019년 10월 13일 튀니지 국민은 공화국 대통령으로 정치 신인이자 헌법학 교수인 카이스 사이에드를 선출함으로써 국가 권력을 이슬람주의 정당인 엔나흐다당과 세속주의 정당인 니다투니스당으로부터 떨어뜨려 놓았다. 사이에드는 중앙 정부로부터 소외된 지역의 서민 계층 청년들로부터 지지를 받아 당선되었다.

그러나 2022년 들어 사이에드 대통령이 독재로 나아가기 시작했다. 3월 30일에는 의회를 해산했고 7월에는 국민투표로 헌법을 개정하면서 견제 세력을 줄여나갔다. 하지만 사이에드 정권은 언론의 자유를 억압하고 있음에도 여전히 인기가 좋다. 이는 코로나19로 인해 취약해진 경제적 상황(관광업 위축)과 러시아-우크라이나 전쟁으로 인한 인플레이션(에너지 및 식료품) 속에서 사이에드 정권이 어쩔 수 없이 불가피한 존재로 대두되고 있기 때문이다.

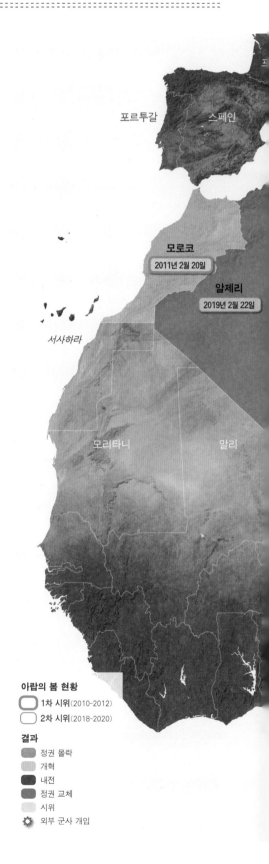

아랍의 봄 현황
- 1차 시위(2010-2012)
- 2차 시위(2018-2020)

결과
- 정권 몰락
- 개혁
- 내전
- 정권 교체
- 시위
- 외부 군사 개입

이탈리아

러시아

튀르키예

그리스

튀니지
2010년 12월 18일

2019년 10월 17일

사리아
2011년 3월 15일

레바논
이스라엘
팔레스타인

이라크
2019년 10월 1일

이란

요르단
2011년 1월 7일

리비아
2011년 2월 17일

이집트
2011년 1월 25일

사우디아라비아

쿠웨이트 2012년 10월 25일
바레인
2011년 2월 14일

카타르

아랍에미리트

니제르

차드

수단
2018년 12월 19일

오만
2011년 1월 17일

에리트레아

예멘
2011년 1월 27일

나이지리아

지부티

에티오피아

소말리아

중앙아프리카공화국

남수단

아디스아바바

1980년대와 같은, 기근에 시달리는 낡은 에티오피아의 이미지에서 탈피하려면 이곳 아디스아바바를 보여주어야 한다. 에티오피아의 수도인 아디스아바바의 인구는 오늘날 5백만 명에 달하며 아프리카연합(AU) 본부를 비롯해 100여 개가 넘는 대사관과 국제기구가 이곳에 위치해 있다. 코로나19 위기 이전에는 전 세계의 관광객들이 아프리카의 다른 어느 곳보다도 이 색다른 대도시를 보다 더 많이 방문했다. 이 도시에서는 수많은 교회를 방문할 수 있으며 또 국립 박물관에서는 '루시'를 만날 수 있다. 루시는 에티오피아의 아파르 삼각지대에서 화석으로 발견된, 3백만 년 이상 된 오스트랄로피테쿠스 여성으로 최초의 인류 화석이다.

아디스아바바는 과거 역사에 중요한 가치를 부여하면서도 기근에 시달리던 시대는 잊고 싶어 한다. 또한이제는 중국 투자자들을 통해 자국의 밝은 미래를 기대하고 있다. 중국 기업들은 2015년 사하라 사막 이남 지역에서는 최초로 개통된 이곳 경전철 공사에 85%의자금을 지원했고 현재도 관리해 오고 있다.

이렇듯 아디스아바바는 중국의 지원과 새로운 권력

자 아비 아머드 알리 총리의 지휘 아래 새롭게 태어났다. 개혁 정책을 실시하고 에리트레아와 평화협정을 체결하면서 아비 아머드 알리 총리는 많은 이들에게 희망(2019년에 노벨 평화상 수상)을 품게 해주었지만 지역이지닌 고유한 복잡성이 그의 발목을 붙잡았다.

2020년 11월부터 에티오피아는 북부 티그레이 반군 세력과 다시 내전에 돌입했다. 티그레이인민해방전선(TPLF)은 에티오피아 정부군의 인권 침해, 강간, 약탈, 잠재적 전쟁범죄 등을 비난했다. 반면 에티오피아 정부는 티그레이인민해방전선이 티그레이의 정부군 군사기지를 공격하면서 먼저 분쟁을 일으켰다고 주장하고 있다. 이처럼 혼란스러운 상황 속에서 평화 구축에 늘 어려움을 겪어왔던 에티오피아에 오랜 망령이 되살아났다. 즉 내전은 잠재력을 지닌 신흥국가지만 그와 동시에 부족 갈등, 불평등, 높은 중국 의존도와 같은 중대한 사안에 직면해 있는 에티오피아를 더욱더 커다란 어려움에 빠트리고 있다.

에티오피아:
경제적으로는 부상했지만
내부적으로는 분열에 시달리다

동아프리카의 거인

에티오피아는 아프리카의 뿔 지역에 위치해 있으며 이웃 국가로는 지부티, 소말리아, 케냐, 남수단, 수단, 에리트레아가 있다. 에리트레아는 과거 에티오피아의 자치구였는데 1993년에 독립했다. 에티오피아의 국토 면적은 112만 7천 제곱킬로미터가 넘는데 이는 프랑스의 두 배가 넘는 크기다. 인구수는 약 1억 1천만 명으로 아프리카에서 나이지리아 다음으로 많다.

에티오피아는 그리스어로 '그을린 얼굴의 국가'라는 뜻을 지니고 있다. 이는 이곳 사람들의 검은 피부 때문에 붙여졌는데 에티오피아 산맥의 고원에 사는 인구를 지칭하는 고대 셈어인 '하베샤'에서 유래했다. 여기서 에티오피아의 또 다른 이름인 프랑스어 '아비니시아'라는 말도 탄생했다.

시바 여왕과 기독교

지금까지 알려진 에티오피아 최초의 정치 조직은 2세기 악숨 왕국 때 형성되었다. 악숨이라는 이름은 오늘날 에티오피아 북부(티그레이 지역)에 위치한 왕국의 수도 이름을 본따 지어졌다. 악숨 왕국은 그리스 여행자가 쓴 『에리트레아 항해기』에서 처음으로 등장하는데 북쪽으로는 이집트와 로마 제국, 그리고 무엇보다도 홍해 건너편의 유향과 몰약의 나라 남아라비아(현재의 예멘)와 교역했다. 홍해의 이 두 해안 국가 사이의 활발한 교역은 에티오피아 건국 신화에 유대교와 시바 여왕 전설이 어떻게 영향을 미쳤는지 설명해 준다.

에티오피아 왕권의 정당성은 예루살렘에서 만난 시바 여왕과 솔로몬 왕의 전설에 기반을 두고 있다. 두 사람의 만남으로 에티오피아 솔로몬 왕조(기원전 10세기)의 첫 번째 왕인 메넬리크 1세가 탄생했다고 전해진다. 솔로몬 왕조는 수천 년 동안 에티오피아를 통치했는데 1974년 마르크스-레닌주의 군사 정권에 의해 마지막 황제 하일레 셀라시에가 축출될 때까지 이어졌다. 여기서 유래된 전설은 14세기가 되어서야 문자

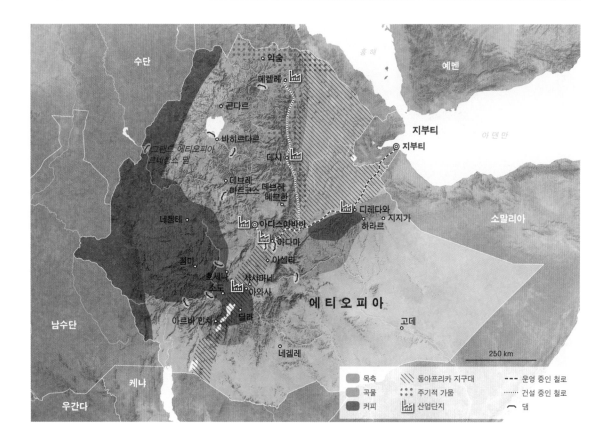

범례:
- 목축
- 곡물
- 커피
- 동아프리카 지구대
- 주기적 가뭄
- 산업단지
- 운영 중인 철로
- 건설 중인 철로
- 댐

에티오피아 경제의 역동성

에티오피아는 동아프리카 지구대의 단층이 가로지르고 있는 산악지대와 고원으로 이루어져 있다. 이러한 지형은 곡물 재배에 유리한 온난한 기후를 선사해 준다. 수자원이 풍부하고 토양이 비옥한 남부 고원에서는 커피가 주로 재배되고, 북부는 주기적으로 가뭄을 겪고 있는데 그로 인해 1973년과 1984년에는 끔찍한 기근이 발생했다. 2000년대 이후부터는 해외 투자가 경제 성장을 주도하고 있다.

로 기록되었기 때문에 신빙성은 약하다고 볼 수도 있다.

하지만 신화인지 현실인지 정확히 알 수는 없으나 시바 여왕은 구약성경과 코란에도 언급되어 있다. 그런데 시바 왕국이 아라비아 반도 너머까지 확장했는지를 증명하는 기록은 전무하다. 어찌 되었건 에티오피아 역사의 핵심 인물인 시바 여왕은 남아라비아와 에티오피아 고원 사이의 오랜 역사적 연관성을 증명하고 있다.

또한 로마제국과의 관계는 매우 이른 시기부터 악숨 왕국이 기독교의 영향을 받게 했고 이로 인해 에티오피아는 심지어 자국이 기독교의 발상지 중 하나라고 주장하기도 한다. 에티오피아는 4세기 초 기독교를 국교로 선포했고 오늘날에는 인구의 절반

이 기독교인이다. 19세기 내내 같은 종교를 믿는다는 공통점으로 에티오피아의 기독교 군주들은 유럽 국가들과 특권적인 관계를 맺어왔다. 덕분에 무기들을 손에 넣을 수 있었고 적국보다 앞선 전략적 이점을 활용해 식민 지배를 피할 수 있었다. 그러나 1935년부터 1941년 사이 이탈리아의 무솔리니가 침략을 해왔는데 이후 프랑스-영국 군대의 도움으로 영토를 수복했다.

하일레 셀라시에, 마지막 황제

1930년 하일레 셀라시에 1세라는 이름으로 군림했던 '왕 중의 왕' 타파리 마코넨은 황제가 되자마자 봉건국가에 머물러 있던 에티오피아의 사회적, 경제적 근대화를 위한

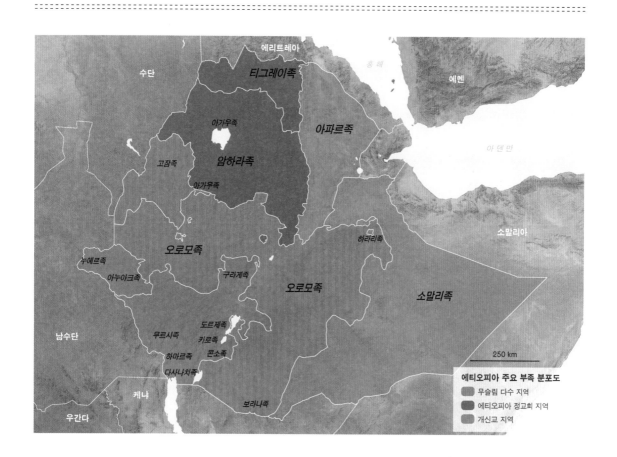

에티오피아 주요 부족 분포도
- 무슬림 다수 지역
- 에티오피아 정교회 지역
- 개신교 지역

광범위한 계획에 착수했다. 하지만 토지개혁 성과에 대해서는 평가가 엇갈린다. 하일레 셀라시에는 노예제를 폐지하는 법령도 공포했고 1931년에는 최초의 성문 헌법도 만들었지만 이는 단 한 번도 적용되지 않았다. 그가 통치하는 동안 최초의 초등학교, 대학교, 병원, 에티오피아 항공사, 라디오, 텔레비전, 근대식 군대가 만들어지기 시작했다.

에티오피아에서 하일레 셀라시에 황제에 대한 평가는 여전히 많은 논란의 대상이다. 1955년 헌법 개정을 통한 자유화에도 불구하고 셀라시에는 여전히 독재적이고 억압적이었다. 또한 모든 권력을 쥐고 있었지만 1973-1974년 사이 에티오피아 중부와 북서부를 휩쓸었던 기근으로부터 국민들을 구해내지 못하는 무능력한 모습을 보여주기도 했다. 20만 명 이상의 사망자를 낸 최악의 기근이 발생했을 때 영국의 한 언론 매체에는 그가 알뜰살뜰하게 자신의 반려견들에게 먹이를 주는 모습이 보도되기도 했다.

이처럼 끔찍한 위기관리 능력으로 민중의 불만은 극에 달했고 결국 군부 쿠데타가 일어나 1974년 9월 12일 황제 자리에서 내려오게 된다. 하지만 44년이라는 긴 즉위 기간 동안에 그는 근대화에 대한 의지를 보여주었으며 아프리카 국가들과 함께 국제 무대에 끼친 영향으로 20세기 아프리카의 주요 인물 중 하나로 손꼽히기도 한다.

부족 기반 연방주의

부족과 종교적 다양성으로 인해 에티오피아는 1995년부터 연방제를 실시해 왔고 연방 주들의 경계는 부족과 언어를 기반으로 구획되었다. 오늘날 약 60%의 인구가 기독교도인데 대다수가 에티오피아 정교회 소속이다. 33%는 무슬림으로, 이들은 자신들의 목소리를 내기 위해 고군분투하고 있는데 두 공동체 사이에는 주기적인 마찰이 빚어지고 있다.

지역의 평화와 안전을 위해

하일레 셀라시에는 대외정책도 매우 활발히 펼쳤다. 1963년 아디스아바바에 본부를 둔 아프리카통일기구(현재의 아프리카연합)를 창설한 것도 그였다. 1950년 한국전쟁 당시에는 유엔의 평화유지군으로, 이후에는 아프리카 연합군으로도 참전했다. 오늘날에는 소말리아와 수단에 군대를 파병하고 있다.

　그런가 하면 에티오피아는 동아프리카의 지하디즘(이슬람 근본주의 무장투쟁)에 대항하는 방패막이 역할도 하고 있고 소말리아, 에리트레아, 수단, 남수단 등의 분쟁 국가에서 발생한 약 73만 명의 난민들도 수용하고 있다.

극심한
공포 정치를 펼친 군사 정권

1974년 하일레 셀라시에 황제가 물러나면서 에티오피아는 새로운 시대를 맞이했다. 임시 군사행정위원회가 설립되고 멩기스투 하일레 마리암 소령이 재빨리 권력을 잡았다. 멩기스투의 마르크스-레닌주의 정책은 특히 경제 국유화와 토지 재분배에 기반을 두고 있었다. 소련은 이러한 변화를 호의적으로 바라보았다. 왜냐하면 소련이 아프리카의 뿔 해안지대뿐 아니라 아프리카 대륙 전체로 세력을 확장할 수 있는 관문으로서 에티오피아가 전략적, 지정학적 동맹이 되어주기를 바랐기 때문이다.

　멩기스투 정권은 공포 정치를 뜻하는 '레드 테러'라는 별칭을 가지고 있다. 그의 토지개혁은 특히 민중과의 극심한 갈등을 초래했다. 에티오피아 국민은 자국 역사에 깊이 뿌리내린 종교적 전통과 거리가 먼 공산주의 논리를 받아들이지 못했다. 수만 명의 사람들이 혁명에 반대했다는 이유로 목숨을 잃었고 극심한 빈곤이 국가 전역으로 퍼져나갔다. 여기에 지역의 반란까지 더해졌다. 소말리아로부터 침략 위협을 받아왔던 에티오피아 남동부 오가덴 지역이 대표적인 예다. 또한 북부에서는 독립을 요구하는 에리트레아의 게릴라전이 벌어졌다. 에티오피아군은 쿠바와 소련의 지원을 받아 이들을 잔혹하게 진압했다.

　1980년대에는 끔찍한 기근이 발생했고 인접한 티그레이 지역까지 게릴라전이 확대되었다. 1989년에는 여러 정당들의 연합인 인민혁명민주전선(EPRDF)이 창설되었다. 이들은 1991년 5월 아디스아바바를 장악했고, 멩기스투 정권은 개방과 개혁을 주장하는 고르바초프의 소련으로부터 버림받은 채 결국 종말을 향해 달려갔다. 2006년 멩기스투 대통령은 집권 당시 대량 학살을 자행했다는 이유로 유죄 판결을 받았다.

부족 중심의 연방주의

1992년 인민혁명민주전선은 에티오피아 역사상 최초의 다당제 총선에서 승리를 거두었고 당수인 멜레스 제나위는 권좌에 올랐다. 총리가 된 개혁주의자 멜레스 제나위는 20년 동안 에티오피아를 철권통치했다. 인민혁명민주전선은 사실상 티그레이인민해방전선의 티그레이족이 이끌고 있었고 오로모족, 암하라족 등과 같은 부족을 기반으

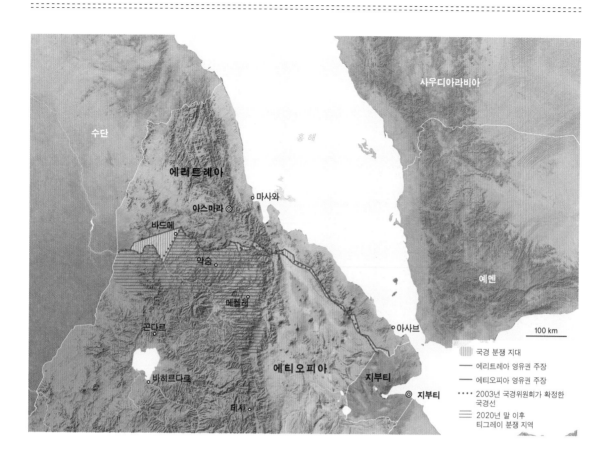

로 한 다른 네 개의 세력들을 끌어모았다. 1995년 멜레스 제나위는 다양한 구성원들 간 경쟁과 갈등을 해소하기 위해 부족을 기반으로 한 연방제를 수립했다. 이후 에티오피아는 부족별로 구성된 아홉 개 주로 나뉘게 되었고 이들은 분리 독립에 대한 권리를 포함하여 막대한 자치권을 누리게 되었다.

개혁과 경제 성장

2018년 4월 18일, 오로모족 출신의 아비 아머드 알리가 총리직에 올랐다. 그는 그동안 진행된 개혁들을 이어나갔고 에티오피아는 아프리카 지역에서뿐만 아니라 세계에서도 가장 높은 경제성장률을 기록했다. 1990년대에는 평균 2.5%에 불과했던 경제성장률이 2000년대에는 8.4%, 2010년부터 2018년 사이에는 9.7%로 상승했다. 하지만 급격한 경제성장에도 불구하고 생활수준은 향상되지 못했다. 국민 1인당 GDP는 여전히 낮았고(2024년 예상은 약 1,787달러) 인플레이션도 여전히 높았다. 이는 에티오피아의 거시 경제 안정성에 커다란 위험으로 인식되고 있다.

높은 경제성장률은 정부의 투자 정책과 함께 세제 혜택을 받는 외국 자본(특히 중국, 인도, 튀르키예) 덕분에 달성되었다. 외국 자본은 특히 수도인 아디스아바바의 교통, 에너지, 도시 개발을 위한 새로운 인프라 건설 등에 도움이 되었다. 에티오피아의 현대화는 아직도 진행 중이다. 도시화도 가속화되고 있으며 철도와 산업단지 또한 여

에리트레아와의 국경 분쟁

1945년 에리트레아가 이탈리아 식민 지배에서 완전히 해방되자 유엔은 에리트레아를 에티오피아로 편입할 것을 명령했다. 하지만 이 협정은 에리트레아 국민들의 의지를 반영한 것이 아니다. 그렇게 분리주의 운동이 반란으로 치달았고 30년간의 전쟁 이후 1993년에 에리트레아는 마침내 독립국가가 되었다. 하지만 명확히 매듭을 맺지 못한 양국의 국경 문제는 또 다른 갈등을 초래하기도 했다.

**2005~2020년 중국의
해외 직접 투자**(단위: 10억 유로)

50

10
5
1

차이나프리카

2009년부터 중국은 아프리카의 최대 교역 파트너다. 1990년대에 중국이 아프리카와 밀접한 관계를 맺기 시작한 것은 에너지와 원자재를 확보하기 위해서였다. 그렇게 중국은 경기장에서 공항에 이르기까지 아프리카의 인프라 구축에 자금을 지원했고 아프리카에 자국의 소비재와 장비를 판매하면서 이득을 보았다. 중국과 아프리카의 교역은 2002년 100억 달러 규모에서 2017년에는 1,700억 달러로 급증했다.

러 지역에서 새롭게 건설되고 있다. 아디스아바바는 사하라 사막 이남 아프리카 국가들과 세계를 이어주는 선도적인 허브 공항 역할도 하고 있다. 지속적으로 항공 노선을 늘려가고 있는 에티오피아 항공사들이 이를 담당하고 있다. 볼레 국제공항은 현재 포화상태에 도달해 확장 공사가 진행 중이다. 10여 년 전부터는 40여 개 이상의 대학을 신설하는 등 고등교육에도 막대한 공공 투자를 하고 있다.

한편 에티오피아 정부는 농업 부문에서 2008년 해외 투자사들(한국, 사우디아라비아, 인도, 중국)에게 토지를 양도하려는 프로젝트를 출범시켰다. 하지만 이는 자국의 농업과 토지에서 내쫓긴 농민들을 희생시키는 계획이다. 따라서 그 성과는 아직까지 체감

되지 않고 있으며 심지어는 에티오피아의 식량 안보를 위협하고 있다.

에티오피아는 거대 수력발전소 건설에도 착수했다. 가장 많이 알려진 것이 2011년 이후 청나일강 일대에 건설 중인 '그랜드 에티오피아 르네상스 댐'이다. 종종 '아프리카의 급수탑'이라고도 불리는 에티오피아는 나일강 수자원의 86%를 관리하고 있다. 하지만 수력발전소 건설로 하류로 갈수록 강물 유입량이 감소하는 탓에 지금까지 나일강의 혜택을 받아온 인근 국가들(이집트와 수단)과 마찰이 발생하고 있다.

또한 지금부터 2030년까지 온실가스 배출량을 64% 감소시키겠다는 야심찬 목표를 내세우면서 지속가능한 개발에 대한 의지를 표명했다.

경제 부문에서 이뤄낸 상대적인 성과로 2018년 이후 재정 적자가 증가했는데 IMF는 과도한 국가부채에 대한 위험을 경고하고 있다. 에티오피아의 채권자는 대부분 중국이다. 중국은 아프리카에서 두 번째로 인구가 많은 에티오피아에 대대적으로 투자했고 2000년 이후 에티오피아는 중국으로부터 120억 달러가 넘는 금액을 빌린 것으로 추정된다. 이 숫자로만 본다면 에티오피아는 아프리카에서 앙골라 다음으로 중국의 차관을 많이 받은 국가가 된다.

넘어야 할 산

정치적으로는 현 아비 아머드 알리 총리가 국제적으로 훌륭한 명성을 보유하고 있다. 그는 경제 개혁을 단행하고 에리트레아와 국경에 관한 평화협정을 체결한 공로로

2019년 노벨 평화상을 수상했다.

하지만 2020년 말부터 아머드 연방정부와 티그레이 반군 세력 간의 분쟁이 다시금 불안한 갈등을 초래하고 있다. 2021년 에티오피아 경제는 둔화되었는데 경제성장률은 2019년의 9%에 비해 줄어든 5.6%를 기록했다. 여기에 가뭄까지 더해져 식량 안보를 위협하면서 이미 취약해진 경제를 더욱 악화시켰다. 현 정권이 어려움을 또 한 번 극복해 내면서 아프리카의 상징이 되기 위해서는 이처럼 수많은 산을 넘어야 한다.

Destination #24

팀북투

팀북투는 매혹적이고 화려한 역사를 자랑한다. 과거 번성한 산업 도시였던 팀북투는 무슬림들의 거대한 지적 중심지였다. 사하라 사막으로 향하는 문턱에 위치한 이 도시는 15세기에서 16세기까지 엄청난 문화적, 지적 번영을 누렸다. 기록물과 능의 보존을 위해 1988년에는 유네스코 세계문화유산으로 등재되기도 했다. 나이저 강 북부에 위치한 이곳은 말리의 남부와는 달리 대다수 투아레그족이 거주하고 있다.

한때 번창했던 말리 북부는 지금은 지하디스트의 위협을 받고 있다. 2012년 6월에는 북부의 전 지역을 장악하고 있던 지하디스트 세력이 팀북투의 귀중한 문화유산 일부를 파괴했다. 이들로 인해 말리는 사실상 두 지역으로 나뉘게 되었는데 그들은 남부와 수도 바마코로 진군하겠다고 위협했다. 2013년 1월 프랑스군과 말리군이 이들을 격퇴했다. 그 이후로 2014년 8월 바르칸 작전(프랑스 육군이 사헬과 사하라 지역에서 지하디스트를 격퇴하기 위해 실시한 군사작전)과 2014년 2월 사헬 5개국의 협력에도 불구하고 테러 공격이 말리와 전 세계에서 증가하고 있는데 지하디스트 단체들(보코하람 등)은 이것이 자신들의 소행이라고 주장하고 있다.

2022년 2월 프랑스와 그 동맹국들은 바르칸 작전과 타쿠바 작전(유럽 14개 국가의 특수부대를 통한 대테러 작전)을 지속하기에는 정치적, 군사적, 사법적 상황이 여의치 않다고 판단해 말리에서 철수를 결정했다. 이는 시대적인 변화다. 당시 프랑스 외교부는 "어떤 전략도 공유하지 않고 목적을 숨기려는 말리 측과는 더는 함께할 수 없다."라고 밝혔다. 이후 이 지역에서는 말리 군부 권력과 가까운 러시아를 비롯한 새로운 해외 세력들이 등장하고 있다.

불안정한 정권(1년에 2번의 쿠데타 발생), 남북의 분열, 지하디스트의 위협, 만성적인 빈곤 등에 시달리고 있는 말리는 사헬 지역의 고통을 집약적으로 보여준다. 2년이 채 안 되는 기간 동안 말리(2020년 8월, 2021년 5월), 기니(2021년 9월), 부르키나파소(2022년 1월) 등 서아프리카에서 네 명의 대통령이 군부 쿠데타로 축출되었다. 2022년 2월에는 기니비사우에서도 쿠데타 시도가 일어났지만 실패로 돌아갔다. 이는 모두 아프리카 대륙에서 민주주의를 후퇴시키는 사건들이다.

말리:
사헬의 모든 고통을
집약적으로 보여주다

완전한 내륙국

서아프리카에 위치한 말리는 사헬 국가들 중에서 가장 커다란 영토를 지닌 국가에 속한다. 사헬이란 아랍어로 '해안'을 뜻한다. 북쪽으로는 사하라 사막과 경계를 이루는 반건조 기후 지역이, 남쪽으로는 열대우림이 펼쳐져 있다.

완전한 내륙국인 말리는 많은 서아프리카 국가들, 즉 모리타니, 세네갈, 기니, 코트디부아르, 부르키나파소, 니제르, 알제리 등과 국경을 접하고 있다. 영토는 120만 제곱킬로미터로 프랑스의 두 배에 달하지만 인구수는 1,900만 명에 불과하다. 또한 말리에는 60여 부족이 있는데 대다수가 밤바라족, 세누포족, 송가이족, 소닝케족, 도곤족, 남부의 풀라족, 모르족, 북부의 투아레그족 등에 속한다. 전체 인구에서 무슬림이 차지하는 비율은 95%에 달한다.

말리제국에서 식민 지배까지

사하라 사막 가장자리에 위치한 말리의 지리적 위치는 오랫동안 이점으로 작용해 왔다. 7세기부터 팀북투, 가오, 젠네와 같은 도시들은 북아프리카와 대륙의 나머지 지역을 이어주는 카라반의 이동 경로를 장악해 왔다. 이 도시들은 노예, 금, 소금 무역을 통해 번영을 누렸다. 그렇게 부와 문화에 있어서 유럽과 어깨를 나란히 하는 강력한 제국들이 중세에 이 지역에서 부상했다. 13세기부터 15세기에 이르기까지 막대한 부를 누린 말리제국은 사하라 남부에서 대서양 해안지대까지 뻗어나갔다. 하지만 이같은 황금기는 세계 무역의 주요 경로가 아메리카 대륙으로 옮겨감에 따라 막을 내리게 되었다.

1895년에 말리 영토는 서아프리카의 프랑스 식민지 오트세네갈 니제르로 편입되었다가 1920년에는 프랑스령 수단으로 명칭이 변경되었다. 프랑스는 이곳에서 관개법을 활용해 목화 경작지를 만들었고 생산된 목화는 대도시로 수출되었다. 하지만 기반시설은 거의 지어지지 않았다. 1960년대에 독립했을 때 말리는 아프리카에서 가장 빈곤한 국가 중 하나였다. 북부 투아레그족은 수도의 바마코 정권을 인정하지 않았고 1992년 협상이 개시되기까지 독립을 요구하는 반란을 일으켰다.

독재의 후유증

독립 이후부터 정치적 다원주의가 시작된 1991년에 이르기까지 말리는 두 번의 독재 정권을 겪었다. 한 번은 독립의 아버지인 모디보 케이타 대통령의 사회주의 정권(1960-1968년)이고, 다른 한 번은 1991년 군부 쿠데타로 전복되기 전까지 권력을 차지했던 무사 트라오레 대통령의 군부 정권이다. 말리는 1992년 알파 우마르 코나레 대통령 선출과 함께 비로소 민주주의를 맞이했다.

하지만 말리의 문화교육부 장관을 역임했으며 현재는 바마코 대학 철학과 교수로 재직 중인 이사 은디아예에 따르면, "독재 정권의 후유증이 아직도 제도와 가치 체계 속에 가시적으로 남아 있다. 독재 정권 시대의 유물처럼, 인맥은 능력과 재능보다 우선하며 부정부패는 정상적인 것이 되었다." 그에 의하면 국가 곳곳에 무질서가 널리 퍼져 있어 국가를 다시 일으키기 위해서는 '카가메(르완다 대통령 폴 카가메) 모델'과 같은 강력한 리더십이 필요하다는 생각이 국민들의 정서에 녹아 있다. 말리 국민들은 테러로 인한 불안정한 상황이 이어지자 30여 년 전에 획득한 민주주의적 자유는 더는 아무런

의미도 없을뿐더러 먹고사는 문제조차 제대로 해결해 주지 못한다는 쓸쓸한 생각을 갖게 되었다.

'아킴(AQIM)'이라는 골칫거리

2000년대 중반부터 사헬-사하라 지역은 투아레그족과 차드의 다양한 반군 조직의 주요 활동지가 되었다. 이곳에서는 수많은 이슬람 극단주의 무장단체가 활동하고 있는데 이 중에는 아킴(AQIM)이라는 줄임말로 더 많이 알려진 '이슬람 마그레브 알카에다'도 포함되어 있다. 아킴은 알제리와의 국경지대인 말리의 북동부 키달 지역에 정착했다. 아킴의 전투원들은 특히 1990년대의 길고 끔찍했던 내전 이후 고향에서 쫓겨난 알제리의 이슬람주의자들이다. 이들은 국경지대의 허술함, 빈번한 밀매, 카다피 정권의 몰락 이후 리비아로부터 들어오는 다량의 무기 등을 이용하고 있다.

아킴은 말리 은신처에서 알제리, 모리타니, 니제르에 이르기까지 활동 영역을 넓히고 있다. 이들은 키달 출신의 투아레그족 수장인 이야드 아그 갈리가 이끄는 '안사르 디네(종교의 지원자)'와 함께 가오 지역에서 투아레그족 분리주의 운동을 지원하고 있다. 이 운동은 말리 북부에서 지하디즘을 탄생시켰다. 그 밖에도 풀라족이 지배하고 있는 '서아프리카지하드통일운동(MUJAO)'도 존재한다.

이 모든 지하디스트 세력은 이 지역에서 그들이 장악하고 있는 다양한 밀매업(무기, 담배, 난민, 마약, 포로 등)을 통해 활동 자금을 모은다. 그리고 높은 실업률로 힘들어

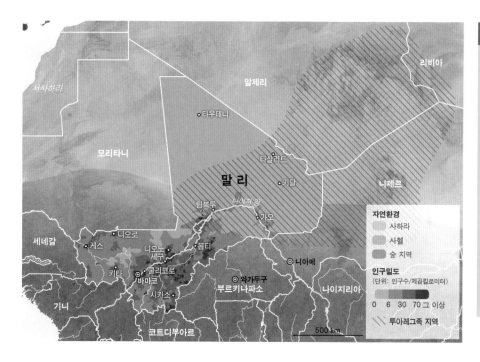

두 개의 말리

말리 북부는 사막지대로 주로 유목민이 거주하고 있다. 이들은 아랍계 베르베르인들로, 그중에서도 투아레그족이 가장 널리 알려져 있다. 이들이 정착하고 유목 생활을 하는 곳은 말리 국경을 넘어서까지 뻗어 있다. 반면 남부는 '녹색의 말리'라고도 불린다. 나이저강의 혜택을 받는 남부는 인구의 대다수가 거주하며 거대한 농업 지역을 이룬다. 이곳에서는 곡물, 목화, 땅콩이 주로 재배된다.

하는 젊은 청년층 중에서 어려움 없이 지원자들을 모집하고 있다. 말리는 세계 최빈국 중 하나이며 인간개발지수에 따르면 2019년 기준 189개 국가 중 184위를 차지했다. 불안정한 경제 상황과 중앙 정부의 무능 앞에 말리의 일부 국민들은 반체제 성향의 종교적 담화에 쉽게 동조되고 있다.

지하디스트의 공격

2011년 무아마르 카다피의 몰락과 리비아의 붕괴는 말리라는 화약고에 불씨를 던졌다. 말리 북부로 리비아의 무기들이 흘러들어 왔고 이는 지하디스트 단체의 힘을 키웠다. 혼란을 틈타 투아레그족 반군 단체인 '아자와드민족해방운동(MNLA)'이 싸움을 재개했다. 2012년 초 급진 이슬람주의자들과 아자와드민족해방운동의 투아레그족 전사들이 동맹을 맺었다. 수도 바마코의 정치

적 상황이 혼란스럽고 아마두 투마니 투레 대통령이 군사 쿠데타로 물러나자 이들은 단 몇 주 만에 가오와 팀북투를 포함한 말리 북부의 주요 도시들을 점령하는 데 성공했다. 그리고 바로 이때 7백 년 이상 된 20여 개에 달하는 무슬림 성자들의 무덤이 광신도들에 의해 파괴되었다.

말리의 정부군은 곧 무력해졌다. 동시에 말리는 두 지역으로 나뉘었다. 북부는 아자와드 이슬람주의 세력이 장악하면서 말리 정부의 손에서 벗어났다. 2013년 1월에는 지하디스트들을 태운 트럭이 북부의 도시 코나를 점령하기 위해 전선을 넘었다. 그 이후로 이들은 바마코로 진격하여 말리의 권력을 잡겠다고 으름장을 놓고 있다.

서방 국가들의 군사 개입

말리 당국의 요청에 따라 프랑스는 유엔으

로부터 위임을 받아 군사적 개입을 결정했다. 2013년 일명 '세르발 작전'은 이슬람주의 전투원들의 진군을 막아주었고 점차 이들을 말리 북부로 내모는 데 성공했다.

2014년 8월부터 세르발 작전의 임무는 바르칸 대테러 부대로 이양되었다. 4,500명의 병력이 투입된 바르칸 작전은 프랑스의 역대 해외 군사작전 중에서 가장 규모가 컸다. 여기에 약 1만 3천 명에 달하는 '다차원 통합안정화임무단(MINUSMA)' 병력과 아프리카 5개국의 병사들까지 더해졌다. 2014년 2월에 말리, 니제르, 모리타니, 부르키나파소, 차드의 국가원수들은 국가 간 안보 및 발전에 대한 협력을 장려하는 '사헬 5개국(G5 Sahel)'을 결성했다. 2017년에 사헬 5개국은 테러, 국경을 넘나드는 조직범죄, 인신매매와의 전쟁을 위해 합동 군사 조직을 결성하기도 했다.

이러한 압도적인 병력 배치와 2015년 투아레그족 반군과 말리 정부 간의 협정 체결에도 불구하고 말리는 아직도 평화를 되찾지 못했으며 국민들은 여전히 온갖 폭력에 시달리고 있다.

계속되는 쿠데타, 결국 서방 국가들마저 철수

말리 중부에서 지하디스트의 폭력은 간접적으로 다른 갈등도 발생시켰다. 마을을 수호하지 못하는 말리군의 무능과 정부의 쇠퇴로 인해 여러 공동체의 민병대들이 자기방어를 위해 스스로 무기를 들고 일어난 것이다. 이는 도곤족 농민들과 풀라족 목동들 사이에 연쇄적인 학살과 보복을 불러왔다. 부

족 공동체 간의 이 같은 갈등은 기후변화와 인구 증가로 인해 갈수록 희귀해지는 토지와 물, 자원에 대한 경쟁으로까지 이어졌다.

그 밖에도 말리, 니제르, 부르키나파소 등 세 나라의 국경이 접하는 지역에 지하디즘이 전파되면서 부르키나파소와 니제르 서부는 주기적으로 테러 공격의 대상이 되었다. 또한 프랑스군으로 구체화된 공동의 적을 무찌르기 위해 무수한 지하디스트 단체들이 결집했다. 이들은 알카에다나 IS에 가입하면서 자신들이 장악하고 있는 지역을 공포에 빠트리고 있다. 프랑스는 현지에서의 셀 수 없이 많은 인명 피해에 유감을 표했고 답보상태에서 벗어나기 위해 자신들의 임무 방향을 조정하는 것을 검토하기로 했다.

이러한 안보 불안에 더해 코로나19 감염병이 심각해지면서 경제적 어려움까지 계속되자 2020년 8월 18일 이브라힘 부바카르 케이타 대통령을 끌어내리기 위해 군사 쿠데타가 일어났다. 2018년 재선 당시에도 야당으로부터 문제 제기가 있었지만 2020년 4월 총선 연기에 대한 그의 거부가 민중의 대규모 반발을 불러일으켰고 결국 사임을 촉구하게까지 만들었다. 당시 말리는 여러 지역에서 혼란스러운 상황을 겪고 있었고 야당의 수장이 제거된 직후였다. 2021년 5월 말의 쿠데타는 또 한 번의 혼란을 야기했는데 이는 프랑스와 유럽 병력들이 말리에서 철수하는 계기가 되었다.

모든 것의 해결책은 일자리 창출

사헬 지역의 지하디즘은 빈곤과 권력 투쟁

속에서 단단히 뿌리를 내렸기 때문에 단순한 군사적 해법으로는 사태를 해결할 수가 없다.

무엇보다 일자리를 창출하는 것이 시급하다. 사헬 지역의 청년들은 미래가 없기 때문에 달리 대안을 찾지 못한 채 아프가니스탄 청년들이 그러하듯 대대적으로 지하디스트 단체에 합류하고 있다. 그들이 매우 매력적인 보수를 제시하고 있기도 하고, 지하디스트가 되는 것이 사회적으로 상승할 유일한 방법이라는 꾐에 넘어가고 있기 때문이다.

농촌 지역의 발전을 위한 야심찬 정책 실행과 합계출산율을 제한(사헬 지역 여성 1인당 합계출산율은 약 7.5명)하여 점차적으로 여성 1인당 출생아 2.5명 이하 수준으로 떨어트리는 것 또한 필요하다. 마지막으로 사헬 전역에서 군대, 헌병대, 경찰, 사법부, 국토부와 같은 절대적 권력을 지닌 기구를 강화해야 한다. 수준 높고 지역과 연계된 단단한 국가 기관만이 사헬 지역 국가들을 안정화시킬 수 있을 것이다.

지하디즘의 먹잇감이 된 아프리카

지난 10년 동안 사헬 지역은 지하디즘에 시달리며 아프리카에서 가장 극심한 분쟁을 겪는 곳으로 전락했다. 2021년과 2022년 사이 베냉, 토고, 니제르, 코트디부아르, 부르키나파소와 같은 서아프리카 해안 국가들은 테러의 피해를 정면으로 입었다. 나이지리아와 소말리아 역시 빈곤의 땅에서 탄생한 이슬람주의 단체의 먹잇감이 되었다. 모잠비크는 최북단인 카보 델가도가 지하디스트 세력의 공격을 받았다.

보코하람은 일상화된 부정부패와 군부의 폭정 속에서 가장 소외되고 버려진 지역인 나이지리아의 북동쪽 끝과 차드 호수 주변에 정착했다. 이들은 1990년대에 탄생한 이슬람 원리주의의 일종인 살라피즘에 가까운 이슬람주의 단체로, 이슬람교의 법인 샤리아를 시행하길 원하며 이를 엄격하게 지키지 않는 무슬림들을 우선적으로 공격했다. '보코'는 학교(여기서는 서양식 교육을 의미)를 뜻하며, '하람'은 불법이란 뜻을 가진다. 이는 무슬림이 대다수인 북부와 기독교를 믿는 남부로 분열된 국가에서 이슬람과 관련되지 않은 모든 것은 불법이니 거부한다는 의미다. 보코하람은 2015년 지하디즘의 정당성을 갖추었고 나이지리아 정부의 억압에 맞서기 위해 IS에 합류했다. 공포를 슬로건으로 내세운 이들은 수많은 민간인을 납치하고 경찰에 테러를 가했다. 이들의 활동 반경은 이제 이웃 국가인 카메룬과 차드로까지 확장되었다.

1991년 시아드 바레 정권이 붕괴된 이후 전쟁 중인, 지구상에서 가장 빈곤한 지역에 속하는 소말리아 남부에서는 반군 세력인 알샤바브가 수도 모가디슈에서 권력을 차지하기 위해 분투하고 있다. 알샤바브는 매우 엄격한 이슬람 근본주의를 주장하며 소말리아에 서구 모델에 입각한 민주주의 국가가 수립되는 것을 막기 위해 애쓰고 있다. 이들은 2011년 아프리카평화유지군에 의해 모가디슈에서 내쫓긴 뒤 소말리아군에 주기적으로 테러를 가하고 있으며, 때문에 취약한 소말리아 정부를 더욱더 힘들게 만들고 있다. 이후 이들은 민족주의 세력과 국제적 이슬람 혁명 지지 세력으로 분열되었다. 이슬람 혁명을 지지하는 세력은 이웃 국가들(2013년, 2015년, 2020년에는 케냐, 2014년에는 지부티)에서 끔찍한 테러를 저질렀으며 사헬 지역의 안전 또한 위협하고 있다.

지하디스트 조직 활동 지역
- 이슬람 마그레브 알카에다(아킴)
- 보코 하람
- 케밥
- 사헬 5개국(G5)
- □ 유엔평화유지군 임무
- △ 3국 국경 삼각지대

기지 혹은 시설
- ⊛ 프랑스(말리 철수 이전)
- ⊛ 미국

그 외:
- ● 독일
- ● 벨기에
- ● 영국
- ● 중국
- ● 아랍에미리트
- ○ 이스라엘
- ● 이탈리아
- ● 일본
- ● 러시아
- ○ 튀르키예

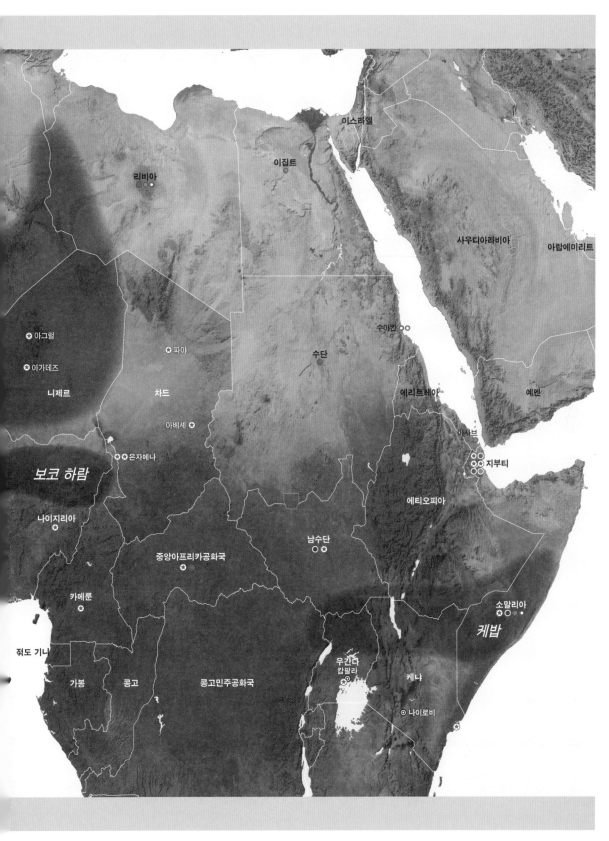

VI. 이전의 세계에서

이후의 세계로

코로나19 팬데믹을 겪으며 인류는 과거 흑사병, 콜레라, 스페인 독감을 겪은 이전 세대들처럼 인간이 불사신이 아니라는 사실을 다시금 기억해 냈다. 또한 바이러스는 이미 이전 세계에서 싹트고 있던 새로운 흐름을 보다 가속화하는 역할을 했다.

전염병으로 인한 전 지구적인 격리조치는 환경운동가 그레타 툰베리가 꿈꾸는 '비행기 없는 세상'의 실현 가능성을 보여주었다. 반면 중국의 일대일로 전략의 핵심인 철도는 당당히 복귀를 알렸고, '이후의 세계'에서는 어쩌면 철도의 시대가 도래할 수도 있다는 인식을 심어주었다. 또한 대면 접촉이 줄어들면서 현장에서의 직접적인 사회적 관계가 스크린을 통한 가상 세계에서의 관계로 전환되었다. 그러는 동안 우리의 개인정보는 온라인으로 퍼져나가면서 민주주의에 걸맞은 입법 조치와 독자적인 감독 기관이 반드시 필요하다는 사실도 일깨워주었다.

마지막으로 기후 문제는 청년, 기업, 지방자치단체, 정치인들에게 최우선 과제로 떠올랐다. 하지만 패러다임의 변화는 여전히 더디게 진행되고 있으며 이상기후 현상은 이미 수많은 지구인들의 삶을 파괴하고 있다.

우한

이곳은 2020년 3월 촬영된, 중국에서 가장 이름이 많이 알려진 도시가 돼버린 우한의 모습이다. 후베이성의 성도(省都)인 공업 도시 우한은 2019년 말 코로나19 바이러스가 전 세계로 퍼져나가기 전 최초의 감염 사례가 보고된 곳이다. 또한 중국의 엄격한 감시하에 가정 안에 격리된 시민들의 모습을 처음으로 보게 된 곳이기도 하다. 제로 코로나를 향한 중국 정부의 집착은 2022년 봄 상하이를 포함한 도시의 봉쇄 정책을 시행하게 했고 그만큼 세계 경제의 회복은 늦어졌다.

코로나19로 인한 팬데믹 시기는 21세기 '단절의 순간'으로 기록될 것이다. 역사상 전례 없는 방식으로 전 세계가 멈추었다. 경제, 사회, 문화생활이 중단되었고, 교통수단들은 땅에 묶였고, 국경들은 폐쇄되었고, 국가 통치는 험준한 시험대 위에 올랐으며, 불확실성은 널리 퍼졌고, 두려움과 불신은 관리를 해야 하는 상황에 처했다.

인류가 바이러스 앞에 무력했던 적은 이번이 처음은 아니다. 하지만 경제보다 보건을 우선시하기로 결정한 것은 이번이 최초였다.

어디서 유래되었든 그것이 박쥐든, 천산갑이든 혹은 우한 바이러스 연구소 실험실이든, 과거에 있었던 거의 모든 바이러스와 마찬가지로 코로나19 바이러스 또한 인류의 취약함과 함께 과학의 절대적 힘도 동시에 상기시켜 주었다. 2021년 초 백신이 개발되고 보급되면서 바이러스가 발생시킨 다양한 분야에서의 막대한 피해를 뒤로하고 비로소 전 세계가 회복을 꿈꿀 수 있게 되었기 때문이다.

전염병의 역사를 다룬 책에서 주요한 한 챕터를 차지하게 될 코로나19는 주로 동물에게서 유래되어 인간 사회의 기능을 심각하게 훼손한 뒤 과학의 힘 덕분에 결국 극복했다는 공통점을 갖고 있다.

이 밖에 가장 최근의 전염병으로는 2022년 5월 7일 나이지리아를 방문하고 감염되어 돌아온 영국인이 빠르게 유럽과 북미 지역으로 전파시킨 원숭이두창이 있다.

전염병: 인류에게 새로운 전염병은 끝이질 않았다

홍역, 인간에게 전염된 가장 오래된 질병

코로나19 감염병은 전파력이나 규모에 있어 세계가 처음 경험한 전염병은 아니다. 1만 년 전 농업혁명을 계기로 정착생활을 하게 된 인류는 가축을 키우는 등 동물과 가깝게 지내게 되었고 그로부터 발생한 각종 질병들에 꾸준히 노출되어 왔다. 고고학자들은 기원전 11세기부터 최초의 전염병이 메소포타미아에서 나일강 계곡까지 이어지는 비옥한 초승달 지대와 세계 최초의 문명이 탄생한 갠지스강 계곡에서 발생했음을 암시하는 흔적들을 발견했다.

한곳에 정착해 농사를 짓고 닭, 소, 돼지 등을 키우고 도시를 건설하게 되면서 인간은 감염원, 즉 인간에게 질병을 일으키는 원인이 되는 미생물이 전파되는 데 적합한 환경을 조성했다. 홍역은 기원전 약 6,500년경 가축을 사육화한 인간에게 전염되었던, 높은 사망률과 전파력을 가진 가장 오래된 질병 중 하나다.

전 세계로 퍼진 천연두

전 세계적으로 퍼져나간 최초의 전염병은 4세기에 중국에서 처음으로 확인된 천연두다. 천연두 바이러스는 7세기에는 인도와 지중해 근방까지 퍼진 뒤 이슬람 군대와 함께 이베리아 반도까지 퍼져나갔고 거기서 프랑스까지 옮겨갔다. 11세기부터 12세기에는 동부 지중해와 서유럽, 북유럽 사이를 오갔던 십자군 행렬을 따라 이동했다. 고열과 발진을 동반하는 특징을 가진 천연두는 오랫동안 다른 이름으로 불리기도 했다. 일례로 서기 165년부터 180년 사이 로마제국에서 5백만에서 1천만 명의 사망자를 발생시킨 안토니누스 역병을 실제로 메소포타미아를 거쳐 실크로드를 통해 중국에서 유입된 천연두의 일종으로 보는 역사학자들도 있다.

16세기에 유럽 전역에 창궐했던 천연두는 스페인과 포르투갈 선원들과 함께 신대륙까지 진출했다. 여러 전염병 가운데 특히 홍역과 천연두는 수많은 아메리칸 원주

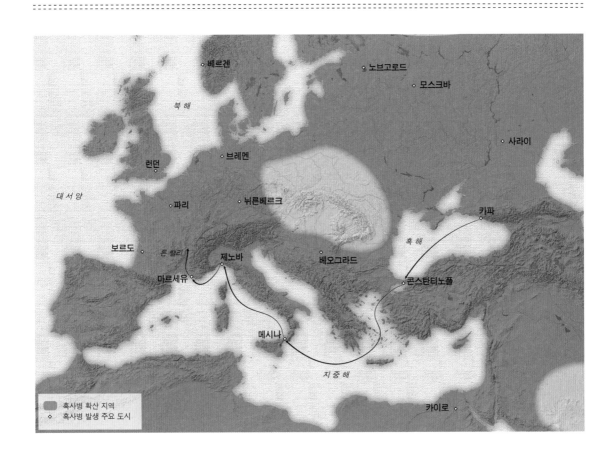

흑사병 확산 지역
◇ 흑사병 발생 주요 도시

민들을 사망에 이르게 했다. 전체 원주민의
90%에 해당하는 5천만 명 이상이 해외에서
유입된 이들 전염병으로 목숨을 잃었다. 천
연두는 스페인 정복자 에르난 코르테스가
아즈텍 제국을 정복하는 데 있어 그의 군대
나 소총보다 훨씬 더 큰 역할을 한 무기가
되었다. 거의 알려지지 않은 사실이지만 유
럽인들은 아메리카로부터 매독을 옮겨오기
도 했는데 매독은 그전까지는 유럽에 존재
하지 않았다고 한다.

전염병은 전쟁과 정복에 의해서뿐만 아
니라 무역과 도시화, 즉 인구의 이동과 밀
집에 의해서도 전파되었다. 무엇보다 흑사
병이 여기에 속한다.

유럽을 초토화시킨
흑사병과 콜레라

높은 사망률과 병의 지속적인 영향으로 인
해 흑사병은 1347년부터 1352년 사이 중세
유럽을 초토화시켰고 지금까지도 현대인의
집단 무의식 속에 강렬하게 남아 있다. 아
시아, 그중에서도 바이칼 호수 지역, 볼가
강의 저지대, 쿠르디스탄에서 유래했을 것
으로 추정되는 페스트균은 당시 도시 도처
에 우글거리던 곰쥐의 벼룩에 기생했다. 페
스트균은 몽골의 아시아 점령으로 인해 더
욱더 확산되었다. 몽골제국은 태평양에서
볼가 유역에 이르기까지 아시아 전 대륙을
차지하면서 아시아와 유럽 간의 교역이 활
발히 이루어지게끔 했다.

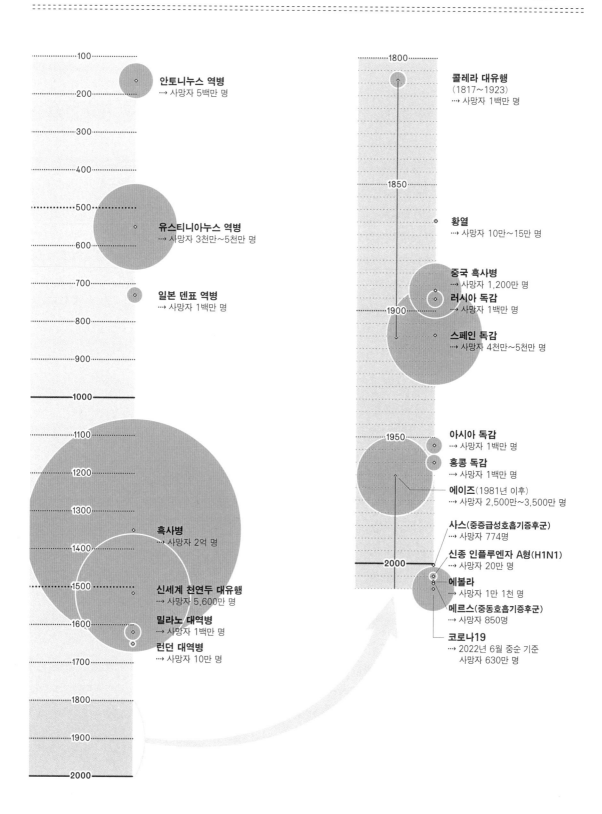

안토니우스 역병
···➔ 사망자 5백만 명

유스티니아누스 역병
···➔ 사망자 3천만~5천만 명

일본 덴표 역병
···➔ 사망자 1백만 명

흑사병
···➔ 사망자 2억 명

신세계 천연두 대유행
···➔ 사망자 5,600만 명

밀라노 대역병
···➔ 사망자 1백만 명

런던 대역병
···➔ 사망자 10만 명

콜레라 대유행
(1817~1923)
···➔ 사망자 1백만 명

황열
···➔ 사망자 10만~15만 명

중국 흑사병
···➔ 사망자 1,200만 명

러시아 독감
···➔ 사망자 1백만 명

스페인 독감
···➔ 사망자 4천만~5천만 명

아시아 독감
···➔ 사망자 1백만 명

홍콩 독감
···➔ 사망자 1백만 명

에이즈(1981년 이후)
···➔ 사망자 2,500만~3,500만 명

사스(중증급성호흡기증후군)
···➔ 사망자 774명

신종 인플루엔자 A형(H1N1)
···➔ 사망자 20만 명

에볼라
···➔ 사망자 1만 1천 명

메르스(중동호흡기증후군)
···➔ 사망자 850명

코로나19
···➔ 2022년 6월 중순 기준
     사망자 630만 명

연대별 전염병과 사망자 수

1346년 제노바 상관(관세를 거두던 세관)이 크림 반도의 카파에 자리를 잡았던 시기에 몽골군이 크림 반도를 침공했고 흑사병은 이듬해 무역선을 통해 이탈리아와 프랑스로 확산되었다. 그러자 우선적으로 도시에서 퍼져나가기 시작한 전염병을 막기 위해 모든 수단이 동원되었다. 당시 사람들은 전염병이 신의 분노로 인해 발생했다고 믿었기 때문에 예배 행렬, 기도, 고해성사가 줄줄이 이어졌고 이후 선박 통제와 위생용 장벽이 설치되었지만 아무런 효과가 없었다. 최초의 격리는 1383년에서야 비로소 프랑스 마르세유에서 시행되었다.

1352년경 1차적으로 흑사병이 소강상태를 보였을 때 유럽의 사망자 수는 5천만 명에 달했다. 이는 유럽 인구의 30-60%가 사라졌다는 뜻이다. 중세 유럽 사회는 극심한 충격에 빠졌지만 흑사병은 완전히 종식되지 않고 또다시 출현해 전 세계로 퍼져나갔다. 마르세유에서 흑사병이 마지막으로 창궐했을 때는 1720년이었다.

1834년 마르세유에 또다시 전염병이 창궐했는데 이번에는 그 정체가 콜레라였다. 콜레라는 세균에 의한 질병으로 심각한 탈수 증상을 일으키며 감염자를 사망에 이르게 했는데 1832년부터 프랑스를 초토화시켰다. 벵갈에서 유래한 콜레라는 단 수년 만에 인도 아대륙에서 출발한 무역선과 영국군의 이동에 따라 러시아까지 확산되었고 이후 유럽 전역과 지중해 유역까지 도달했다. 1831년부터 국경에서 통제가 시행되었지만 라인강 유역과 북해 연안지대를 통해 프랑스로 유입된 콜레라의 전파를 막는 데는 역부족이었다. 콜레라는 단 몇 주 만에

10만 명이 넘는 사망자를 냈는데 그중 파리 시민이 2만 명이었다.

당시 의학계는 콜레라의 감염 경로에 대해 정확히 알지 못했고, 따라서 감염론자와 비감염론자 사이의 논쟁은 극에 달했다. 비감염론자들은 검역 제도가 아무런 효과가 없으며 해상 무역에 해만 끼친다고 주장했다. 1883년에 독일 의사 로베르트 코흐가 콜레라 원인균을 발견하고 질병의 전파에 오염된 물이 끼치는 역할을 규명하면서 논쟁을 종식시켰다. 1817년부터 20세기까지 콜레라로 인한 팬데믹은 일곱 차례에 걸쳐 발생했다.

스페인 독감인가, 미국 독감인가?

현대 역사상 가장 커다란 팬데믹은 아마도 20세기에 유럽과 전 세계를 휩쓴 일명 스페인 독감일 것이다. 그러나 실제로 스페인 독감은 제1차 세계대전 당시 프랑스와 영국 동맹군을 위해 미군 부대가 유럽에 파견되었을 당시 전파된 것으로 추정된다. 스페인 독감 최초 발병 사례는 1918년 3월 미국에서 보고되었으며 미국 시민들의 격리조치에도 불구하고 유럽으로 퍼져나갔다. 즉 유럽으로 파견된 미군 부대의 참호 안에서 퍼져나간 후에 결국은 유럽의 나머지 사람들로까지 전파되었다. 그리하여 1919년 여름까지 세 차례의 대유행이 발생했다.

스페인 독감은 전쟁으로 인한 사망자에 더해 수많은 희생자를 발생시켰다. 가장 낮게 잡은 추정치만 보더라도 5천만 명에 육박하는 사람들이 이 전염병으로 사망했다.

이는 당시 세계 인구의 5%에 달하는 숫자다. 반면 제1차 세계대전으로 인한 사망자 수는 약 1,900만 명이었다.

홍콩 독감, 에이즈, 그리고 에볼라 바이러스

전염병의 확산은 바이러스와의 전쟁 또한 발전시켰다. 먼저 18세기 말 의학과 위생의 발전이 있었다. 그 이후로는 루이 파스퇴르(1822-1895년), 로베르트 코흐(1843-1910년), 알렉상드르 예르생(1863-1943년) 등이 이루어낸 백신과 치료법의 발전이 이어졌다. 그럼에도 오늘날까지도 전염병과 팬데믹은 여전히 근절되지 않았고 심지어는 무역의 증가와 사람들의 이동이 늘어나면서 그 확산이 더욱 가속화되고 있다.

지금은 잊힌 홍콩 독감이 대표적인 예다. 1968년 여름, 인구밀도가 매우 높았던 홍콩(당시 영국령)에서 시작된 바이러스는 1년 만에 전 세계를 휩쓸었다. 이번에는 항공 교통의 발달로 인해 하늘길을 통해 홍콩에서 대만으로, 싱가포르에서 전쟁 중인 베트남으로 확산되었다. 가을부터는 미 해군을 따라 캘리포니아로 이동했다. 결국 1969년 겨울 홍콩 독감은 유럽에 도달했고 그곳에서도 바이러스는 기승을 부렸다. 프랑스에서는 단 몇 주 만에 3만 명 이상의 사망자가 나왔다.

1980년대 들어 팬데믹의 공포를 되살려낸 것은 에이즈(후천성면역결핍증)였다. HIV(인간면역결핍바이러스)는 에이즈를 일으키는 레트로바이러스다. 이는 본래 카메룬 남부에서 유인원(침팬지, 고릴라)을 감염시켰던 바이러스에서 기인했다. 현재의 콩고민주공화국이 식민 지배를 받을 때 그 지역에서 이 바이러스가 성행했다. 1960년대까지는 중앙아프리카에만 국한되어 발생했는데 1980년대 초에 미국, 특히 캘리포니아 지역으로 전파되면서 전 세계로 퍼져나갔다. 이로 인해 당시 전염병으로부터 안전하다고 믿었던 서구 사회가 큰 충격을 받았다.

40여 년 만에 에이즈는 전 세계에서 3,300만 명에 가까운 사람들의 목숨을 앗아갔다. 하지만 세 개의 항바이러스를 결합한 효과적인 치료법, 지속적인 예방 및 진단 캠페인이 팬데믹의 확산에 제동을 걸었고, 결국 에이즈가 만성적인 질병으로 자리 잡는 것을 막을 수 있었다. 세계보건기구에 따르면 2000년부터 2019년 사이 국제적인 정책의 시행으로 새로운 감염자 수가 39%나 줄어들었고 관련된 사망률은 51%나 급감했다.

하지만 모든 바이러스가 팬데믹을 발생시키는 것은 아니다. 세계화에도 불구하고 어떤 바이러스들은 한 지리적 영역 내에서만 국한되기도 한다. 2014년부터 서아프리카와 중앙아프리카에서 창궐한 에볼라 바이러스가 그 예다. 그로 인한 전염병은 기니, 시에라리온, 라이베리아를 덮쳤다. 본래 콩고민주공화국에서 유래한 이 바이러스는 지금도 여전히 활동 중이다. 그 이유는 산림 파괴로 인해 박쥐와 같은 야생동물과 인간의 접촉이 그 어느 때보다도 많아졌기 때문이다. 개발도상국인 이들 아프리카 국가의 의료 체계는 치명적인 바이러스 앞에서 무력하다. 에볼라 바이러스는 감염된

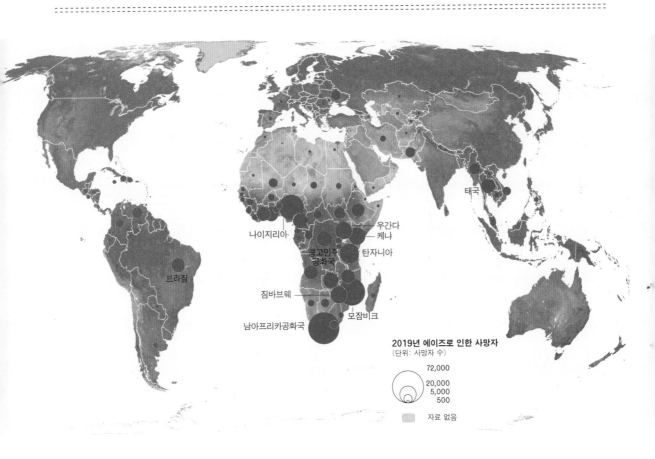

2019년 에이즈로 인한 사망자
(단위: 사망자 수)

72,000
20,000
5,000
500

자료 없음

나이지리아
우간다
케냐
콩고민주공화국
탄자니아
짐바브웨
모잠비크
남아프리카공화국
브라질
태국

아프리카를 먼저 강타한 에이즈

2019년 말 세계보건기구는 전 세계 HIV 감염자 수가 3,800만 명에 이른다고 추정했다. 이들 중 약 3분의 2가 아프리카에 거주하고 있다. 2019년 말 HIV 바이러스를 보유한 성인의 68%, 아동의 53%가 평생 항바이러스제를 투여받아야 한다. 진료와 치료에 대한 접근성은 크게 나아졌지만 2019년 기준 에이즈로 인한 사망자 수는 약 69만 명에 달하며 이들 대부분은 아프리카와 아시아 지역에 집중되어 있다. 현재 HIV에 감염된 사람의 수는 170만 명에 달한다.

환자의 절반을 사망에 이르게 하는데 바로 이러한 높은 사망률로 인해 바이러스가 아프리카 이외 지역으로 전파되는 것을 막고 있다.

코로나바이러스의 출현

2000년대 초반에는 코로나바이러스(1960년대에 발견된 왕관 모양의 단백질로 둘러싸인 바이러스의 총칭)로 인한 새로운 전염병들이 대거 등장했지만 비교적 국지적 유행에 그쳤다. 극심한 폐렴의 일종인 새로운 전염병인 사스(SARS, 중증급성호흡기증후군)가 2003년 한 해 동안 특히 아시아(중국, 홍콩, 대만, 싱가포르)에서 확산되었다.

그로부터 10년 뒤 사우디아라비아에서

는 메르스(MERS, 중동호흡기증후군)라는 이름의 새로운 급성 호흡기 증후군이 출현했다. 대부분의 감염 사례가 사우디아라비아에서 보고되었고 약간의 사례가 아랍에미리트와 한국에서 발견되었다. 이 새로운 코로나바이러스(인간에게 질병을 일으키는 여섯 번째 코로나바이러스)는 감염력이 매우 낮으며 박쥐에게 감염된 단봉낙타로부터 전염되었다.

세계보건기구가 면밀히 주시했던 사스와 메르스는 결과적으로 매우 적은 피해를 발생시켰다. 이후 2019년 12월 중국에서 발생한, 인간에게 질병을 일으키는 일곱 번째 코로나바이러스인 코로나19로 인한 전염병은 전 세계를 강타했다. 코로나19 팬데믹은 감염 확산을 막기 위해 2020년 봄 110개 국

가에서 약 45억 명의 사람들이 격리되는 상
황을 불러왔고 그와 동시에 수많은 국경들
이 폐쇄되었고, 항공 운항 또한 제한되었다.

세계가 경제보다 보건을 우선순위에 둔
것은 인류 역사상 이때가 처음이었다. 그러
나 활동을 멈춘 세계로부터 야기된 경제적
피해는 아직도 그 규모를 헤아릴 수 없을
정도다.

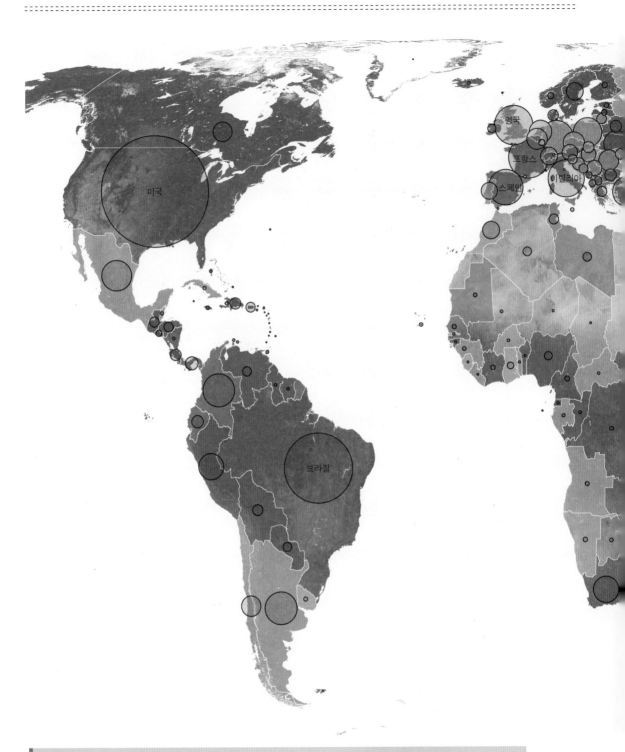

코로나19 팬데믹

중국의 우한에서 출발한 코로나19 감염병은 전 세계로 급속히 확산되었다. 세계화를 활발하게 추진한 국가들이 주로 타격을 많이 받았다. 미국은 감염자 수가 가장 많은 국가가 되었고 그 뒤를 유럽 국가들이 뒤따랐다. 반면 대만과 한국은 사스와 메르스 때의 경험에서 교훈을 얻어 전염병에 가장 잘 대처했다. 한편 중국은 3개월 안에 감염원을 박멸했다고 주장했다.

2020년 코로나19 확진자
(단위: 확진자 수)

19,000,000
2,500,000
1,000,000
500,000
100,000
10,000

2020년 격리를 시행한 국가
(의무적 형태 및 국가적 차원)

1개월 이내
3개월 이내
6개월 이내
6개월 이상

Destination #26

오를리

이곳은 유럽에서 가장 큰 공항 중 하나인 프랑스의 오를리 국제공항이다. 2019년에 이 공항을 이용한 여객수는 3,100만 명에 달했고 한 해 평균 25만 건의 이륙과 착륙이 이곳에서 이루어졌다. 하지만 2020년 4월 1일 역사상 처음으로 기한을 정하지 않고 공항을 폐쇄하기로 결정했다. 활주로는 텅 비었고 항공기들은 땅에 박힌 듯 줄지어 서 있다. 인근 주민들은 처음 느껴보는 고요함을 누렸고 대기오염은 역사상 가장 낮은 수치를 기록했다. 결국 2020년 6월 26일 폐쇄한 지 3개월 만에 화물 운송에 한해 운행을 재개했다. 세계의 수많은 공항들이 비슷한 상황을 겪었으며 에어프랑스-KLM, 루프트한자와 같은 대형 항공사들은 보유 항공기의 90%를 계류장에 방치해 두어야 했다.

이로 인한 피해액은 수십억 달러로 추산되며 각국 정부는 항공 산업에 구조적인 지원을 해야 했다. 일부 소규모 항공사들은 끝내 회복하지 못했다. 환경운동가들은 팬데믹 기간 동안 오히려 대기오염이 감소했다고 환호의 함성을 질렀고 수많은 기업들은 해외 출장을 화상회의로 대체할 수 있다는 사실을 알게 되었다. 세계 GDP의 9%를 차지하는 관광산업은 수개월 동안 정체 상태에 빠졌다. 관광업 외에 팬데믹으로 인해 중단된 산업이 또 하나 있다. 바로 환경에 대한 우려와 자율주행이라는 도전 사이에서 급격한 변화를 겪고 있는 자동차 산업이다.

한편 팬데믹 상황 속에서 먼 해외보다 가까운 여행지를 재발견하게 된 여행객들이 즐겨 타게 된 기차는 과거의 운송 수단에서 미래의 운송 수단으로도 떠올랐다. 비행기보다 더 믿을 수 있고 오염원을 덜 배출하기 때문이다. 특히 중국은 철도를 일대일로의 핵심 기반으로 삼아 세계 이곳저곳에 첨단 철도 인프라를 조성하기 위해 대대적으로 투자했다. 또한 아시아 대륙과의 교역에는 기차를 통한 화물 운송이 선박보다 빠르고 비행기보다는 저렴하다는 사실이 밝혀졌다. 시대에 뒤처진 것이라 여겨진 기차의 미래는 앞으로도 밝을 것으로 보인다.

교통:
미래의
주요 교통수단은 무엇이 될까

항공 산업의 현재와 미래

2022년 여름 코로나19로 인한 위기가 점차 누그러지면서 세계의 일부 지역에서는 관광업과 항공업이 다시 활기를 띠기 시작했다. 그러나 2년에 가까운 기간 동안 사람들의 이동은 중단되어 있었다. 2020년 말 많은 항공사들의 대다수 항공기들은 땅에 묶여 있었다. 60% 이상 축소된 세계의 항공업계는 느릿느릿 운행을 재개했다.

하지만 지난 50년 동안 항공업계는 폭발적으로 성장해 왔고 이는 항공 교통을 대중화하는 결과를 낳으며 선진국 중산층이 항공기를 쉽게 이용하게 만들었다. 또한 1990년대에는 세계의 주요 공항들이 허브 공항, 즉 여행객이 경유하는 공항이자 상품을 위한 다양한 형태의 교역 거점으로 발전했다.

이러한 체제는 항공기 이용률을 극대화하고 몇몇 주요 공항으로 항공기 이동을 집중시키면서 규모의 경제를 가능하게끔 해 주었다. 허브 공항들은 더 많은 항공편을 유치함으로써 최대한 많은 여행객들을 끌어모으기 위해 열띤 경쟁을 벌이고 있다. 그 결과 항공사와 공항 사이의 협상 또한 더욱 치열해졌다.

2019년 세계에서 가장 이용객이 많은 10개 공항 중에서 4곳이 미국 공항이었는데, 그중 1위는 1억 1천만 명을 약간 웃도는 여객수를 기록한 애틀랜타 공항이었다. 나머지 2곳은 유럽 공항이었고 4곳은 아시아 공항이었다. 베이징 공항은 1억 명의 여객수를 기록하며 세계 2위 공항으로 우뚝 섰고 그 뒤를 로스앤젤레스 공항(8,800만 명)과 두바이 공항(8,600만 명)이 차지했다.

이 같은 순위는 항공 산업의 성장이 2010년대부터는 아시아를 중심으로 발전했으며 여기에는 아시아의 인구 및 경제적 호황이 영향을 미쳤음을 알 수 있다. 반면 유럽과 미국의 공항은 이미 성숙 단계에 접어들었기에 성장 전망치가 그리 높지 않다.

성장하는 아시아의 공항

2000년에 아시아는 세계 상위 20개 공항 중

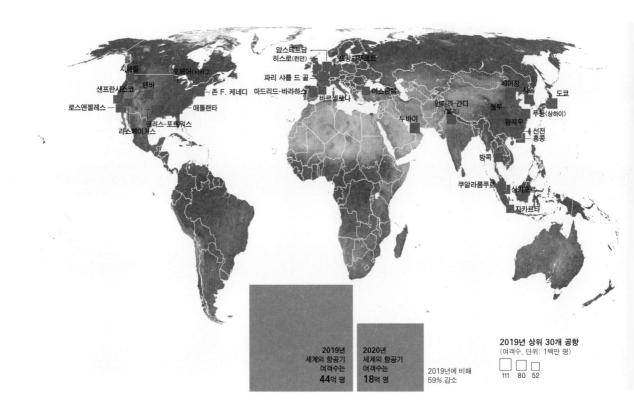

2019년
세계의 항공기
여객수는
44억 명

2020년
세계의 항공기
여객수는
18억 명

2019년에 비해
59% 감소

2019년 상위 30개 공항
(여객수, 단위: 1백만 명)

111   80   52

2개의 허브 공항(도쿄와 서울)을 가지고 있었지만 2017년부터는 그 수가 9개로 늘어났다. 인도, 인도네시아, 싱가포르, 그리고 특히 중국의 공항이 순위에 올랐다. 그러나 미국과 마찬가지로 중국의 공항 또한 지금까지 국내선 이용객이 주를 이루었다. 세계의 주요 항공 노선을 끌어오기 위해 중국은 2019년 9월 베이징 다싱구에 두 번째 허브 공항을 설립했고 여객수 1억 명을 목표로 삼았다. 그렇게 베이징은 여러 개의 국제공항을 보유한 도시의 반열에 올랐다.

중국이 세계를 향해 자국의 문을 개방했음을 보여주는 또 다른 사례는 2020년 쓰촨성의 성도인 청두에 새로운 허브 공항을 만들면서 서구 국가와 항공으로 연결된 것이다. 여기에 여객수에 있어서는 세계 8위, 화물 운송에 있어서는 미국의 멤피스 공항과

중국의 상하이 공항을 제치고 세계 1위를 차지한 홍콩의 점진적인 중국 편입도 언급하지 않을 수 없다.

중동 국가들의
치열한 허브 공항 경쟁

지난 20여 년간 세계에서 공항 간의 경쟁이 가장 치열한 곳은 아마 중동일 것이다. 유럽과 아시아 사이에 위치한 지리적 특성으로 인해 중동은 오랫동안 장거리 비행의 경유지가 되었고, 지금은 국가들 간(그리고 각국의 항공사들 간) 격렬한 경쟁의 장소가 되었다. 중동의 허브 공항들은 실제로 유럽과 아시아의 여행객들을 끌어모은 뒤 이들을 유럽(파리, 런던, 프랑크푸르트 등)과 아시아의 대도시(방콕, 뭄바이, 상하이 등) 또는 아

프리카, 오스트레일리아, 심지어 미주로 다시 보내고 있다.

코로나19 팬데믹 이전에 두바이 공항은 여객수로는 2019년 8,600만 명으로 세계 4위를 차지했고 중동 허브 공항들 간의 경쟁에서도 역내의 다른 경쟁자들을 훨씬 앞섰다. 아랍에미리트에서 두바이는 석유 매장량이 가장 적은 편에 속해 일찍부터 무역, 교통, 관광업이 발전했다. 1985년에 아랍에미리트는 국영 항공사인 에미레이트 항공을 설립했다. 활발한 항공 운항, 미국과 유럽의 대형 항공기 구매, 국가 보조금 등 덕분에 매우 합리적인 운임 정책을 펼친 결과 에미레이트 항공은 10년 만에 두바이 공항 이용객을 세 배로 늘렸고, 두바이 공항은 2015년에는 런던 히드로 공항을 제치고 국제 여객수로 세계 1위에 올랐다.

2013년에 아랍에미리트는 두 번째 공항인 알막툼 국제공항을 열었다. 이는 폭발적으로 성장하는 경제와 관광산업을 지원하기 위해서였는데, 특히 2020년 엑스포 유치를 염두에 두었던 것으로 보인다. 엑스포는 코로나19로 인해 결국 2021년 가을로 연기되었다. 새롭게 문을 연 알막툼 공항은 수도이자 또 다른 국영 항공사인 에티하드 항공의 허브 공항이 위치한 아부다비에 더욱 가깝게 위치해 있다. 또한 세계 8위 항구인 제벨알리와도 잘 연결되어 있다.

하지만 두바이는 수년 전부터 중동과 서양 사이에 위치한 입지 덕분에 혜택을 보고 있는 또 다른 허브 공항과 경쟁해야만 했다. 바로 이스탄불 공항이다. 지난 2016년 6월에 발생한 테러에도 불구하고 튀르키예의 아타튀르크 공항은 2019년 약 6,500만

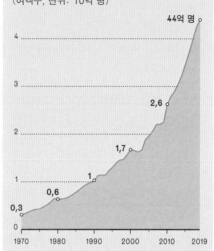

1970년~2019년 항공 교통의 변화
(여객수, 단위: 10억 명)

44억 명
2,6
1,7
1
0,6
0,3

1970 1980 1990 2000 2010 2019

하나의 허브 공항이 있으면 8개 공항을 연결하는 데 8개의 항로가 필요하다.

허브

허브 공항이 없다면 28개의 직항로가 필요할 것이다.

항공기 여객수

세계은행과 국제민간항공기구(ICAO)에 따르면 항공 교통은 1970년 여객수 약 3억 명에서 2017년 이후 40억 명 이상으로, 지난 50년 동안 열 배 넘게 증가했다. 코로나19로 인한 위기를 예상하지 못했던 낙관적인 전망에 따르면 이 숫자는 2050년에는 두 배까지 증가할 것으로 보였지만 지금은 많은 사람들이 오히려 폭발적인 상승세를 문제 삼고 있다.

허브 공항

국제민간항공기구는 별 모양의 연결망인 '허브 앤 스포크(Hub & Spoke)' 방식을 기반으로 하고 있다. 수많은 노선을 제공하는 하나의 중심 공항으로 부차적인 노선들을 연결시키는 방식이다. 이는 가장 많은 목적지로 연결될 수 있는 가장 합리적인 방식이다. 허브 공항은 1970년대 말 미국에서 처음 등장해 1990년대 초 유럽에서 보편화되었다.

명의 여객수를 기록하면서 단 8년 만에 세계 30위에서 14위로 올라서는 기록적인 성장세를 보였다. 아타튀르크 공항이 폐쇄된 이후 현재 튀르키예 정부는 2018년 10월 흑해 연안 지역에 건설한 새로운 이스탄불 공항에 기대를 걸고 있다. 이 공항은 여섯 개의 활주로를 갖고 있으며 수백 개의 도시로 운항이 가능하다. 에르도안 튀르키예 대통령은 자국을 지역 강국으로 발전시켜 세계 1위의 허브 공항인 애틀랜타 공항의 지위와 여객수를 빼앗아오기를 꿈꾸고 있다.

세계 15위인 이스탄불 공항의 뒤를 바짝 추격하고 있는 작은 입헌군주국 카타르 역시 하마드 국제공항과 국영 항공사인 카타르 항공을 보유하면서 허브 공항 경쟁에 뛰어들었다. 2022년 월드컵 개최국인 카타르는 5천만 명의 여객수를 목표로 세웠다. 이란과의 인접성과 무슬림형제단에 자금을 지원했다는 의심을 받아 2017년부터 2021년까지 주변국인 사우디아라비아, 아랍에미리트, 바레인, 이집트, 예멘으로부터 항공 운항 금지 조치를 받았지만 하마드 공항은 국제적인 경쟁력을 지켜나갔고 2018년에 비해 국제선 여객 운송 순위는 세 계단이나 상승했다.

아프리카 공항의 도약은 언제?

공항을 둘러싼 세계적 경쟁 속에서 아프리카는 이제 막 걸음마를 뗀 신생아에 속한다. 아프리카의 하늘길은 2018년에 아프리카연합에 의해 개방되었고 40년 전 미국에서, 30년 전 유럽연합에서 그랬던 것처럼 경쟁에 개방된 단일 시장을 형성했다. 아프

리카의 허브 공항들은 여전히 규모가 작고 중심에서 벗어나 있다. 요하네스버그 국제공항(남아프리카공화국)이 2,100만 명의 여객수를 기록하면서 역내 1위를 차지했고 아디스아바바(에티오피아), 나이로비(케냐), 카이로(이집트), 카사블랑카(모로코) 공항이 그 뒤를 이었다.

하지만 변화는 진행 중이다. 아프리카 주요 항공사인 에티오피아 항공의 허브 공항인 아디스아바바 공항은 이미 백여 개의 도시로 운항하고 있다. 다른 지역과 마찬가지로 코로나19 위기가 종식됨에 따라 아프리카의 항공업계도 다시금 회복세를 보이고 있다.

전 세계 항공업계는 2024년에 이르러서야 비로소 2019년의 추세를 완전히 따라잡을 것으로 보고 있지만, 일부 전문가들은 항공업계가 특정 시점 이후로 더는 성장세를 보이지 않는 고점에 이미 도달한 것은 아닌지 자문하고 있다. 비행기의 온실가스 배출에 대한 문제 제기가 끊이지 않는 상황 속에서 코로나19로 인한 격리는 출장보다 화상회의를 우선시하고 최선의 여행 방법에 대해 보다 더 고민해 보는 계기를 제공해 주었다. 따라서 앞으로 항공업계의 운명은 쇄신 능력이 좌우할 것으로 보인다. 2035년에 개발될 것으로 예상되는 친환경 연료인 수소를 사용하는 비행기가 어쩌면 구원투수가 될 수도 있겠다.

변화를 겪고 있는 자동차 산업

자동차 산업 역시 코로나19 감염병으로 인해 커다란 피해를 입었다. 프랑스에서 신차

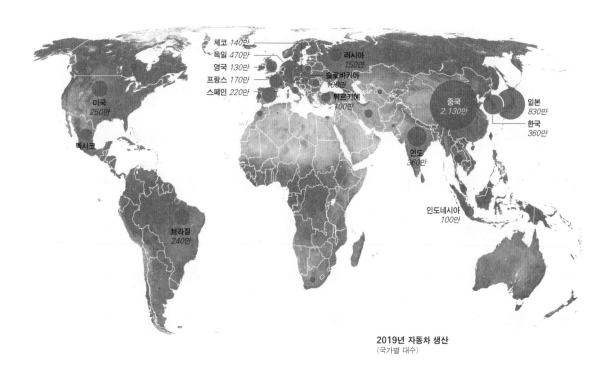

2019년 자동차 생산
〔국가별 대수〕

판매는 2020년 한 해 동안 30% 감소했다. 세계 경제의 주요 분야인 자동차 산업은 국제 무역의 9%를 차지하며, 전 세계에서 엔진 제작부터 도로 건설에 이르기까지 약 5천만 개의 직간접적인 일자리를 창출하고 있다. 예를 들어 유럽연합 회원국의 경우 자동차 산업에 근로자 1,380만 명, 즉 경제활동인구의 6%가 종사하고 있다. 이는 자동차 산업이 얼마나 핵심 분야인지 보여준다. 따라서 유럽연합 정부들은 여러 정책을 통해 자동차 산업을 지원하고 있다.

지난 20년 동안 자동차 산업은 세계화로 인해 급격한 변화를 겪었다. 최근에는 글로벌 수요의 변화, 특히 세계 최대의 자동차 구매 국가가 된 새로운 아시아 고객층인 중국 소비자에게 발맞추기 위해 자동차 회사들은 제휴와 합병, 인수를 늘려왔다. 그렇게 프랑스 기업 르노는 일본의 닛산과 전략

적 제휴를 맺은 뒤 루마니아의 다치아, 한국의 삼성자동차, 러시아의 아브토바즈를 인수한 뒤, 또 다른 일본 기업인 미쓰비시와 전략적 제휴를 맺었다. 이를 통해 12개의 브랜드를 가지게 된 르노 그룹은 폭스바겐과 토요타의 뒤를 이어 세계 자동차 그룹 3위 자리에 올라섰다. 르노 그룹의 전략은 동일한 부품을 여러 모델에 장착한 후 최대한 많은 시장에서 지역 특성에 맞게 조립하여 판매하는 방식을 사용함으로써 규모의 경제를 가능하게 했다. 또한 인건비를 낮추고 세금을 줄이기 위해 거대 자동차 제조사들은 자국 국경 밖으로 공장을 이전했다. 그 결과 유럽에서의 자동차 생산은 특히 슬로바키아, 체코, 헝가리, 튀르키예, 모로코 등에서 이루어지고 있다.

집약된 자동차 산업

오늘날 세 대륙에 걸쳐 분포하고 있는 8개 국가가 연간 자동차 생산량으로 봤을 때 세계 상위 10위 안에 드는 자동차 공장들을 보유하고 있다. 예를 들면 울산(한국)의 현대자동차 공장, 브라질 베칭의 피아트 공장, 독일 볼프스부르크의 폭스바겐 공장 등이 여기에 속한다.

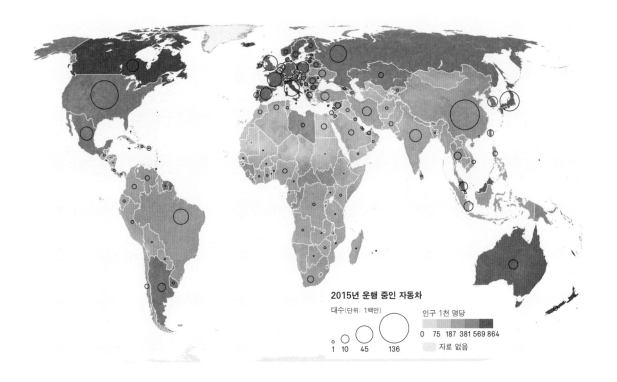

2015년 운행 중인 자동차

대수(단위: 1백만)

인구 1천 명당

0 75 187 381 569 864

자료 없음

1 10   45   136

미래의 자동차

2018년에 전 세계의 자동차는 전체 온실가스의 9%를 배출했다. 기후위기의 심각함을 전 세계가 인식하고 있는 지금, 이산화탄소 배출에 대한 새로운 규정은 자동차 산업계가 가솔린이나 디젤 엔진을 대체할 새로운 준비를 하도록 했다. 기술적 변화는 반드시 사회적으로 영향을 미치게 된다. 유럽 자동차 강국인 독일의 노동조합들은 이로 인해 향후 10년간 수만 개의 일자리가 사라질 것이라고 우려하고 있다.

실제로 전기자동차는 내연기관 자동차에 비해 적은 노동력을 필요로 한다. 이 분야에서 중국은 이미 앞서 있다. 2018년에 중국은 전 세계에서 판매된 전기자동차 및 하이브리드 자동차의 절반 이상을 구입했으며 그중 상당 부분을 자체 생산했다. 중국은 또한 일본과 한국보다 앞선 세계 1위의 리튬이온 배터리 제조 국가다. 게다가 중국은 배터리 생산을 위해 꼭 필요한 금속인 코발트를 안정적으로 확보했다. 코발트 최대 생산국인 콩고민주공화국의 거대한 광산을 직접 관리하고 있기 때문이다. 한편 수소 연료로 가동되는 자동차는 광석 채굴과 관련해 폐기물이나 오염원을 배출하지는 않지만 그 제조 기술은 많은 비용을 필요로 한다.

2040년을 기점으로 오염원을 배출하지 않는 친환경 자동차를 반드시 인간이 운전할 필요는 없다. 미국 실리콘밸리는 세계 최대의 자동차 회사와 IT 기업 간 협력을 통해 자율주행 자동차 연구의 중심지가 되었다. 자율주행 자동차 실험은 전 세계에 걸쳐 점점 더 많아지고 있다. 두바이에서 라스베이거스, 함부르크, 루앙을 거쳐 싱가포르에 이르기까지 맞춤형 전기자동차가 테스트 중에 있다.

마지막으로 2022년 6월 유럽연합은 역사적인 약속을 맺었다. 유럽의회 의원들이 2035년에 하이브리드를 포함한 가솔린 및 디젤 엔진을 장착한 신차 판매를 금지하는 법안을 통과시키기로 한 것이다.

기차, 친환경적 대안?

스웨덴에서 탄생한 신조어 플뤼그스캄('비행기 여행의 부끄러움'이란 뜻)과 항공 운항을 중단시킨 코로나19 등의 영향으로 오랫동안 숨겨져 왔던 환경 문제에 대한 인식이 새롭게 확산되기 시작했다. 항공업계가 지구 온난화에 미치는 영향이 지적되면서 사람들은 교통수단 선택에 더욱 고심하게 되었다. 비행기 한 대의 이산화탄소 배출량은 당연히 자동차 한 대보다는 훨씬 많고 기차보다는 20배나 더 많다. 각국은 그렇게 철도 교통의 미덕을 재발견했다. 국가 입장에서 봤을 때도 철도는 더욱 신뢰할 수 있고 통제가 가능하며 온실가스를 배출하지 않기 때문이다.

팬데믹 훨씬 이전부터 중국은 철도에 기대를 걸었고 일대일로 프로젝트의 핵심 요소로 철도를 꼽았다. 일대일로 프로젝트는 카자흐스탄 대초원을 통과하여 중국과 동남아시아, 중앙아시아, 러시아, 유럽을 잇는 길이 1만 1천 킬로미터에 달하는 거대 철도망을 포함한다. 2014년 3월 시진핑 국가주석은 16일 전 충칭을 출발해 유럽에 처음으로 도착하는 중국 열차를 환영하기 위해 독일 뒤스부르크로 갔다. 현재 아시아와 유럽 간 기차를 통한 교역 규모는 전체의 1.6%에 불과하지만 중국이 투자한 이래로 철도 운송은 크게 성장하고 있으며 2030년에는 그 규모가 8%까지 상승할 것으로 예상된다. 중국은 아프리카의 철도 개발에도 참여하고 있다. 자국의 군사기지를 설립한 지부티와 아디스아바바를 잇는 철도와 몸바사와 나이로비를 잇는 철도 건설에 자금을 지원했다. 또한 2000년부터는 아프리카에 총 6천 킬로미터가 넘는 철도, 비슷한 길이의 도로, 20여 개의 항구 등을 건설했다.

세계 전역에서 특히 환경 이슈로 인해 철도의 이점이 점점 대두되고 있다. 2022년 여름에 독일 정부는 6월부터 8월까지 한 달에 9유로로만 내면 철도를 이용해 독일 전 지역을 다닐 수 있는 티켓을 출시했다. 이는 에너지 가격 상승에 대비하려는 시의적절한 대책으로 평가된다. 오늘날 지구상에서 물류 수송과 인구 이동을 위한 철도의 길이는 1백만 킬로미터를 조금 넘는다. 길이로만 따진다면 미국의 철도망이 가장 길지만 이는 물류 수송에 대부분 할애되어 있다. 국민 개인의 철도 이용률이 가장 높은 나라는 스위스로, 철도를 통한 연간 1인당 평균 이동거리는 2천 킬로미터가 넘는다.

중국:
2020년 고속철도망

우루무치

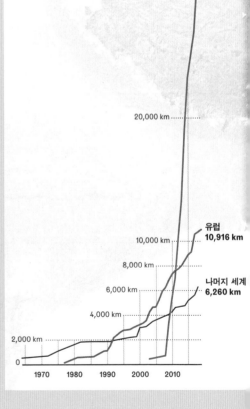

1964년~2019년
세계 고속철도망 변화
(단위: 누적 킬로미터)

중국
35,388 km

30,000 km

20,000 km

유럽
10,916 km

10,000 km

나머지 세계
6,260 km

8,000 km

6,000 km

4,000 km

2,000 km

0

1970   1980   1990   2000   2010

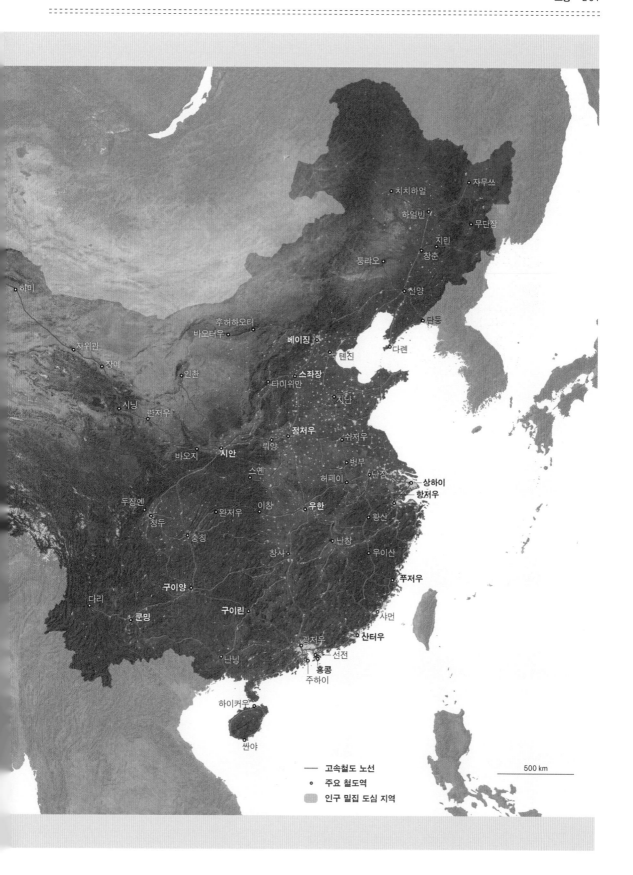

하미

자위관
장예

시닝
란저우

후허하오터
바오터우
인촨

치치하얼
하얼빈
퉁랴오
지린
창춘
선양
단둥
다롄

자무쓰
무단장

베이징
톈진
스좌장
타이위안
지난

시안
바오지
뤄양
스옌

정저우
쉬저우
벙부
허페이
난징
상하이
항저우

두장옌
청두
충칭

완저우
이창
우한
창사
난창
황산
우이산

구이양
다리
쿤밍
구이린
난닝

광저우
선전
홍콩
주하이

푸저우
샤먼
산터우

하이커우
싼야

—— 고속철도 노선
∘ 주요 철도역
▨ 인구 밀집 도심 지역

500 km

Destination #27

몬트리올

이곳은 2019년 9월 28일의 몬트리올이다. 수십만 명의 사람들이 스웨덴의 어린 환경운동가 그레타 툰베리를 지지하며 행진을 벌였고 캐나다 총리 쥐스탱 트뤼도도 함께했다. "우리는 세상을 바꾸고 있습니다." 캐나다에서 열린 역대 최대 규모의 시위에 속하는 이번 행사를 마무리하면서 그레타 툰베리는 그렇게 믿었다. 이번 시위는 그녀가 유엔기후행동 정상회의에 참석해 각국 정상들에게 "어떻게 당신들이 감히 그럴 수 있죠(How dare you)!"라고 외쳤던 유명한 연설을 한 지 며칠 뒤의 일이었다.

전 세계적으로, 그리고 특히 프랑스에서 기후변화를 우려하는 35세 미만 청년들이 행동에 나서고 있다. 2019년 프랑스의 크레독(Credoc)이 수행한 연구에 따르면 기후변화는 프랑스의 젊은 세대가 가장 염려하는 문제다. 이들은 기후와 환경 문제에 목소리를 내기 위해 시위에도 많이 참여했으며, 2019년 5월 유럽의회 선거에서는 녹색당에 표를 주었다.

그러나 크레독은 "그렇다고 해서 청년들의 일상적인 행동이 더 연령이 높은 세대들과 비교해 반드시 더 친환경적이라고는 할 수 없다. 특히 쓰레기 분리 배출, 로컬 시장 이용 및 제철 채소 구입, 혹은 전력 소비 감소에 있어서는 청년들의 참여율이 비교적 낮은 편"이라고 밝혔다. 또한 그들은 "쇼핑, 디지털 기기 사용, 비행기 여행, 환경을 해치는 식이습관에 대해서 보다 더 특별한 흥미"를 보인다고 지적하기도 했다. 그러나 그 외에 있어서는 다른 연령층에 비해 더 친환경적인 습관을 지니고 있다고 언급했다. 예를 들어 이동 수단은 자전거, 카풀, 대중교통을 선호했고 구매에 있어서는 새로운 물품을 사기보다는 중고, 대여, 물물교환을 선호한다는 것이다. 즉 청년들은 잘못된 것을 인식하지만 (아직은) 삶의 방식을 완전히 변화시키려 하지는 않는다는 것이다. 이는 마치 기후 문제를 둘러싼 복잡한 방정식에 골머리를 앓는 각국 정부의 모습과도 닮았다.

지금으로서는 한번 인식한 환경 문제를 이전으로 되돌릴 수는 없다. 또한 환경을 위한 새로운 흐름이 정치, 경제, 사회, 개인의 삶 속에 깊숙이 스며들고 있다.

기후 위기:
지금 이미
이상기후를 겪고 있다

뜨거워지는 지구

2020년은 2016년과 2019년과 더불어 역사상 가장 기온이 높았던 한 해다. 세계기상기구(WMO)에 따르면 지구 평균 기온은 1850-1900년의 평균 기온보다 1.2도 상승했다. 지난 10년 역시 기록적인 상승을 보였으며, 2015년 제21차 유엔기후변화협약 당사국총회가 발표한 "산업혁명 이전 시기와 비교해 평균 기온 1.5도 상승"이라는 한계치를 2024년에 뛰어넘을지도 모른다는 사실이 우리를 걱정스럽게 만들고 있다. 20여 년 전부터 극단적인 기후 현상(기록적인 폭염과 한파, 끔찍한 태풍, 토네이도, 사이클론, 가뭄, 화재, 해빙 등)이 늘어나고 있으며 그 횟수와 규모 또한 전례 없는 수준으로 증가하고 있다.

녹아내리는 빙하,
해마다 상승하는 해수면

오늘날 우리는 전 대륙에 걸쳐 빙하가 녹고 있는 모습을 시시각각 목격하고 있다. 2022년 7월 이탈리아 알프스 산맥의 가장 큰 빙하인 마르몰라다 빙하 일부가 기록적인 기온 상승으로 녹아내렸다. 알프스 몽블랑 산괴의 메르 드 글라스 빙하는 100년 전과 비교해 120미터나 후퇴했으며 이로 인해 해당 지역 전체의 관광업계가 침체에 빠졌다. 과학자들에 따르면 아이슬란드에서는 매년 약 110억 톤의 얼음이 녹아 없어지고 있다.

그린란드의 만년설과 남극의 빙하 또한 2000년 이후로 계속해서 줄어들고 있으며 북극의 빙하 역시 지난 30년 동안 녹는 속도가 점점 더 빨라지고 있다. 여름에는 북극 주위의 육지와 마찬가지로 해수면 온도 또한 비정상적으로 오르고 있다. 러시아의 작은 도시인 베르호얀스크는 2020년 6월 기온이 38도까지 상승했는데 이는 이 위도에서는 역사상 전례 없는 기록이었다.

빙하가 녹아내린 결과 해수면이 상승하고 있다. 한 세기 동안 해수면은 약 15센티미터 상승했는데 이 현상은 30년 전부터 가속화되고 있다. 기후학자들에 따르면 바다

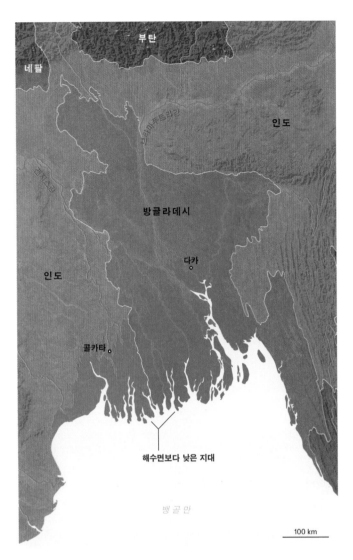

네팔

부탄

브라마푸트라강

갠지스강

인도

방글라데시

다카

인도

콜카타

해수면보다 낮은 지대

뱅골 만

100 km

**방글라데시의
침수 지역**

삼각주 지역을 위협하고 있다. 특히 벨기에와 네덜란드, 아시아가 이 경우에 해당한다. 이들 지역에서는 해안지대의 인구밀도가 특히 높은데 인구 1천만 명 이상의 대도시가 그곳에 집중되어 있다(2020년 유엔이 집계한 34개 대도시 가운데 20개). 인도의 경제 수도이면서 2천만 인구가 거주하고 있는 뭄바이는 이제 기후변화에 매우 취약한 도시가 되었다. 매년 장마철이 되면 발 높이까지 물이 차오르는 뭄바이 빈민가의 주민들은 악천후가 발생할 때마다 집을 잃게 될까 두려움에 떤다. 정부는 해수의 유입을 막기 위해 맹그로브를 심어 천연 제방을 만들고자 했지만 그것이 성공한다는 보장은 어디에도 없다.

방글라데시에서는 히말라야의 만년설이 녹으면서 갠지스강과 브라마푸트라강 삼각주 지역의 상황이 매우 심각하다. 약 10만 제곱킬로미터에 달하는 이 지역에 수많은 인구가 밀집해 있으며(약 4,200만 명), 지형적으로 해수면보다 몇 미터 아래에 위치해 있기 때문이다. 특히 방글라데시 수도 다카와 이웃 국가 인도의 대도시인 콜카타의 경우가 심각하다. 열대 계절풍은 홍수, 해수면 상승, 토양 침식을 야기하고 수백만 명에 이르는 사람들과 도시의 빈민층을 양철로 지은 집에서 내쫓고 있다. 2020년에는 홍수로 방글라데시 국토의 30~40%가 물에 잠겼고 뱅골만에서는 해수면 상승으로 섬들이 흔적도 없이 사라져버렸다.

와 해양의 수위는 현재 매년 3밀리미터씩 상승하고 있다. 그러나 2100년까지 상승폭은 가장 낙관적으로 예측할 경우 30센티미터에 달하고 최악의 경우에는 1미터를 초과할 것으로도 예측된다.

커져가는 침수 위험

해수면 상승이 불러올 도미노 효과는 세계 인구의 10%가 거주하고 있으며 오늘날 지속적인 침수 위험에 처해 있는 해안지대

해수면 상승은 2050년 전망치에 따르면 아시아에서 농업과 식량 생산에 필수적인 수백만 헥타르의 비옥한 토지를 사라지게 만들 것이고 중국의 상하이, 광저우, 톈진

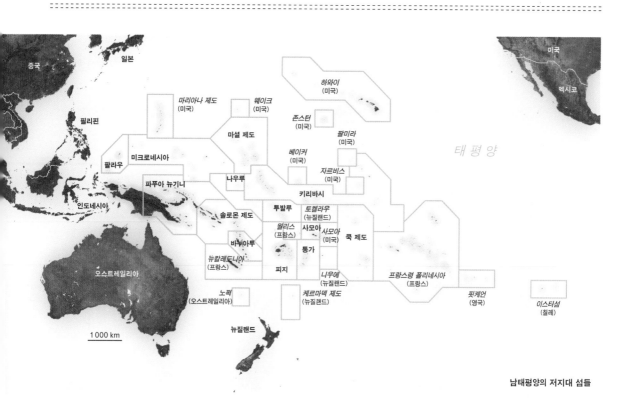

남태평양의 저지대 섬들

이나 메콩강 삼각주의 호찌민과 같은 아시아 연안의 대도시들에 커다란 손해를 입힐 것으로 예상된다.

가라앉게 될 섬들?

해수면 상승에 특히나 더 취약한 곳은 바로 섬이다. 하지만 기후변화와 그것이 생태계와 지역 경제에 미칠 위험성에 얼마나 노출되어 있는지는 섬의 형태와 지형에 따라 제각기 다르다. 그중에서도 가장 큰 위험에 처한 곳은 저지대 섬과 고리모양으로 배열된 산호초로 구성된 태평양의 환초지대다. 약 4백만 명에 달하는 인구가 고도 3미터를 넘지 않는 매우 작은 면적에 살고 있기 때문이다.

이 지역에서는 마셜 제도의 경우가 특히나 걱정스럽다. 이곳에서는 태풍과 홍수가 갈수록 빈번해지고 있으며 담수가 해수에 의해 오염되고 있다. 에네웨타크 환초의 루닛섬의 상황은 이보다 더 심각하다. 1946년부터 1958년 사이 비키니 환초와 에네웨타크 환초에서 미국이 시행한 67건의 핵실험 이후에 버려진 방사성폐기물이 이곳에 있는 8만 8천 세제곱미터의 초대형 콘크리트 돔 안을 가득 메우고 있기 때문이다. 본래 임시방편이었던 이 돔은 땅 위로 그대로 드러나 있고 최근에는 표면에 금이 가기 시작했다. 따라서 이곳 주민들이 직면하고 있는 위험은 점점 커져가고 있다. 해당 지역이 쓰나미와 지진 위험으로 인한 방사성폐기물 노출에 직면해 있지만 미국은 이곳의 안정화를 위한 지원도 거부하는 등 마셜 제도 정부에 무책임한 태도를 보이고 있다.

이는 마셜 제도만의 문제가 아니다. 지구 온난화는 생태계를 교란시켜 산호초의 생

섬과 열도의 소멸

오세아니아와 수많은 저지대 섬나라들은 지구 온난화에 특히 더 취약하다. 예를 들어 마셜 제도(181제곱킬로미터에 7만 6천 명이 거주)의 상황은 매우 걱정스럽다. 대부분의 섬들이 온난화로 인해 폭풍우와 홍수가 잦아지고 해수 침투로 지하수가 오염되는 등 점차 사람이 살 수 없는 곳으로 변해가고 있기 때문이다.

존을 위협하고 해양의 산성화에도 한몫하고 있다. 이는 생물 다양성은 물론 인간에게까지 영향을 끼칠 수 있다. 또한 지구 온난화는 여섯 번째 대멸종이라 불리는, 현재 진행 중인 지구상의 수십만 동식물 종의 멸종에도 커다란 책임이 있다. 지나치게 상승한 기온을 피해 일부 동물들이 원래의 서식지에서 이탈하고 있는데 이러한 현상은 생태계에 연쇄적인 결과를 초래할 것이다.

빈번해지는 이상기후 현상

지구 온난화는 기온 상승 외에도 횟수와 강도가 극심해진 이상기후 현상들을 발생시키고 있다. 여기에는 선진국들도 포함된다. 2005년 미국 뉴올리언스를 초토화시키며 1,800명의 사망자와 수십억 달러 규모의 피해를 입힌 허리케인 카트리나가 대표적인 예다. 2019년에는 오스트레일리아가 기록적인 기온 상승과 가뭄으로 대규모 화재를 겪었다. 화재는 최소 10억 마리의 동물들을 죽음에 이르게 했고 1,200만 헥타르가 넘는 면적을 파괴했다. 2019년은 유럽에 기록적인 폭염이 닥쳤던 해이기도 하다. 독일, 프랑스, 네덜란드에서는 여름철 기온이 40도를 육박했다. 이 같은 폭염은 주기적으로 세계 인구의 30%에 영향을 끼치며 전 대륙에 걸쳐 수백만 명의 건강을 해치고 있다.

지역에 따라 허리케인, 토네이도, 사이클론, 태풍 등 다양한 이름으로 불리는 폭풍우는 최근 20년 전부터 발생 횟수가 잦아지고 그 세기도 커지고 있다. 또한 지난 수년간 발생한 화재의 규모로 보아 '초대형 산불의 시대'가 시작되었다. 특히 미국 서부

해안 지역, 오스트레일리아, 시베리아, 브라질 아마존, 인도네시아 등에서 발생한 산림 파괴로 인한 산불이 대표적이다.

전 지구적으로 나타나는 온난화 현상으로 일부 지역에서는 강우량이 증가하는 반면 다른 지역에서는 강우량의 감소로 가뭄과 사막화를 겪고 있다. 지중해 주변, 남아프리카, 사헬 지역이 후자의 경우에 속한다. 5년 전부터 아프리카 남부는 극심한 가뭄을 겪고 있고 이로 인해 작황이 급격히 감소했다. 2020년 초 짐바브웨, 잠비아, 모잠비크, 마다가스카르에서는 4,500만 명의 인구가 가뭄으로 인한 기근에 시달렸다.

지구 온난화로 인해 야기된 이 모든 재해와 피해들은 인구 이동을 발생시키고 있다. 매년 평균 약 2,500만 명의 인구가 자연재해(대부분 기후와 연관) 때문에 고향을 떠나는데 이는 전쟁으로 인한 이주보다 약 세 배 더 많은 숫자다.

국내 기후 난민 이외에도 목숨을 걸고 지중해를 건넌 아프리카 난민과 같이 영구적으로 국가를 떠나는 사람들도 있다. 인구 이동의 원인은 매우 복잡한데 주로 환경, 정치, 경제적 이유가 혼재하는 경우가 많다.

전 지구적 최우선 과제

이상기후 현상은 불공평하게 작용한다. 국가의 발전 수준과 기후변화에 대한 취약성의 정도는 반비례한다. 기후로 인한 위험에 가장 많이 노출된 국가는 대부분 아프리카, 중남미, 동남아시아에 위치해 있다. 이곳에서 기후로 인한 재해는 빈곤 및 부족한 의료시설과 결부되어 더욱 커다란 피해를 입힌

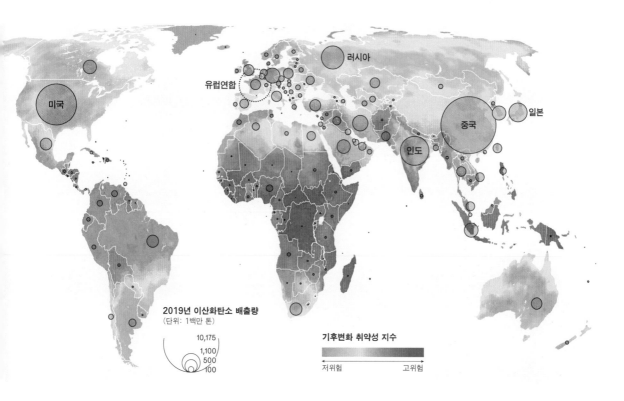

2019년 이산화탄소 배출량
(단위: 1백만 톤)

10,175
1,100
500
100

기후변화 취약성 지수

저위험   고위험

다. 하지만 이들 국가의 온실가스 배출량은 대부분 매우 적다. 선진국이 배출하는 온실가스로 인한 피해를 이들이 고스란히 감당하고 있는 셈이다. 온실가스 배출량이 많은 국가를 순서대로 보자면 중국, 미국, 유럽연합 회원국, 인도, 러시아, 일본이 있다.

그러나 국민 1인당 배출량을 따진다면 그 선두에는 카타르가 있고 그 뒤를 걸프만의 석유 군주국가들이 따른다. 한편 미국은 오스트레일리아와 함께 공동 12위, 캐나다와 중국은 유럽연합과 공동 39위에 속한다.

덴마크를 필두로 한 북유럽 국가들은 재생에너지 사용에 앞장서고 있다. 스웨덴은 1991년부터 탄소세를 도입했고 2030년까지 '화석 연료 없는 삶'이라는 목표를 세우기도 했다. 모로코 또한 태양광과 풍력에 기반한 야심찬 에너지 정책을 수립했다. 인도의 경우는 여전히 상당 부분 석탄에 의존하고 있지만 재생에너지에도 대대적으로 투자하고 있다.

국가뿐 아니라 많은 기업과 도시들도 기후변화에 대응하기 위해 노력하고 있다. 전 세계 1백여 개의 대도시들이 모여 결성한 '뉴 그린 동맹(New Green Alliance)'이 이를 증명한다. 그중 파리, 코펜하겐, 아테네, 로마, 로스앤젤레스, 토론토, 스톡홀름을 비롯한 30여 개 도시들은 이미 온실가스 배출량을 평균 22% 감축했다. 파리기후협약의 목표인, 21세기 말까지 평균 기온 상승을 1.5도 이하로 제한하기 위해서다. 이러한 목표의 달성은 친환경 버스 도입, 자전거 전용도로 설치, 에너지 소비가 적은 건물, 쓰레기 감소 등을 통해서 이루어진다. 샌프란시스코에서는 '제로 웨이스트(Zero Waste)' 정책의 일환으로 쓰레기의 80% 이상이 재활용되고 있다. 대도시에 세계 인구

불평등하게 나타나는 기후변화에 대한 국가별 취약성

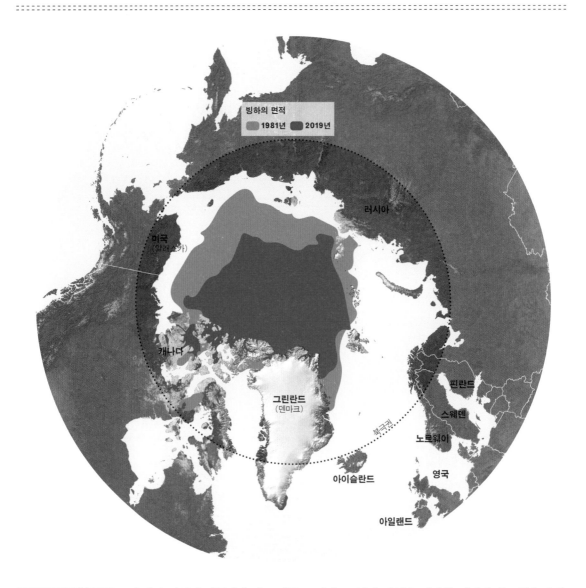

빙하의 면적
1981년   2019년

러시아

미국
(알래스카)

캐나다

그린란드
(덴마크)

북극권

핀란드

스웨덴

노르웨이

영국

아이슬란드

아일랜드

위기의 최전선에 놓인 북극

지구 온난화가 가장 확연하게 드러나는 곳은 바로 북극권이다. 이 지역의 기온은 지구상의 나머지 지역보다 2-3배 더 빠른 속도로 오르고 있다. 그린란드에서 빙하의 면적은 10년마다 3-4%씩, 즉 10년마다 약 50만 제곱킬로미터의 면적이 사라지고 있는 셈이다.

의 절반 이상이 집중되어 있고 이들 도시가 전 세계적으로 이산화탄소 배출량의 70% 이상을 차지하는 만큼 도시 차원에서 기후 문제 해결을 위해 노력하는 것이 무엇보다 중요하다.

전 세계 시민들은 기후 문제를 최우선 과제로 만들기 위해 결집하고 있다. 2015년에 체결한 파리기후협약은 전 세계 국가들이 기후변화에 대응하기 위해 이룬 중요한 진전으로 여겨지지만 아직 갈 길이 멀다. 2020년 미 대선에서 민주당 소속 조 바이

든의 당선은 이러한 관점에서는 좋은 소식이었다. 바이든은 트럼프 행정부가 탈퇴한 파리기후협약에 다시 복귀했기 때문이다. 게다가 온실가스 배출량은 2019년에는 소폭 상승(0.6%)하는 정도에 그쳤고, 심지어 2020년에는 코로나19 격리조치로 5% 이상 감소했다.

하지만 현재의 추세로 보아 지구의 평균 기온 상승을 1.5도 이내로 제한하려는 목표는 점점 더 달성하기 어려워 보인다.

리야드

2020년 11월, 코로나19 팬데믹 시기에는 G20 정상회의조차 화상으로 진행되었다. 당시 주최국이자 새로운 왕국을 전 세계에 알리기 위해 각국의 정상들을 성대하게 맞이하려 했던 사우디아라비아에게는 안타까운 일이 아닐 수 없다. 이날의 정상회의에서는 팬데믹으로 인해 디지털 생활이 가능한 이들과 불가능한 이들로 나뉘는 이원적 구조의 세계가 심화되는 것에 우려를 표명했다. 재택근무, 온라인 회의 및 수업, 심지어는 디지털 화면을 통한 친구와 가족의 만남 등 2020년에는 디지털이 우리의 삶에 그 어느 때보다도 더욱 깊게 침투한 한 해다.

많은 국가에서 스마트폰을 활용해 사람들의 이동과 전염병 전파 경로를 추적했다는 사실을 잊어서는 안 된다. 또한 사람들은 강제로 새로운 디지털 기기를 써야만 했고 IT 관련 기업들은 원격용 소프트웨어 사용이 기하급수적으로 늘어나는 것을 보게 되었다. 2020년 3월 초 줌(Zoom, 화상회의 서비스를 제공하는 미국 기업)의 매출액은 78% 상승을 기록했다. 하지만 줌 서버의 일부가 중국에 있어 보안 전문가들은 중국 공산당이 줌 이용자들의 데이터를 엿보는 것은 아닐까 하는 의혹을 제기했다. 이러한 의혹에 대한 대책으로 줌은 2020년 4월 데이터가 중국을 거치지 않게 하는 새로운 기능을 출시했다.

이처럼 디지털은 우리의 생활방식을 뒤흔들고 경제, 사회, 정치, 보안, 지정학 등 다양한 분야에서 중요한 역할을 하게 되었다. 사이버 공간, 인공지능, 5G는 코로나19로 인해 거대한 각축장이 되었으며 중국과 미국은 이 분야에서 인정사정없이 서로 경쟁하고 있다.

특히 중국은 스마트 시티, 지능형 시티 또는 초연결 시티라는 개념을 접목한 새로운 도시 관리 모델을 활용하고자 한다. 중국 정부는 이를 실현하려면 교통, 보건, 공공 안전 등을 위해 디지털 기술의 사용을 최적화하는 것이 중요하다고 역설하고 있지만 그들의 진짜 속셈은 '감시와 사회 통제'에 있다.

그런 점에서 우리는 결코 경계를 늦춰서는 안 된다. 빅데이터 시대에는 지도자들에게 언제나 민주주의적 본보기를 요구해야 하며 우리는 그것을 주의 깊게 지켜보아야 한다.

디지털:
기존에 없던
새로운 전쟁터가 등장했다

인터넷 혹은 지구 연결망

1980년대에 탄생한 인터넷은 세계를 점진적으로 이어주는 데 기여했다. 이러한 연결망은 국가, 기업, 기관, 개인 사이에 새로운 정보와 아이디어가 손쉽게 지구촌 곳곳으로 전파되는 데 일조했다. 2020년에 인터넷 이용자 수는 전 세계 인구의 57%인 45억 명에 달했으며 웹사이트 개수는 16억 개가 넘었다.

인터넷 연결을 가능하게 해주는 주요 기반시설은 바닷속에 설치되어 있다. 바로 해저 케이블이다. 해저에 매장된 엄청난 길이의 케이블은 대륙 간 초고속 통신을 가능하게 해주지만 동시에 잠재적으로 우리 인간을 매우 취약하게 만들고 상업적, 지정학적 갈등과 경쟁을 발생시킬 위험성 또한 갖고 있다.

GAFAM이 지배하는 세상

1990년대부터 케이블 시장은 세 개의 글로벌 민간 기업이 좌우해 왔다. 바로 프랑스의 알카텔-루슨트, 스위스의 TE서브컴, 일본의 NEC다. 반면 거대 인터넷 기업들은 모두 미국 기업인, 그 유명한 GAFAM(구글, 애플, 페이스북(현 메타), 아마존, 마이크로소프트)이다. 그 결과 미국국가안전보장국(NSA)에 따르면 전 세계 데이터의 80%가 미국을 거친다.

이러한 데이터의 흐름은 인터넷 탄생 이전부터 미국에게 엄청난 전략적 중요성을 부여했다. 이에 미국은 1955년 영국, 캐나다, 오스트레일리아, 뉴질랜드와 함께 기밀정보를 공유하는 동맹체인 일명 '파이브 아이즈(Five Eyes)'를 결성하기도 했다. 전 세계 인터넷 기업 서버에 접속해 무차별적으로 개인정보를 수집하는 등 미국의 대규모 감시 활동은 2013년 NSA의 직원이었던 에드워드 스노든의 내부고발로 세상에 알려지기도 했다. 스노든은 NSA가 전 세계 정치인들도 불법 도감청을 해왔다고 폭로했다.

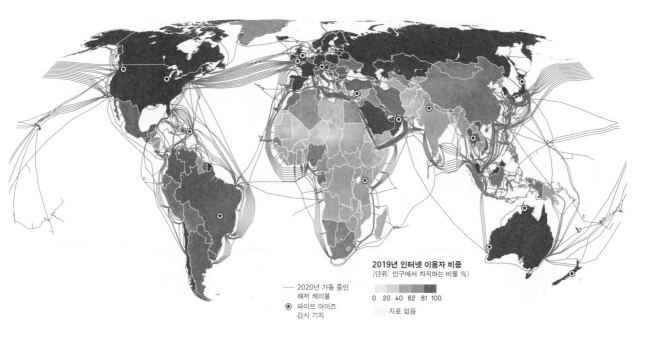

2019년 인터넷 이용자 비중
(단위: 인구에서 차지하는 비율 %)

0 20 40 62 81 100

— 2020년 가동 중인
　해저 케이블
★ 파이브 아이즈
　감시 기지

자료 없음

떠오른 디지털 주권 문제

데이터에 관한 미국의 패권 앞에 러시아가 처한 상황은 조금은 특수하다. 러시아는 단 네 개의 해외 케이블로 나머지 세계와 연결되어 있고 얀덱스(Yandex)와 브깐딱제(Vkontakt) 같은 자국 인터넷 기업들이 있어 정권에 의한 통제가 쉽기 때문이다.

　중국은 2016년 세 곳의 거대 통신기업이 참여한 컨소시엄에 의해 완공된 아시아와 유럽을 잇는 해저 케이블 Sea-Me-We 5에 의존하고 있다. 자국 인터넷을 엄격하게 통제하면서 나머지 세계와 거의 단절시키고 있는 중국은 일부 전략적 해저 케이블에 대해서는 자국의 힘을 점점 더 강화하려고 한다. 중국 기업인 화웨이는 그린란드, 몰디브, 코모로, 남아프리카공화국, 브라질과 카메룬 사이 해저 케이블을 설치하기 시작했고 케이블 분야에서 10년 만에 주요 글로벌 기업 중 하나로 떠올랐다. 그러나 최근

에 디지털 주권 상실을 우려한 오스트레일리아 당국은 화웨이가 주도한 시드니-솔로몬 제도 간 해저 케이블 설치 계획을 거부했다.

빅데이터, 민주적 통제의 필요성

인터넷 기반시설을 장악하는 것을 뛰어넘어 많은 국가들이 온라인에서 공유되는 데이터를 통제하기 위해 노력하고 있다. 빅데이터와 인공지능의 결합은 새로운 권력으로 대두되었고 해당 분야에서 쌍두마차인 미국과 중국은 서로 치열하게 경쟁하고 있다. 이러한 상황 속에서 디지털 분야의 대표적인 글로벌 민간 기업인 미국의 GAFAM과 그에 준하는, 공산주의 국가의 그늘에서 성장했다는 특징을 지닌 중국 기업 BATX(바이두, 알리바바, 텐센트, 샤오미)가 인공지능에 특히나 많은 투자를 하고 있다.

세계 해저 케이블과 이용자 수

오늘날 지구의 대양을 가로지르는 해저 케이블의 길이는 130만 킬로미터가 넘는다. 지구 둘레의 32배에 달하는 길이다. 케이블 설치는 2000년대 인터넷 버블 당시 최초로 정점을 찍었고, 두 번째 정점은 현재 진행 중이다. 2016년에 2만 7천 킬로미터의 해저 케이블이 추가적으로 설치되었고 2017년에는 세 배 더 많이 구축되었다. 현재 428개 해저 케이블이 우리가 사용하는 데이터의 99%를 전송하고 있으며 위성을 통해 전송되는 양은 0.4% 미만에 불과하다. 대부분의 케이블은 유럽, 북미, 아시아를 연결하고 있다.

디지털 산업은 주요 활동(검색 엔진, 온라인 쇼핑, 소셜네트워크, 휴대전화, 커넥티드 기기)을 통해 수십억 명의 개인정보를 수집하고 있다. 알고리즘을 통한 분석이 가능해진 지금 이 정보들(빅데이터)은 인공지능의 원재료가 되었으며, 인공지능은 사실상 마케팅 목적(소비 패턴 분석 등)뿐만 아니라 첩보(사회적 관계, 정치적 의견, 생체 특징 등을 확보) 목적으로도 수백만 개인들의 정보를 이용할 수 있다. 또한 사회적, 정치적 흐름을 파악해 국민을 쉽게 통제할 수도 있다. 따라서 데이터의 활용을 규정하고 제한하는 것이 반드시 필요한데 이는 정부, 입법 기관, 통제 기관, 견제 세력 등에 달려 있다.

프랑스에서는 국가정보자유위원회(CNIL)가 이러한 기능을 담당하고 있고 개인정보 보호법이 이 기관의 역할을 보완해 준다. 유럽에서는 2018년부터 유럽 내 거주민의 개인정보를 수집하는 모든 기업 및 개인에게 적용되는 '유럽연합 일반 개인정보 보호법(GDPR)'이 존재한다.

미국의 현행법은 의료, 미성년자 또는 금융 계좌와 관련된 개인정보에만 적용되고 있어 개인의 권리를 침해할 실제적인 위험이 존재한다. 페이스북 창립자 마크 저커버그에게 커다란 타격을 입힌 '데이터 스캔들'(2016년 미국 대선 당시 페이스북 이용자 8,700만 명의 개인정보를 이용자 동의 없이 수집해 정치 광고 등에 사용한 대규모 정보 유출 사건) 이후 미국 연방의회는 유럽 모델에서 착안한 개인정보 보호법을 도입하고자 했지만 GAFAM 측의 거센 반발에 부딪혔다. 하지만 캘리포니아를 포함한 일부 주들은 이미 유럽연합의 개인정보 보호법과 비슷한 법을 채택하고 있다.

반면 중국 시민을 보호하는 민주적 법률은 전혀 존재하지 않으며, 오히려 중국에서는 2018년부터 일명 현대판 '빅브라더'라 불리는 '사회신용 제도'를 도입해 빅데이터를 활용해 시민들을 감시하며 점수를 매기는 시스템이 도입되었다. 이는 팬데믹 기간 동안 더욱 강화되었다.

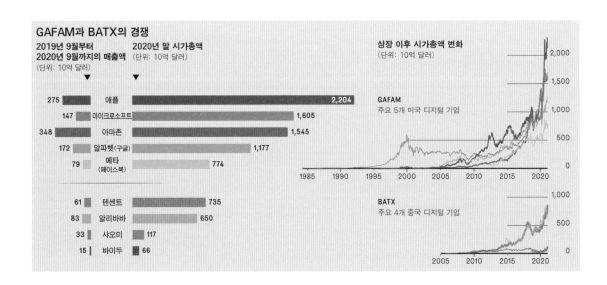

GAFAM과 BATX의 경쟁

2019년 9월부터 2020년 9월까지의 매출액
(단위: 10억 달러)

2020년 말 시가총액
(단위: 10억 달러)

	매출액	시가총액
애플	275	2,204
마이크로소프트	147	1,605
아마존	348	1,545
알파벳(구글)	172	1,177
메타(페이스북)	79	774
텐센트	61	735
알리바바	83	650
샤오미	33	117
바이두	15	66

상장 이후 시가총액 변화
(단위: 10억 달러)

GAFAM
주요 5개 미국 디지털 기업

BATX
주요 4개 중국 디지털 기업

중국과 미국의 기술 경쟁

현재 글로벌 디지털 기업들 간에는 전쟁이 한창이다. 2019년 초 미국이 중국의 스파이 활동에 화웨이가 연루되었다며 제재를 가한 사건이 대표적인 예다. 또한 전 세계에서 가장 전도유망한 인공지능 분야의 스타트업 기업들 거의 전부를 미국과 중국이 앞다투어 사들이고 있다. 중국 투자자들은 2017년에 해외 기업에 310억 달러를 투자하면서 미국 투자자(220억 달러)들을 훌쩍 앞질렀다. 2017년 9월 "인공지능 분야에서 리더가 되는 자가 세계의 주인이 될 것"이라던 푸틴의 말은 현 사태를 예견한 듯하다.

새로운
군사 지역이 된 사이버 공간

익명성이 보장되는 자유로운 공개적 표현의 장소인 사이버 공간은 통제가 어려운 만큼 취약하다는 약점도 가지고 있다. 그렇게 사이버 공간은 1980년대 말부터 공격의 대상이 되었다. 2007년 4월 에스토니아는 정부 온라인 사이트가 대대적인 사이버 공격을 받은 최초의 국가가 되었고 이로 인해 3주 동안 공공 서비스와 언론이 마비되었다. 당시 50개 이상의 국가에 퍼져 있던 좀비 PC들의 네트워크인 봇넷으로부터 공격이 자행된 탓에 그 출처를 규명하는 것이 까다로웠다. 공격 주체에 대한 의심은 결국 이웃 국가인 러시아로 향했다. 러시아는 당시, 에스토니아 탈린에 있던 제2차 세계대전 때 사망한 러시아 병사들을 기리는 기념비 철거에 반대한다는 의사 표시와 함께 에스토니아에서 러시아어를 사용하는 소수민족을 지지하기 위해 이 같은 공격을 벌였다는 의심을 받았다. 또는 러시아가 발트 3국의 나토 가입을 반대한다는 표현의 수단이 아니냐는 의혹도 일었다.

이후 수년 동안 증가한 사이버 공격은 대부분의 국가들이 새로운 전략을 수립하도록 만들었다. 이에 미국은 2009년 '사이버 사령부'를 신설했는데 이는 사이버 공간에서 미군의 공격과 방어 작전을 전담하는 군사령부라 할 수 있다. 프랑스는 2019년부터 2025년까지 군사 계획법에 따라 사이버 공간을 위해 16억 유로의 예산을 편성하고 3천 명이었던 '사이버 병사'의 수를 4천여 명으로 늘리기로 했다.

사이버 공간, 새로운 전쟁터

2017년 5월 랜섬웨어 워너크라이 사이버 공격

초기 피해 국가

가장 큰 피해를 본 국가

지난 15년 동안 국가를 대상으로 하는 사이버 공격은 전 세계적으로 계속해서 증가해 왔다. 주요 대상은 행정 기관, 정부 부처, 병원, 정치인 등이었다.

러시아는 2007년 에스토니아와 조지아에서, 2016년에는 미 대선 캠페인에서 보여주었던 것처럼 사이버 공격에 특화된 것처럼 보인다. 중국은 주기적으로 산업 스파이와 관련된 활동으로 비난을 받고 있다. 북한, 이란, 그리고 IS와 같은 테러리스트 집단들은 사이버 공간을 선전 또는 방해 공작을 위한 도구로 활용하고 있다.

민주주의 진영에서는 미국이 2009년 동맹국 이스라엘과 함께 이란을 향해 사이버 공격을 자행했다. 따라서 민주주의 국가와 독재 국가 모두 사이버 공간을 '하이브리드 전쟁'의 매개체이자 새로운 지정학적 공간으로 인정할 필요가 있다. 최근에 등장한 하이브리드 전쟁이라는 이 개념은 디지털 네트워크에 대한 공격, 전자 장비를 이용한 전쟁이나 심리전, 비전형적인 군사력 사용이 혼합되어 나타나는 전쟁을 일컫는다.

따라서 러시아의 우크라이나 침공은 '옛날 방식의 전쟁'인 동시에 '사이버 전쟁'이다. 최근 발표된 맨디언트(미국의 사이버 보안 기업)의 보고서에 따르면, 친러시아 성향의 국가들과 중국, 이란 등의 해커 단체들이 우크라이나 정부 사이트를 대상으로 수많은 사이버 공격과 허위 정보 조작 활동을 해온

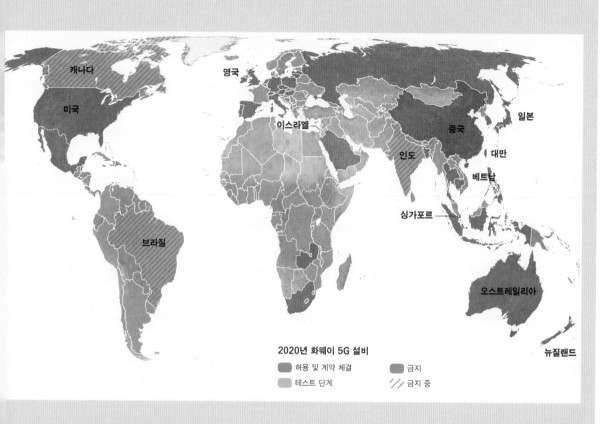

2020년 화웨이 5G 설비

■ 허용 및 계약 체결　　■ 금지
■ 테스트 단계　　/// 금지 중

사실이 2022년 2월부터 적발되었다.

이처럼 사이버 공격이 증가하는 상황 속에서 5G 기술을 둘러싼 국가들 간 경쟁 또한 치열해지고 있다. 우리 사회는 나날이 인터넷과의 연결성이 중요해지고 있어 사물과 서비스의 상호 연결성을 보장해줄 5G 기술이 혁신을 가져다줄 것으로 기대되기 때문이다. 하지만 여기엔 기술적인 쟁점 외에 전략적인 쟁점도 존재한다. 즉 중국에서 5G 기술이 공산당 정권과 긴밀한 관계를 맺고 있는 화웨이에 의해 개발되고 있다는 사실이 서구 국가들을 우려하게 만들고 있다. 미국은 2018년부터 위협적인 경쟁자인 중국의 힘을 약화시키기 위해 미국과 교역을 하고 있는 국가들에게 그들의 영토에서 중국 통신장비 업체나 인터넷 업체를 이용하지 말도록 설득하고 있다. 한국은 자국 기업들 덕분에 5G 기술 설비에 있어 앞서 있고 자국을 보호해줄 미국과의 불화도, 거대한 이웃이자 고객인 중국과의 불화도 원치 않고 있다. 한편 유럽의 상황은 둘로 나뉜다. 일부 유럽연합 회원국들은 이미 5G 개발에 착수했고, 나머지 회원국들은 나토와 유럽연합이 공통된 입장을 견지해 주기를 바라고 있다.

디지털 전쟁은 이미 시작되었다. 유엔 산하의 국제전기통신연합(ITU)의 사무총장으로 2018년 말 4년 임기로 중국 출신의 자오허우린이 재임에 성공한 만큼 이 전쟁은 꽤 오랫동안 지속될 것으로 보인다.

참고문헌

I. 유럽

Eltchaninoff, Michel, *Dans la tête de Vladimir Poutine*, nouvelle édition, Actes Sud, 2022.

Goujon, Alexandra, *L'Ukraine. De l'indépendance à la guerre*, Le Cavalier bleu, 2021.

Kastouéva-Jean, Tatiana, *La Russie de Poutine en 100 questions*, Tallandier, 2020.

Mandraud, Isabelle, Théron, Julien, *Poutine. La stratégie du désordre*, Tallandier, 2021.

Tétart, Frank, Mounier, Pierre-Alexandre, *Atlas de l'Europe*, Autrement, 2021.

Van Renterghem, Marion, *Angela Merkel. L'ovni politique*, Les Arènes, 2017.

Zelensky, Volodymyr, *Pour l'Ukraine*, Grasset, 2022.

관련 사이트
Information et décryptage de l'actualité européenne : https://www.touteleurope. eu/

II. 아메리카

Badie, Bertrand, Vidal, Dominique (dir.), *Fin du leadership américain ?*, La Découverte, 2019.

Dabène, Olivier, *Atlas du Brésil*, Autrement, 2018.

Grillo, Ioan, *El Narco. La montée sanglante des cartels mexicains*, Buchet-Chastel, 2012.

Kandel, Maya, *Les États-Unis et le monde*, Perrin, 2018.

Nardon, Laurence, *Les États-Unis de Trump en 100 questions*, Tallandier, 2018. « Venezuela 1998-2018 : le pays des fractures », *Les Temps modernes*, n° 697, mars 2018.

Théry, Hervé, « Le Brésil et la révolution géopolitique mondiale », *Outre-Terre*, n° 56, vol. 1, 2019.

관련 사이트
Pew Research Center, centre de recherches en sciences sociales américain : https://www.pewresearch. org/Atlas Caraïbe : http://atlas-caraibe. certic.unicaen.fr/fr/

III. 아시아

Argounès, Fabrice, *L'Australie et le monde. Entre Washington et Pékin*, Presses universitaires de Provence, 2016. « L'Asie de l'Est face à la Chine », *Politique étrangère*, vol. 86, n° 2, été 2021.

Bondaz, Antoine, *Corée du Nord. Plongée au cœur d'un État totalitaire*, éditions du Chêne, 2016.

Bougon, François, *Hong Kong, l'insoumise. De la perle de l'Orient à l'emprise chinoise*, Tallandier, 2020.

Chol, Éric, Fontaine, Gilles, *Il est midi à Pékin. Le monde à l'heure chinoise*, Fayard, 2019.

Courmont, Barthélémy (dir.), *Géopolitique de la mer de Chine méridionale. Eaux troubles en Asie du Sud-Est*, Presses de l'Université du Québec, 2018.

Delamotte, Guibourg, *Le Japon dans le monde*, CNRS Éditions, 2019.

Ekman, Alice, *La Chine dans le monde*, CNRS Éditions, 2018.

Jaffrelot, Christophe, *L'Inde de Modi. National-populisme et démocratie ethnique*, Fayard, 2019.

Saint-Mézard, Isabelle, *Atlas de l'Inde*, Autrement, 2016.

Tréglodé (de), Benoît, Fau, Nathalie, *Mers d'Asie du Sud-Est*, CNRS Éditions, 2018.

관련 사이트
Asia Centre, les points de rencontre de l'Asie avec les grands enjeux globaux : http://centreasia.eu/

IV. 중동

Balanche, Fabrice, *Atlas du Proche-Orient arabe*, Presses de la Sorbonne, 2012.

Baron, Xavier, *Histoire de la Syrie, de 1918 à nos jours*, Tallandier, « Texto », 2019.

Bonnefoy, Laurent, *Le Yémen. De l'Arabie heureuse à la guerre*, Fayard, 2018.

Conesa, Pierre, *Dr Saoud et Mr Djihad. La diplomatie religieuse de l'Arabie saoudite*, Robert Laffont, 2016. « Israël, une démocratie en question », *Moyen-Orient*, n° 48, oct.-déc. 2020.

Lescure, Jean-Claude, *Le Conflit israélo-palestinien en 100 questions*, Tallandier, 2018.

Mardam-Bey, Farouk, Majed, Ziad, Hadidi, Subhi, *Dans la tête de Bachar al-Assad*, Actes Sud, 2018. « Moyen-Orient, des guerres sans fin », *Questions internationales*, n° 103-104, sept.-déc. 2020.

Ockrent, Christine, *Le Prince mystère de l'Arabie. Mohammed ben Salman, les mirages d'un pouvoir absolu*, Robert Laffont, 2018.

Schmid, Dorothée, *La Turquie en 100 questions*, Tallandier, 2018.

Soubrier, Emma, « Les Émirats arabes unis à la conquête du monde ? », *Politique étrangère*, printemps 2020.

Tétart, Frank, *La Péninsule arabique. Cœur géopolitique du Moyen-Orient*, Armand Colin, 2017.

관련 사이트
Décryptages de l'actualité du Moyen-Orient : http://www lesclesdumoyenorient.com Comprendre le conflit syrien : https://www.leconflitsyrienpourlesnuls. org/

V. 아프리카

Ambrosetti, David, « L'Éthiopie : une volonté politique de fer aujourd'hui saisie par le doute », *Questions internationales*, 2018.

Belkaïd, Akram, *L'Algérie en 100 questions. Un pays empêché*, Tallandier, 2020.

Dubresson, Alain, Magrin, Géraud, Ninot, Olivier, *Atlas de l'Afrique*, Autrement, 2018. « Géopolitique du Sahel et du Sahara », *Hérodote*, n° 172, vol. 1, 2019.

Normand, Nicolas, *Le Grand Livre de l'Afrique*, Eyrolles, 2018.

Pérouse de Montclos, Marc-Antoine, *L'Afrique. Nouvelle frontière du djihad ?*, La Découverte, 2018.

Serres, Thomas, *L'Algérie face à la catastrophe suspendue*, IRMC/Karthala, 2019.

관련 사이트
Centre d'études stratégiques de l'Afrique : https://africacenter.org/fr/

VI. 이전의 세계에서 이후의 세계로

Blanchon, David, *Atlas mondial de l'eau*, Autrement, 2013.

Doulet, Jean-François, *Atlas de l'automobile*, Autrement, 2018.

Duhamel, Philippe, *Géographie du tourisme et des loisirs*, Armand Colin, 2018.

Gemenne, François, *Atlas de l'anthropocène*, Presses de Sciences Po, 2019.

Gomart, Thomas, *Guerres invisibles. Nos prochains défis géopolitiques*, Tallandier, 2021.

Ockrent, Christine, *La Guerre des récits. Xi, Trump, Poutine : la pandémie et le choc des empires*, L'Observatoire, 2020.

관련 사이트
GRID-Arendal, ressources et cartes sur l'environnement : https://www.grida.no/ Centre Géode, géopolitique de la

datasphère : https://geode.science/

웹그래픽

IRIS : https://www.iris-france.org/
IFRI : https://www.ifri.org/
CERI : https://www.sciencespo.fr/ceri/fr
CERISCOPE : http://ceriscope.sciences-po.fr/
Fondation pour la recherche stratégique : https://frstrategie.org/frs/actualite
International Crisis Group : https://www.crisisgroup.org/
Geoconfluences, ressources de géographie : http://geoconfluences.ens-lyon.fr/
Geoimage du CNES (apprendre avec des photos satellites) : https://geoimage.cnes.fr/fr/

지도 제작 소스

Images satellites : PlanetObserver ; NASA Earth Observatory
Fonds cartographiques : Natural Earth
Réseau routier et ferré : OpenStreetMap
Zones économiques exclusives : Marineregions.org
Zones urbaines denses : Commission européenne, Global Human Settlement Layer
Réfugiés et déplacés : Haut-Commissariat des Nations unies pour les réfugiés (UNHCR)
Santé, Covid-19 : Organisation mondiale de la santé (OMS) ; Centre européen de prévention et de contrôle des maladies (ECDC) ; Coronavirus Resource Center de l'université Johns-Hopkins
Émissions de CO2 : Global Carbon Project
Câbles sous-marins : TeleGeography
Union européenne : Europa.eu
Pascal Buléon, Louis Shurmer-Smith, *Atlas transmanche*, Université de Caen Normandie, https://atlas-transmanche.certic.unicaen.fr Revue *Moyen-Orient* et Magazine *Carto*, groupe Areion *Questions internationales*, La Documentation française
Georges Duby, *Atlas historique mondial*, Larousse, 2003.

사진 출처

모스크바, **p. 12 :** © Sputnik/Kremlin *via* Reuters
베를린, **p. 22 :** © Shutterstock
고틀란드, **p. 30 :** © Shutterstock
메디카, **p. 38 :** © Shutterstock
브뤼셀, **p. 46 :** © Shutterstock
워싱턴, **p. 58 :** © Shutterstock
아마존, **p. 68 :** © Shutterstock
티후아나, **p. 78 :** © Shutterstock
푼토피호, **p. 88 :** © Shutterstock
베이징, **p. 100 :** © Li Tao/Xinhua *via* AFP
도쿄, **p. 110 :** © Shutterstock
DMZ, **p. 120 :** © Shutterstock
코즈웨이 베이, **p. 127 :** © Shutterstock
타지마할, **p. 134 :** © Shutterstock
바로사 밸리, **p. 144 :** © Shutterstock
나탄즈, **p. 154 :** © Maxar Technologies/Handout *via* Reuters
알울라, **p. 166 :** © Shutterstock
알레포, **p. 176 :** © Peter Horree/Alamy/Photo 12
보스포루스 해협, **p. 186 :** © Shutterstock
예루살렘, **p. 196 :** © Shutterstock
알제의 카스바, **p. 206 :** © Shutterstock
시디부지드, **p. 213 :** © Fehti Belaid/AFP
아디스아바바, **p. 220 :** © Shutterstock
팀북투, **p. 228 :** © Shutterstock
우한, **p. 238 :** © Shutterstock
오를리, **p. 248 :** © Shutterstock
몬트리올, **p. 258 :** © Shutterstock
리야드, **p. 265 :** © EyePress News *via* AFP

옮긴이
이수진

성신여자대학교에서 불문학과 영문학을 전공하고 이화여자대학교 통역번역대학원 한불번역과를 졸업했다. 주한프랑스대사관, 주한프랑스문화원 등의 공공기관과 교육, 영상, 문학 등 다양한 분야에서의 번역 경험을 바탕으로 현재 바른번역 소속 번역가로 일하고 있다. 옮긴 책으로는 『만화로 보는 결정적 세계사』, 『우편엽서』, 『벨기에 에세이』 등이 있다.

지도로 보아야 보인다

1판 1쇄 펴냄 2024년 7월 30일
1판 7쇄 펴냄 2024년 12월 20일

지은이 에밀리 오브리, 프랭크 테타르
옮긴이 이수진
펴낸이 권선희
펴낸곳 사이
출판등록 제2020-000153호
주소 03938 서울시 마포구 월드컵로 36길 14 516호
전화 02-3143-3770
팩스 02-3143-3774
email saibook@naver.com

ISBN 978-89-93178-30-2 03300

• 잘못된 책은 구입하신 서점에서 교환해 드립니다.